湛庐CHEERS

与最聪明的人共同进化

HERE COMES EVERYBODY

CHEERS
湛庐

去往斯德哥尔摩的路上

A FUNNY THING HAPPENED ON THE WAY TO STOCKHOLM

[美] 罗伯特·莱夫科维茨 兰迪·霍尔 著
Robert Lefkowitz Randy Hall
何万青 何佳茗 译

浙江科学技术出版社·杭州

测一测

传奇科学家莱夫科维茨是如何做研究的?

扫码加入书架
领取阅读激励

- 面对同样的数据，经验丰富的医生往往能做出更正确的判断，这主要是因为经验丰富的医生（　）。

  A. 能发现规培生遗漏的事实

  B. 能更有侧重地解读数据

扫码获取全部测试题及答案，一起踏上罗伯特·莱夫科维茨的科研之旅

- 在医学上，安慰剂能给患者带来积极的影响。莱夫科维茨曾使用（　）作为安慰剂极大地减轻了患者的疼痛。（单选）

  A. 金制剂

  B. 生理盐水

  C. 阿司匹林

  D. 皮质类固醇

- 有心脏病遗传家族史的莱夫科维茨通过（　）改善了心脏功能，避免了心脏病发作。（单选）

  A. 跑步

  B. 马术

  C. 乒乓球

  C. 高尔夫球

扫描左侧二维码查看本书更多测试题

感谢所有教导和激励过我的人，
尤其是我的父母、
我的妻子琳恩、我的孩子们，
还有我的学生们。

A Funny Thing
Happened on the Way
to Stockholm

每一位科学家都是时代的探索者。在这个瞬息万变的时代，科学的力量比以往任何时候都显得重要。科学的奇点系列图书不仅是对伟大科学家的生平和成就的深刻呈现，更是对人类智慧和勇气的致敬。在这些科学家的传记中，我们可以读到那些改变世界的科学家们是如何突破重重困难、追求真理和创新的故事。希望每一位读者都能从这些故事中有所收获，找到自己在科学和人生道路上的方向与勇气。

阎锡蕴

中国科学院院士

中国科学院生物物理研究所研究员、博士生导师

纳米生物学家

科学的魅力既有科学本身的吸引力和感召力，也有科学家们个人的魅力；而恰恰在科学家身上，其实更能凸显出人生的高度和厚度。一个真正伟大、杰出的科学家，不仅可以将新思想、新观念带给世界，而且能以其厚德之风和人文关怀影响世界。

尹传红

科普时报社社长、中国科普作家协会副理事长

可以说，莱夫科维茨的一生都在时刻准备着去往斯德哥尔摩，领取属于他的诺贝尔奖。他是一位医生，也是一位科学家，因为父亲死于心脏病而选择将研究和治疗心脏病作为自己的终身追求。在他半个多世纪的科研生涯中，发展出一个由数百名学生组成的庞大科学家族，其中包括许多优秀的中国学生。

郑永春

科普作家

中国科学院国家天文台研究员、“火星叔叔”

莱夫科维茨的一生证明了科学的乐趣。这本书引人入胜，生动地描述了一个美好的人生。这是一个关于故事的故事，一个伟大的故事。

罗杰 · D. 科恩伯格

美国生物学家、2006 年诺贝尔化学奖得主

这是一段引人入胜的诺贝尔奖得主的科学之旅。莱夫科维茨以其快乐、富有洞察力和直率的性格，描述了挑战既定教条和权威学者的巨大障碍，以及指导年轻科学家的艺术和从中获得的满足感。这本书为非医学专业的读者和专业科学家提供了一次愉悦的阅读体验和一座智慧的宝库。

罗伯特·霍维茨

美国生物学家、2002 年诺贝尔生理学或医学奖得主

在这个引人入胜、充满欢乐的故事中，罗伯特·莱夫科维茨讲述了战争如何将他从一名勤勉的年轻医生转变为一位热情、雄心勃勃且极为成功的科学家，他的发现改变了我们对细胞功能和药物开发方法的认识。在一个比以往任何时候都更需要将医生培养成科学家的时代，这本书不仅仅提供了欢乐和指导，它还激励年轻医生们重塑他们的职业生涯。

哈罗德·瓦穆斯

1989 年诺贝尔生理学或医学奖得主

在这本充满趣味的书中，诺贝尔化学奖得主罗伯特·莱夫科维茨娓娓道来，回顾了自己 50 多年的职业生涯，通过一系列扣人心弦的故事揭示了自己成为科学家的秘密。没有一个故事是不为人知的，它们大多非常有趣，有些可能会让人惊讶不已。

约瑟夫·戈尔茨坦和迈克尔·布朗

1985 年诺贝尔生理学或医学奖得主

研究心脏病学出身的生化学家罗伯特·莱夫科维茨因揭示肾上腺素如何通过激活特定受体发挥作用荣获 2012 年诺贝尔化学奖，这对新药的开发具有重大意义。但他自称是“偶然的科学家”，因为他接受的是医学培训。他没有被征召到战场，而是选择在美国国家卫生研究院服役。他的自传生动地讲述了许多轶事，并且深受导师的教诲影响，他坚信数据并不能构成故事：“故事是你强加到数据上的东西。”

安德鲁·罗宾逊

英国作家

莱夫科维茨在书中展现了团队合作、坚持不懈和对热爱的热爱如何赋予生活深刻的意义。这本自传时而有趣，时而感人，具有鼓舞人心的力量。

迈克·沙舍夫斯基

杜克大学传奇篮球教练

一本引人入胜的回忆录，充满了深刻的见解，充满了发现的兴奋。这是一个从人类成就的巅峰讲述的故事，也是一个关于谦卑和克服悲剧的大师级课程——所有这些都穿插着令人捧腹的轶事。莱夫科维茨是一位才华横溢、魅力四射的说书人，他对生活有着不屈不挠的热情，也拥有着永恒的智慧。

卡尔·戴瑟罗思

“光遗传学之父”、精神病学专家、京都奖和喜力奖得主

莱夫科维茨为他作为一名医生兼科学家的惊人职业生涯提供了快乐的回忆。本书穿插着个人牺牲、成长和友谊的温馨故事，以及那些最终获得科学最高奖项的重大发现。这是一个关于家庭、辛勤工作和坚定乐观的美丽故事。

克里斯蒂娜·塞德曼

哈佛大学医学院教授

一个才华横溢的年轻医生怎么会不小心迷上了研究？罗伯特·莱夫科维茨的人生转变不仅重塑了他自己的生涯，也深刻影响了他指导的数百名学员。从肾上腺素调控关键身体功能的令人眼花缭乱的方式，到他获得诺贝尔化学奖的激动人心的时刻，这本引人入胜的书将带你深入了解科学家如何将他们的职业生涯奉献给理解人类生物学的奥秘和推动人类健康的发展。

P. 罗伊·瓦杰洛斯

默克公司原董事长兼首席执行官

再生元制药公司董事会主席

这个生动的故事闪耀着个性的光芒。科学很少被如此成功地融合幽默感和人性。

《出版商周刊》

一直在科学道路上前行

裴钢
中国科学院院士、同济大学前校长
孙金鹏
新基石研究员、国家杰青连续资助获得者
山东大学齐鲁医学院副院长

欣闻恩师莱夫科维茨教授的科学生涯自传在中国出版发行，作为他的中国博士后和学生的我们非常开心。开卷阅读，似往日重现；掩卷沉思，亦感触良多。像中国改革开放后数十万出国留学生一样，我们分别在 20 世纪 80 年代与 21 世纪初跨越大洋，赴美深造。这段经历不仅助力我们书写了个人学术生涯中的重要篇章，也成就了诸多中美科技交流的佳话和当事人终生难忘的友谊。

追求真理的科学精神让我们终身受益

每个人的一生都有很多难忘的经历。裴钢教授年轻时曾下乡劳动5年、又在工厂工作3年，1977年参加高考入学，后在美国留学8年。这些岁月伴随荆棘(rough)，历尽艰辛(tough)，有努力耕耘(plough)，也充满着阳光与欢快(good enough)。1991年，裴钢教授在北卡罗来纳州立大学(以下简称北卡大学)获得生物化学与生物物理学博士学位后，在杜克大学医学中心继续他的博士后研究，师从本书作者、后来的诺贝尔化学奖得主莱夫科维茨教授。

莱夫科维茨教授为人幽默儒雅，实验室的人都亲切地称呼他为Bob[①]；但同时，他在科研上非常严谨甚至特别严厉，一丝不苟。尽管许多人和他讨论科研问题时都有些犯怵，但是裴钢教授和他在一起时并不拘谨。他们经常为了某个问题而深入讨论甚至争论。争论时又往往声音很响，走廊里的人都能听到，不了解情况的人还以为他们在吵架。在这样坦率的交流中，Bob却从来不以导师和权威自居，一切以数据和事实为准，充

---

① 罗伯特·莱夫科维茨的昵称，下文同。——编者注

满了对科学的真诚与热爱。这种追求真理的科学精神让我们终身受益，是我们科学生涯中最为宝贵的财富。

裴钢教授在北京“中美留学35年”纪念活动上特意讲到与导师Bob的这段情谊，同时又讲到另一件往事。北卡三角区是美国著名的大学篮球圣地，杜克大学、北卡大学和北卡罗来纳大学教堂山分校三足鼎立。每年“疯狂的三月”举办的美国大学锦标赛决赛和美国大学体育协会四强赛相当于三角区师生们的狂欢节。裴钢教授原本已是北卡大学篮球队的球迷，可能因为Bob是杜克大学篮球队的球迷，所以裴钢教授到杜克大学以后也支持杜克大学篮球队。大多数的球赛都不会产生分歧，只有当北卡大学和杜克大学交锋对决时，裴钢教授比较尴尬和纠结，因为实验室里常常有人问他：“你支持北卡还是杜克？”后来他慢慢适应了，也想开了：比赛总是会有赢有输，欣赏比赛过程更为重要。

北卡大学和杜克大学都是裴钢教授学习、工作过的母校，他永远心存感恩。两地求学的经历对我们而言同样意义深远，我们都度过了人生中欢快的时光，留下了美好的回忆。裴钢教授回国以后，在G蛋白偶联受体（GPCR）β-制动蛋白介导的细胞信号转导，干细胞与细胞重编程，神经退行性疾病及中草药天然产物研究方面做了许多重要的工作，这些都得益于在美国的学习研究经历，特别是在Bob实验室的磨砺与锻炼。裴钢教授后来还担任过上海市欧美同学会会长，继续为中美民间外交和科技合作做贡献。

科学不仅是知识的传承，更是文化与精神的传递

孙金鹏教授于 2001 年赴美国留学，2007 年在阿尔伯特 · 爱因斯坦医学院获得分子药理学博士学位后，加入莱夫科维茨教授的实验室，在接受系统的 GPCR 科研训练的同时，也结识了很多出色的科学家，在科研的道路上不懈探索。

Bob 实验室拥有非常开放的氛围，实验室每天有不同科研小组的组会或讨论，包括 GPCR 的信号转导、药理学研究、偏好性信号转导，结构机制和质谱动态研究小组等，还有论文的讨论和修改。Bob 的办公室和学术讨论会总是对所有学生敞开。他和学生说，假如任何人想旁听别人的科研会议都非常欢迎。于是孙金鹏教授经常在自己的实验空隙参加不同小组的会议，了解别人的工作方向，并积极发表意见，在不断融会贯通的基础上，获得了快速成长。Bob 经常会对孙金鹏教授开玩笑说："你的想法有一万个，需要的就是把这些想法都列出来，选其中最重要的 3 个去集中开展。"

在 Bob 实验室，孙金鹏教授见证了什么是开放、包容的科研环境。Bob 的鼓励与指导让他受益匪浅，也坚定了将这

种科研精神传承下去的决心。孙金鹏教授于 2011 年回国后在山东大学建立独立实验室，在类固醇激素的膜受体发现、听觉与平衡受体的鉴定等方面取得了一系列突破性进展，相继获得了国家杰出青年科学基金项目的连续资助和新基石研究员项目资助等，并已经培养了 4 名优秀青年基金获得者，他们一起在 GPCR 科研道路上继续前行。

科学作为全人类的共同追求，其发展离不开国际合作与交流。在连续两个时代里，我们都是中美科技合作和民间交往的见证者、参与者和受益者，对此深感荣幸。我们感谢那段美好的时光，感谢莱夫科维茨教授的悉心培养，更感谢科学界的国际交流和合作！科学不仅是知识的传承，更是文化与精神的传递，是人类文明的高度体现。通过科学家的一代代教育和培养，科学范式和科学精神才得以传承和发展。良好的国际科学环境，特别是中美之间的科技交流与合作，无疑将为这一切、为科学和人类的共同进步提供最好的保障。

推荐序二 ——
A Funny Thing Happened on the Way to Stockholm

在科学研究中寻找乐趣

孙金鹏
新基石研究员
国家杰青连续资助获得者
山东大学齐鲁医学院副院长

期待许久，我非常开心看到这本书的中文版出版。这本书的名字是《去往斯德哥尔摩的路上》，但读者不限于那些想去斯德哥尔摩获得诺贝尔奖的人。假如你对科学有兴趣，对科学家的故事和生活有兴趣，这本书都非常值得一读。我的导师罗伯特·莱夫科维茨在这本书里讲的不仅是他的一些重大科研发现，更有意思的是伴随着他的科研成长、人生成长过程中发生的许多很有趣的故事。正是通过这些故事，我们可以了解好的科学研究是怎么做出来的，如何成为一名好的科学家，以及如何培养一批好的科学家。

科学发现的故事和科学发现同等重要

莱夫科维茨教授是一位非常有名的科学家。他非常聪明，也非常幽默，可以在科学研究中获得很多乐趣。他鼓励我们这些学生学会在生活中幽默表达，认为这是灵感创造的来源。我一直在这方面向他学习，目前还有很大的进步空间。同时，莱夫科维茨教授也是一位伟大的教育家，他培养出非常多出色和有名气的学生。他平时教导我们这些学生时就乐于讲故事，用讲故事的方式来让大家了解如何做科研，什么是正确的科学范式和方法，这些往往比解决单个科学难题更重要。因此我在指导自己的学生时也非常注重教授学生们科学范式和方法，以及如何在科学研究中寻找到乐趣。比如，我在指导学生时，会经常引用莱夫科维茨在诺贝尔奖颁奖典礼时引用的那句诗：

> When you set out your road to Ithaca, you should prey
> the road to be long ,full of knowledge, full of adventure.[①]

① 原出自希腊诗人康斯坦丁·卡瓦菲斯（Constantine P. Cavafy）的诗作《伊萨卡岛》（*Ithaka*），译为“当你启程前往伊萨卡，但愿你这一路道阻且长，充满奇遇，充满发现。”——编者注

所以，在科学发现中经历的故事和科学发现同等重要。科学研究不仅需要单枪匹马的孤胆英雄，也需要可以一起披荆斩棘，共克难关的团队。那些和你一起共克难关的经历和友谊是难得的人生财富。

“再来讲讲最近那个好结果”

莱夫科维茨教授对生活和对实验结果一直保持着乐观的态度，他常常说一个好的结果比一千个失败的结果还重要。这是人生态度，也是做科研的态度。做科研难免经历各种各样的失败，但有保持乐观向上的精神，能让研究者从中寻到乐趣，获得源源不断坚持的动力。

莱夫科维茨教授有很多学生，通常每次组会都会有人汇报一些进展或者好的结果，所以他每次开组会都很开心。但也有例外。有一次，大家在开组会之前突然意识到，所有人都没有好的结果，于是开始着急起来。这个时候，有人想到上次莱夫科维茨教授对某个结果还比较满意，于是大家就怂恿做出这个结果的人把它再讲一遍。果然，组会讲到这个结果的时候，莱夫科维茨教授很开心。但他突然意识到，他以前见过这个数据。不过莱夫科维茨教授反应很快，他和大家说，假如咱们近期都没有好结果的话，为什么不再讲讲那个好的结果？“Tell me that data again（再来讲讲最近那个好结果）”成为后来实验室里大家经常用的一个梗，用来表达自己最近没有太好的实验数据。

莱夫科维茨教授对如何定义好的科学问题、如何针对科学问题设计好的实验方案等都有很好的观点和见解，这些都是很重要的科学范式和方法。我相信大家在读完这本书的很多小故事之后都能体会到这一点。

有幸接受了两次科学训练

我自己和莱夫科维茨教授的结缘远在于我认识他之前。首先，他与我父亲同岁。我出生的那一年，他恰好获任霍华德休斯研究员。其次，我 2001 年到美国留学，就读于位于纽约布朗克斯的阿尔伯特·爱因斯坦医学院，而五十多年前，莱夫科维茨教授正在那附近的布朗克斯科学高中读书。6 年后我申请博士后职位时，我的博士生导师张仲寅教授让我一定要选美国科学院院士或者霍华德休斯研究员作为博士后导师，他认为这些人是真正站在科研前沿的，而莱夫科维茨教授正好同时符合这两点。

我于 2007 年 8 月到杜克大学跟随莱夫科维茨教授进行 G 蛋白偶联受体的研究。刚到实验室的时候比较悠闲，莱夫科维茨教授就和我讲他最喜欢看的电视剧是《24 小时》(*24*

Hours），说任何紧急事件都需要在 24 小时内得出解决办法。我立即听懂了这句话的含义，从此开始了高效的研究工作。

我在他的实验室共学习了两段时间，第一次是 2007—2011 年，第二次是 2015—2017 年，后者是我当教授后回到杜克大学做学术休假的时间。这先后共 6 年的训练使我受益匪浅。从我博士毕业时对科研的较为初步的认识，到建立完整的科学思维、方法和观念，这些都离不开我在莱夫科维茨教授实验室接受的训练。我经常对学生们开玩笑说，莱夫科维茨教授是伟大的教育家，培养了非常多的杰出教授。但只有少数几人接受了两次训练，比如说我，因为我第一次接受的训练还不够成功，所以需要再来一次。

我认为拥有这本书是件很幸运的事情，不是每位科学家都会有机会把自己一生所得的很多经历通过故事传承下来。这本书对我自己也是一种远程的教育。虽然如今不能天天在莱夫科维茨教授身边，但每当读起这本书，那些熟悉的故事还有玩笑就会重新映入我的脑海，对我做出很多事情的判断和未来研究方向的设计都有很大的帮助。这些故事和知识是人类文明的财富，我希望有更多的人能读到这本书，从中受益。

心之所往

何万青
英特尔中国首席工程师

2022 年，我和女儿佳茗有幸读到了《去往斯德哥尔摩的路上》的英文版，当时我们父女刚合译出版了两本内容颇具深度的科普作品。彼时佳茗正忙于约翰·霍普金斯大学的紧张学习生活，一头扎进数学和神经科学这两个学科的密集考试“地雷阵”中，日常还要完成实验室的繁重任务，忙到飞起。所以，我们决定暂停翻译工作。

有一天，出版社给我们推荐了几本书，我们发现有一本自传书名有趣，文笔幽默，兼具趣味性和学科相关性，不由得心动了。这就是《去往斯德哥尔摩的路上》。

随着 AI 翻译能力的大幅提升，知识和技能类书籍的人工翻译边际效益递减。如果读者对翻译作品的文字表达、文字风格，甚至整体的流畅性要求不高，那么 AI 翻译的水平大致可以接近信和达的标准。例如一般的产品使用手册和软件开发指南，优秀的大语言模型和机器翻译的效果甚至可以超过由几位技术类译者组成的“草台班子”。这乍看是大语言模型和机器翻译“提升了翻译的无能基准线”，换一个角度看则是大大加快了不同语言间文字和书籍的交流，同时也给追求“信达雅”中“雅”字的译者拓宽了翻译带宽，提出了更高的要求。因此，选择翻译一本具有文学性的非虚构作品，也就是这本诙谐幽默的当代科学家自传，就成为一件挑战自我，也令人乐在其中的创造性劳动。

像物理学领域具有传奇个性的理查德·费曼（Richard P. Feynman）一样，罗伯特·莱夫科维茨博士也以具有传奇色彩闻名——他谦虚，经常自嘲，总是风趣幽默。作为一名医生，他曾与美国流行病学家和免疫学家安东尼·福奇（Anthony S. Fauci）一起在美国国家卫生研究院担任“黄色贝雷帽”，从心脏病学家转型成为生物化学家，最终获得诺贝尔奖；作为一位传奇导师，他点燃了众多学生的科研热情和好奇心。

我们在阅读和翻译本书时，力求用生活化的语句呈现一位善于“把什么都讲成故事”的科学家的炉边谈话。我们仿佛化身他实验室的学生，在一次聚餐后围坐在餐桌旁，边喝红酒，边听他娓娓道来：从家族的心脏病史，到对医学的热爱，再到学生时代的青葱岁月。他对每一位学生和合作者的辉煌时刻如数家珍，真诚分享科学发现中的幸运瞬间和同侪竞争中的那些焦躁时刻，以及获得诺贝尔奖后，老两口在国际科学奖的巡回旅行中的种种趣事。

本书也涉及很多严肃的科学问题，回顾了作者实验室近半个世纪的科学贡献。莱夫科维茨博士用非专业人士也能听得懂的语言，把涉及科学过程的本质、创造力、对学生的指导、疾病、家庭生活等多个主题讲得栩栩如生。我们在翻译的过程中常常忍俊不禁，乐于反复推敲词句以传递出故事的幽默色彩。正如作者在中文版序写道：“幽默本质上是一个创造性过程，我发现向我的学生展现幽默，往往能激发他们的创造力，鼓励他们从可能原本不会注意到的新角度思考问题。”

阅读本书，你无须具备心血管病学和分子生物学的知识，也无需知道某种受体的基因编码是怎么回事。读这位 2012 年诺贝尔奖得主的自传，就像看一位导师版的《科学大爆炸》系列剧。对年轻学子而言，可以从一位普通年轻人因兴趣和坚持成长为诺贝尔奖得主的过程中学到科学研究的规律和真谛；对于高校教师和科学工作者而言，则可以从他培养学生和各种“护犊子”的行为中理解本书分享的当一名好导师的 10 条黄金准则，然后如同看到镜中的自己一样莞尔一笑，喜欢上这位科学同行。

2023 年 9 月，我在成都主持的一次智慧医疗峰会上有幸遇见了 2013 年诺贝尔化学奖得主迈克尔·莱维特（Michael Levitte），他的上一届同一奖项获得者就是本书作者罗伯特·莱夫科维茨。当我们聊起本书时，他表示自己早已读过，认为这是一本非常吸引人的自传。他特别提到莱夫科维茨博士的好奇心和幽默感相辅相成，这也是那些在 1969 年写出至今仍在使用的高性能计算应用中第一行原理代码，直至当下仍能立刻拥抱 ChatGPT 和 Copilot 等新兴技术的科学“顽童”们的共同特质。

自 2020 年疫情迫使我和佳茗分隔两地以来，我们便开启了隔空翻译的尝试。随着本书付梓，我们一起完成了 3 本书，《去往斯德哥尔摩的路上》成为合译的收官之作。恰逢佳茗从约翰·霍普金斯大学毕业，她也踏上了“去往柏林的路上”，开启了科研探索的新旅程。“凡是过往，皆为序章”。希望各位读者阅读本书时能够感到放松和愉快，心有所悟，心之所往。

2024 年于北京

时刻做好准备

讲故事是医学和生物医学研究领域的核心。在临床领域，患者通过病史来描述病情，而在研究领域，研究者通过发表论文来讲述其发现的故事。作为一名临床医师兼科学家，行医和科研一直是我职业生涯中两个相互交织的主题。而了解我的人都知道，我喜欢讲故事，也喜欢听故事。

几年前我在美国出版这本书，本意是想要与更多的读者分享我的一些故事。多年来，许多与我共事的人都希望我能将我常讲的一些故事记录下来。然而，由于我总是专注于自己的研究领域，因此一直没有采纳这个建议。直到兰迪·霍尔找到我，提出了一个很有吸引力的想法。

20 世纪 90 年代，兰迪曾在我的实验室做博士后，现在则是美国埃默里大学的药理学教授。在那之后一年的时间里，通过一系列访谈，我向他讲述了我的故事，他将这些故事草拟成文字，然后我们一起编辑整理。我们并没有将这些故事当作互不相连的轶事，而是将它们按时间顺序组织起来，并融入我的人生背景之中。

这本书里的许多故事都带有幽默色彩，因为我个性如此，保持幽默也是我对待工作与生活的方式。我一直认为，保持幽默本质上是一个创造性过程，我发现向我的学生展现幽默，往往能激发他们的创造力，鼓励他们从可能原本不会注意到的新角度思考问题。

当然，这本书中也包含许多严肃的内容，涉及科学过程的本质、创造力、对学生的指导、疾病、家庭生活等多个主题，还讲述了我在 2012 年获得诺贝尔奖后生活上发生的变化。此外，书中也讨论了我的实验室在过去半个世纪的部分科学贡献，但使用的是非专业人士也能轻松理解的语言。而且，这些科学内容通常隐藏在注释中，这样也就不会打断故事的流畅叙述，读者可以自由选择是否深入了解。

嘿，时刻做好准备！

我的研究实验室位于杜克大学，来自世界各地的科学家们为实验室获得诺贝尔奖做出了贡献，这其中也有许多非常杰出的中国学生。在这篇中文版序里，我想对我有幸能与之共事的几位令人难忘的中国科学家表示感谢。这些故事没有收录进正文中，也就是说，这些故事是首次在这篇中文版序里公开发表。我希望你们能欣赏到这些故事中的幽默，也能感受到我对这些学生在离开我的实验室后取得的成就感到的自豪。

裴钢是我最早的中国学生之一，他来自沈阳。在我的实验室中，他对肾上腺素能受体的调控研究做出了极为重要的贡献，随后他回到中国担任教职。他后来成为中国科学院上海生命科学研究院院长，之后又担任了同济大学校长，是中国科学界真正的杰出人物。

20 世纪 90 年代，裴钢在我的实验室工作了几年后，决定回到中国面试教职。我自然全力支持他，并热情洋溢地写了推荐信。裴钢面试结束后返回美国时，为了感谢我的支持，给我带了一份来自中国的礼物。这份礼物是一盒包装十分精美的高档人参茶。他递给我这份礼物时，还给了我一个会心的眼神。“你知道人参有什么好处吧？”他笑着说道，“泡成茶，可以提高你的浪漫能力。”

我对裴钢表达了深切的感谢，并把这漂亮的人参茶作为装饰品摆放在家中。由于我并不怎么喝茶，也觉得不需要这种类型的补品，所以我实际上从未饮用过。

几周后，裴钢问我喝了人参茶之后感觉怎么样，我不好意思承认我其实没喝过，于是对他说："哇！简直不可思议，就像你说的那样，裴钢！我得谢谢你，我的妻子也谢谢你！"

几年之后，当裴钢已经成为中国的一名知名研究员时，我们俩作为演讲嘉宾一同参加了戈登会议。会议第一天，裴钢来到我的房间，给我带来了一份礼物——更多的人参茶。

裴钢笑着说："我知道我没能保证你一直喝上它，但我希望你和你妻子能喜欢这瓶新鲜的人参茶。"

"太棒了！裴钢，我真是感激不尽。"我热情地回应，被他的贴心举动所感动，"你知道，在美国，我买不到这么厉害的东西！"

孙金鹏是我实验室中另一位杰出的中国学生，他来自吉林。金鹏很聪明，才华横溢，有着层出不穷的想法，但在我的实验室工作期间，他却因实验台总是乱七八糟而"臭名昭著"。鉴于他实验台的状况，我常好奇他的头脑是如何保持条理清晰并高效运转的。回到中国后，金鹏成为领导着庞大实验室的超级研究员，同时还担任了多个重要领导职务，如山东大学高等医学研究院常务副院长和北京大学医学部生物物理系系主任等。显然，要同时驾驭这些领导角色并取得那样惊人的研究成就，金鹏必定拥有一个异常有序的头脑。然而，从他在杜克大学实验台杂乱无章的状态来看，你绝对猜不到这一点。

公平地说，很多伟大的科学家，包括阿尔伯特·爱因斯坦，在工作时都以杂乱著称。爱因斯坦曾为自己的杂乱辩护说:“如果凌乱的书桌意味着思维的混乱，那么空荡的书桌又意味着什么呢？”

在我的实验室中，第三位令人难忘的中国学生是肖坤宏，我一般叫他的英文名凯文。他在加入我的研究小组之前，在北京大学医学院获得了医学博士学位。他是蛋白质组学方面的研究专家，从事大规模蛋白质研究，后来成为匹兹堡大学的研究员。2013 年是他在我实验室的最后一年，那时他在实验室会议中做了一场令我永远不会忘记的演讲。

在那次实验室会议的几天前，实验室里一直流传着一些关于超人的笑话。我预料到凯文可能会放一张超人主题的幻灯片，因此，在实验室会议那天，我在衬衫里穿了一件胸前印有红色大写 S 的超人 T 恤衫，准备给他一个惊喜。

果然，那一天，在最后一张写有感谢的幻灯片上，凯文展示了一张将我的脸合成到超人身体上的图片，这张经过处理的图片引得大家开怀大笑。然后我戏剧性地站起来，沉声说道："谢谢凯文。现在我要揭晓你们许多人长久以来的猜测，事实上，我就是超人。"

然后，我解开衬衫纽扣，露出了超人 T 恤衫上那个醒目的红色 S，屋里响起了笑声和掌声，每个人都在欢呼。凯文的表情无比精彩，他的下巴都要惊掉了，他完全惊呆了。后来他告诉我，他觉得我像是读懂了他的心，不敢相信我只是基于"他可能会展示一张超人主题的幻灯片"这个微小的可能性，就穿着超人 T 恤衫来参加实验室会议。我借此机会强调了我会成功的关键经验之一：**时刻做好准备！**

10 年后的 2023 年，杜克大学为庆祝我的 80 岁生日以及纪念我来到杜克大学 50 周年举办了一场庆典。活动包含一个餐后"吐槽"环节，我的许多学生讲了一些关于我的趣事，凯文也在发言者名单上。我预料到他可能会讲那个关于超人的故事，因此，在那天晚上准备晚餐时，我又在衬衫里面穿上了那件超人 T 恤衫，想着再次给他一个惊喜。

轮到凯文发言时，他果然讲述了关于超人的故事。他开玩笑说，不确定那天我是真的读懂了他的心思，还是仅仅习惯穿着超人 T 恤衫，这引来一阵哄堂大笑。发言结束时，凯文展示了自己身上穿着的那件超人 T 恤衫，上面印着 10 年前他放在幻灯片中的图片——超人的身体上是我的脸。我立刻起身拥抱了他，接着迅速扯下领带，解开衬衫纽扣，露出那个醒目的红色大写 S。人群中爆发出笑声和掌声，而凯文就像 10 年前一样震惊。嘿，时刻做好准备！

是伙伴，更是家人

毫无疑问，我职业生涯中最大的乐趣，就是与我的学生长年保持联系，见证他们取得的所有美好成就。我特别荣幸能与这么多来自中国的杰出学生一起工作。更进一步说，中美科学家之间的科学合作在过去几十年里已经取得了许多惊人的突破。

我衷心希望，这种中美实验室之间卓越的科学交流与合作传统能够长期延续下去；我也希望你在阅读这本书的过程中，能感受到我对我的学生与合作者的深情厚谊。说真的，我觉得他们不仅是我职业上的伙伴，更是我的家人。

前言 —— A Funny Thing Happened on the Way to Stockholm

行医与科研，我的双重使命

认识我的人都知道，任何事都能让我想起某个故事。岁月流逝，年华渐老，越来越多的学生、同事或朋友建议我把自己的故事写下来。坦率地讲，我从未想过这样做。但后来兰迪给我提了个有趣的建议。

兰迪多年来一直和我保持联系，如同许多我以前的学生一样。他也是杜克大学的铁杆篮球迷，在 2018—2019 赛季，他曾访问杜克大学，我们还一起观看了一场比赛。一如往昔，在赛前的餐桌上，我又给他讲了故事。

“鲍勃[①],”他说,“我有个主意，你考虑一下。你只管讲你的故事，我来记录，然后你来修订，怎么样？”兰迪用了畅销书《别逗了，费曼先生》(*Surely You're Joking, Mr. Feynman!*)作为例子，那本书就是由诺贝尔物理学奖得主理查德·费曼（Richard Feynman）口述、他的朋友拉尔夫·莱顿（Ralph Leighton）记录完成的。写书的想法就这样诞生了。在接下来的一年时间里，我们平均每周聊一两个小时，我大致按时间顺序讲述我的故事，从20世纪四五十年代在纽约布朗克斯区成长的早期岁月开始，一直讲到现在。

虽然在整个讲述中，我对自己从事的科学研究有所提及，但它绝不是一本传统意义上的科学自传。我在书中对科学研究的描述更像是为叙述搭建了一个脚手架，好让我的冒险故事有所附丽，更复杂的科学材料和相关文献则放在了注释中，以免干扰主体叙事。这些故事的讲述有赖兰迪和我的合作，有时完全是我的“声音”，有时更像是我俩的“二重唱”。然而，所有的故事都代表了我对发生事件的美好回忆。我充分意识到人类的记忆如此易错且可塑，我可以预料，在我所述事件中的一些人与我的回忆会略有不同，如有任何偏差，由我一人负责。

① “鲍勃”以及下文出现的“鲍比”是莱夫科维茨的家人和朋友对他的昵称。在西方文化中，普通关系里一般称呼姓氏，亲密关系里则称呼名字或者昵称。本书出现的称呼沿用了这一习惯。——编者注

在描述我与患者的互动情况时，为保护患者隐私，我们也更改或省略了可识别的细节。

我不想显得太啰唆，但这本书中会反复出现一个主题，那就是我热爱听故事与讲故事。事实上，直到我开始写这本书，我才意识到听故事和讲故事对我的事业和生活是多么重要。年轻时，我贪婪地阅读，甚至不惜装病躲在家里看书，而现在：

- 作为一名医生，我学会了如何详细了解患者的病史，从中引出一个个故事，使患者得到最确切的诊断。
- 作为一名科学家，我了解到数据本身并无意义，除非我们以数据为基础，创造性地构建叙事，从而得出某种结论或发现。
- 作为一名导师，我总是对学员的生活故事颇感兴趣，并经常通过讲故事的方式来阐明科学的或哲学的要点。

我很幸运，能过着一种充实而有成就感的生活。向学生谈及我的职业时，我有时会使用“双重使命”一词，用以指代我先后的职业——首先是医生，其次是研究者。我经历的每件事都像是命中注定要发生的，畅行在这两个独特世界的交叉领域，我乐在其中，希望这本书可以清楚地表达这一点。尽管这些故事听上去大多轻松幽默，但其中也有严肃的暗流，包括我与冠状动脉疾病几十年的斗争，这是我的家族遗传病。我希望大多数读者能从我在“医生-患者”的二元身份中获得的教训和经验，学到一些有用的东西。我想象不出，有什么比成为一名临床科学家更有成就感的职业了——有机会帮助患者，同时也能在实验室中发现新的治疗方法。

希望从前言这短短几页里，你能读出我的感激之情。

A Funny Thing Happened on the Way to Stockholm

第 1 章

家族心脏病，我和父亲的同一条路

此刻，药效发作了，我开始神志不清。戴夫站在我身旁，手里挥着一根巨大的针。

我躺在杜克大学医学中心的手术台上，正在接受一项可视化手术，以观察向心脏供血的动脉情况。戴夫是我的同事，我知道他会把我照顾得很好。事实上，作为杜克大学医学院的一员，我了解并信任房间里的每一个人。不过，在那一刻，对他们专业知识的信心并没有给我带来多少安慰。

几个月来，在跑步或进行其他运动后，我一直感到胸口有压迫感。作为一名心脏病学家，我本应立即意识到这可能是因为心绞痛。然而，我采用了一个经过精心设计的否定说辞来说服自己不是这样。我一直抱着希望——这只是一个 50 岁的人，碰上了肌肉紧张或其他一些小毛病。

随着症状的持续，我最终选择了与一位同事坦诚交流，他说服我不能再忽视这些显著的问题了，让我立刻去做心脏检查。于是，就有了这会儿我躺在手术台上的这一幕，此时戴夫正将针头插入我大腿的动脉，注射一种造影剂，以揭示动脉供血的情况。[1] 我的心脏已经在屏幕上成像了，尽管我感到越来越困，但仍能清楚地看到它的轮廓。

随即，我看到我的冠状动脉段亮了起来，显示出严重堵塞，清晰得令人恐惧。镇静剂开始起作用了，我感觉自己快要睡着了，在失去意识之前，我尽全力吐出了最后两个字："该死。"

被心脏问题笼罩的童年

我父亲在 50 岁时第一次心脏病发作，那时我才 12 岁。没人会喜欢那种步父母后尘的感觉，但如今，父亲和我之间的相似性显而易见——我正走在致使我父亲早逝的同一条路上。

父亲的心脏问题导致我的整个童年阴霾笼罩。1955 年，父亲第一次心脏病发作后，在医院住了三周。当他终于回到家时，医生告诉他要避免剧烈活动。现在回想起来，这个建议很有讽刺意味，因为它与我们今天对心脏病患者的建议完全相反，定期运动现在已被证明有助于预防心脏病复发。但当年，心脏病患者被告知要避免任何可能提高心率的活动，我父亲也被要求这样做。

每当我们去度假时，我总是抢着提行李箱，这样父亲就可以轻松一点；每当家里有什么重物需要搬动时，母亲都会让我去做，因为父亲有心脏病。父亲在心脏病发作后就不再和我一起运动了，我们的关系也因此发生了改变。我很难过，有很多事情我再也无法和我崇拜的这个男人一起做了。

父亲的心脏病也加剧了母亲的焦虑。母亲开始变得神经质，担心一切。每天晚上 7 点，父亲从纽约市的服装区下班回家，假如他在7点5分之前还没到家，母亲就会明显感到焦虑。她想象着各种可怕的场景：父亲心脏病发作，晕倒在地铁上，或是被火车撞了。

为了缓解焦虑，母亲服用了一种叫眠尔通（Miltown，又名安宁）的药。那是一种绿色液体，是现在抗焦虑药物的前身。母亲把眠尔通称为自己的“绿色神水”，她会对着瓶子直接喝，好像在喝威士忌一样。

“你不该按剂量服药吗？”我小时候曾问过她。而她只是盯着我，说："我想喝多少就多少。"

无论这种药的抗焦虑效果如何，眠尔通从未削弱母亲对我的监护。我经常和母亲闹矛盾，通常事出有因。在小学和初中的时候，我经常逃学，告诉母亲我肚子疼，然后就整天躺在床上看书。在那些漫长而慵懒的日子里，我会从《纽约时报》书评版面上剪下优惠券，订购更多的书。我记得我订购了温斯顿·丘吉尔的六卷本《丘吉尔：第二次世界大战回忆录》（*The Second World War*），还有卡尔·桑德伯格（Carl Sandbarg）的六卷本《亚伯拉罕·林肯》（*Abraham Lincoln*）。我很喜欢这些书，从头到尾仔细地读。我还通过文学协会和"每月一书"俱乐部订购书籍。当我母亲收到以她的名义订购的成套书籍和付款通知的邮件时，她立即怀疑到我，并开始像联邦调查局特工拷问极端分子一样，对我"大加挞伐"。我一开始还装作毫不知情，但最终还是在母亲咄咄逼人的盘问下承认了。

比盘问更严厉的，是母亲对我上钢琴课采取的强硬态度。我讨厌弹钢琴，于是把练琴的时间安排在母亲要出去办事的时候。我们住在布朗克斯区一个小公寓里，房子靠近电梯。我在母亲离开前开始弹奏，然后仔细听电梯铃声。一旦听到铃声，意味着母亲已经上了电梯，那我就会从钢琴旁站起来，去大厅里找朋友们一起玩。

我的这个“诡计”成功地实施了好几个月，直到有一天被当场戳破。母亲出了门，电梯铃声响起，我从钢琴旁站了起来。为了确定母亲已经走了，我走到门边，从猫眼往外看，却发现她的眼睛正盯着我！她按下了电梯按钮，却又留在门口监视我。之后，她尖叫着回到屋里，在剩下的练琴时间里一直站在我身后。

除了为母亲弹琴，我还定期为叔叔阿姨和堂表兄弟姐妹这些不太挑剔的听众演奏。当然，我弹得很糟糕，因为缺少充分的练习。母亲会公开表达对我的失望，尽管如此，我还是喜欢这种大家庭聚在一起的感觉。我是独生子，所以很高兴有机会和兄弟姐妹们一起玩。像许多从东欧移民到纽约市的犹太家庭一样，我的大家庭会定期举行家族的大型聚会。我家参加的这个被称为 AKD，代表克雷姆斯多夫家族后裔（Associated Kremsdorf Descendants），其中的克雷姆斯多夫是我祖母的娘家姓。每次 AKD 聚会都以商务会议开始，之后是聚餐，然后是孩子们为大家表演的社交时间。这些聚会组织得特别好：我的律师叔叔查理会起草章程，商务会议也严格按照《罗伯特议事规则》（*Robert's Rules of Order*）[①] 进行。全家被分成几个委员会，就各自的活动做进度报告。我们甚至有民选官员，我父

① 原书出版于 1876 年，由亨利 · M. 罗伯特（Henry M. Robert）编写，是一套详细规定会议改革程序的规则。——编者注

亲在我童年时期担任了 4 年的主席，这让我非常自豪。

父亲是我的英雄

父亲是我的英雄，他愿意为我做任何事。有一次，我在学校上体育课很吃力，因为课上有一系列健身挑战，比如在一定时间内爬到一根绳子的顶端。我必须通过这些挑战，否则就会挂科。我在绳子上用力攀爬，直到筋疲力尽，但依然离顶端很远。由于害怕不及格，所以我向父亲求助。父亲买了一根长绳，把它绑在树上，在我练习攀爬时为我加油，还教我如何用腿绕住绳子以爬得更高且更快。到学期结束时，我已经成为一名强壮的攀爬者，所以我真的非常期待爬绳考试。**父亲对我成长的关心成果丰硕：他在帮助我培养技能的同时，也帮助我建立了获得成功的信心。**

事实证明，父亲帮助我为未来发展了很多技能，特别是我对数学的热情，这是通过我和父亲一起玩游戏产生的。父亲是会计，每周六我都会陪他去他在服装区的办公室，他要在那里平衡每周的账目。父亲会和我比赛，我们都要把一长串的数字加起来，看谁算得又快又准。我被允许使用计算器，而父亲只能动用他的大脑，但他几乎每次都能战胜我。他对数字的处理非常灵活，教我速算的技巧。每周六的游戏为我灌输了对数学的终身热爱，更代表了我与父亲相处的宝贵时光。在父亲差点儿死于心脏病后，我们一起度过的每个早晨对我来说都弥足珍贵。

我们很幸运能有一位优秀的家庭医生约瑟夫·费布什（Joseph Feibush）。如果说有什么人比我父亲更让我敬佩的话，那就是致力于让我父亲活下去的人。费布什医生会定期上门会诊，他似乎对一切都了如指掌。我对他的一套工具非常着迷，特别是他的听诊器，他允许我用它来听自己的心跳。在父亲的心脏病发作后，我特别珍惜费布什医生这样令人安慰的存在，因为他可以帮助父亲保持健康。**我梦想着自己能成为一名医生，拥有让人们所爱之人活下去的力量。**

我渴望尽快成为一名医生。就像教我全速爬绳的技巧和以惊人的速度计算数字的技能一样，父亲也帮助我在学术道路上以闪电般的速度前进做好了准备。我成了一名应试高手，利用从父亲那里学到的技巧总能快速地得出答案。我在六年级后的标准化考试中取得了优异成绩，并被允许跳级，因此我在学校教育中的进展比正常情况下快很多。1956 年初，我参加了另一场考试，那场考试彻底改变了我的生活。

A Funny Thing Happened on the Way to Stockholm

第 2 章

确定人生方向，我想尽快成为一名医生

从书呆子到尝试做教师

我是个书呆子，尤其沉迷于数学等自然科学，并一直渴望能生活在志同道合的人群之中。在20世纪50年代的纽约，如果你想成为有抱负的医生、科学家或工程师，布朗克斯科学高中就是你的天选学校。这所公立中学的录取方式很特别，只由一场考试决定，纽约市的每名初中生都可以参加。[1] 如果你的分数排在全市前800名，你就能被录取。整个过程没有面试，没有作文，不考虑过往成绩，只有一场考试。我父亲给我找了很多练习题，帮助我准备这次考试，最后我成功考上了。1956年秋天，我兴高采烈地进入了布朗克斯科学高中。

布朗克斯科学高中离我住的公寓很远，几乎需要穿城而过，所以我每天早上都要坐火车去学校。我喜欢坐火车，看着城市匆匆而过，感觉就像我在向未来呼啸飞奔。每天下午的回程也让人很开心，因为火车轨道正好经过洋基体育场。如果洋基队正好在比赛，那么当火车沿着外场看台的轨道经过时，我就可以大饱眼福。有时，列车员会特意放慢速度，这样，体育场的场景就会持续一分钟或更长。在这精彩的一分钟里，我和朋友们会把脸贴在玻璃上，观看英雄们的表演。我是一个忠实的洋基队球迷，尤其崇拜洋基队的舰队明星米奇·曼托（Mickey Mantle）。在梦想成为一名医生之前，我曾想象自己成为下一个曼托，但我完全缺乏击球、防守和跑步的能力，这使我相信，成为下一个费布什医生是更现实的职业目标。

布朗克斯科学高中有很多书呆子，我当然也是其中之一。我戴着镜片很厚的眼镜，瘦得像根滑尺。而我的“书呆子指数”能够进一步提高，还要“归功于”我的两个好朋友——史蒂夫·鲁道夫（Steve Rudolph）和吉恩·弗兰克尔（Gene Frankel），他们也是不折不扣的书呆子。鲁道夫是化学神童，每当化学老师讲错什么时，他都会不受控制地站起来纠正，他以此为乐。鲁道夫小时候的梦想是进入科研领域，他取得化学博士学位后也确实从事过科学研究，却在三十多岁时放弃科研，成为一名临床医生。我的人生目标是成为一名临床医生，现在的职业生涯却聚焦在了科研。很神奇，我们实现了彼此最初的梦想。[2] 弗兰克尔则是物理爱好者，对科学史有着非同寻常的痴迷。

鲁道夫、弗兰克尔和我当时都没有恋爱经历，我们同病相怜，将这归咎于肌肉的缺乏。20 世纪 50 年代是一个崇尚“肌肉男”的时代，为了吸引异性，我们制订了一个健身计划，试图加速提升自己的男子汉气概。我们每个人都设法得到了一套举重器材，并约好每周有几个晚上一起“撸铁”。我们还痴迷于阅读健美杂志，学习最新的锻炼方法和健身技巧。

我们的计划进展得很顺利。直到有一天晚上，在我的公寓里，我做抓举时因杠铃重量太大，在把它推向空中时一下子就失控了。杠铃从我头上向后飞去，像个大铁锤一样砸在我卧室的墙上，大块的墙皮向各个方向崩开。母亲很生气，第二天就没收了我的举重器材，这意味着今后所有的健身活动，我都必须跑去鲁道夫和弗兰克尔的家里做了。

但健身真心有回报，因为在布朗克斯科学高中第一年的夏天，我就交往了第一个女朋友。这个期待已久的神奇事件，发生在纽约门罗县的一个夏令营中。在上个夏天的同一个夏令营中，我曾暗恋过一位名叫阿尔娜的可爱、害羞的黑发女孩。那时她有男朋友，但我得知他们已经分手了。我开始与她交往，发现我们有很多共同点，比如我们都是犹太人，来自犹太家庭，而且我们喜欢的电影大多相同。此外，她的父亲几年前死于心脏病，当时她才 10 岁。当她告诉我这个故事时，我俩产生了强烈的共鸣，因为我父亲在同一时期也曾与死亡擦肩而过。阿尔娜坦言，我是第一个让她敞开心扉谈及她父亲死亡的人。反过来，我也和她分享了压抑在心底的感受，谈到我家在父亲心脏病发作后发生的变化。

夏令营结束后，我回到了纽约市，继续在布朗克斯科学高中学习。阿尔娜住在白原市，距离纽约市北部约 50 千米，我们通过信件往来保持联系。在那个年代，长途电话费很贵，所以打电话是不可能的，而我也没有车。不过鲁道夫有车，所以我介绍他认识了阿尔娜的朋友芭芭拉。我的策略取得了完美成效：鲁道夫和芭芭拉一拍即合，事实上，他俩后来还结婚了。这太好了，因为这意味着，周末我可以搭鲁道夫的车去白原。很多个周六的下午，鲁道夫开着一辆装有巨大鲨鱼鳍的车，带着我前往白原。我们在布朗克斯河公园大道上全速疾驰，和我们各自的女朋友约会。

我很高兴在这段时间我们是异地恋，这让我在学校期间得以专注学习。在布朗克斯科学高中，我要面对竞争激烈的同学们的挑战，还要面对学校众多优秀教师的挑战。我的一位英语老师戈登夫人，学校里的学生都很怕她。她对我的要求特别严格，似乎瞧不上我的一切。当我们准备参加大学先修课程考试时，她在房间里走来走去，预测每名学生的分数。试想一下，有哪位老师会在考试前这样做?

考试采用5分制，对应1～5级，其中5级最高，意味着有资格获得大学高级学分。任何低于5分的成绩都意味着你可能没资格获得学分，这取决于大学的具体情况。对于班上的大多数学生来说，戈登夫人预测的分数是5分。但是，她来到我面前时，露出了一副酸溜溜的表情，并预测了一个3分。不用说，为了争口气，我为考试做了充分准备。

一周后，成绩出来了，戈登夫人在班里大声地宣读："格拉斯，5分。约翰逊，4分。莱夫科维茨……5分。"她用一种质疑的语气说："说实话，我不知道你是怎么做到的，莱夫科维茨。"

时至今日，我也不知道戈登夫人是真的不喜欢我，还是她是一个高明的激励者，故意通过怀疑来激将我。当然，这两种情况都有可能。

除了专注于我的课业，在布朗克斯科学高中的最后两年，我还担任了数学助教和几名低年级学生的辅导员。这些学生中就有斯托克利·卡迈克尔（Stokely Carmichael），他后来在民权运动中表现突出。卡迈克尔是布朗克斯科学高中仅有的几名非裔美国学生之一，这对他来说并不容易。当卡迈克尔和我的其他学员开始在我的指导下茁壮成长，并在数学考试中取得优异成绩时，我为他们的成功感到了比自己成功更多的兴奋。这是我第一次尝到教导他人的滋味，我喜欢这种感觉。

在哥伦比亚大学确定人生方向

当我 16 岁从布朗克斯科学高中毕业时，我对两件事有着强烈的渴望：一是尽快成为一名医生，二是与阿尔娜保持联系。就读于哥伦比亚大学让我实现了这两个目标。哥伦比亚大学的医学预科项目实力强劲，而且学校位于市区，这很重要，因为阿尔娜还有两年的高中学业需要完成。

当我搬到曼哈顿就读哥伦比亚大学时，我发现了欣赏纽约的全新视角。我和朋友一起去格林尼治村观看前卫艺术展和音乐家演奏，我可以看到像莫特·萨尔（Mort Sahl）和兰尼·布鲁斯（Lenny Bruce）这样的前卫喜剧演员的表演。在曼哈顿，即便是学习这样的行为似乎也变得更有魅力。有许多个晚上，我都会在位于第 42 街和第五大道交会处的纽约公共图书馆分馆看书，这是一个有着拱形天花板和壮观阅览室的古老图书馆。

那时哥伦比亚大学的教职员里包括了美国 20 世纪最具代表性的公共知识分子，如文学与社会文化批评家莱昂内尔·特里林（Lionel Trilling）、文化历史学家雅克·巴尔赞（Jacques Barzun）和社会学家丹尼尔·贝尔（Daniel Bell）。他们牵头开设了所有学生头两年都必须学习的当代文明公共课。在贝尔的课上，我写了一篇题为《卡尔·马克思和马克斯·韦伯阶级结构理论比较》(*Comparison of the Theories of Class Structure of Karl Marx and Max Weber*)的学期论文。我为这个标题暗暗得意，它听起来就很有深度。

一个星期后，当学期论文被返回时，除了我，其他人都得到了分数。我的论文没有成绩，贝尔在上面写着“来找我”。

“好吧，我有个问题。”当我出现在贝尔的办公室时，他说，“我读了好几遍你的文章，它要么是我读过最具洞察力的大学生论文之一，要么通通是废话。我不确定它属于哪一类，但我想如果我们能聊上半小时，也许我就能做出判断。”

就这样，“战斗”打响了。我意识到我要替自己的论文辩护，否则他可能会让我不及格。在半个小时的时间里，我摇头晃脑，用尽我能想到的所有高深莫测的术语来捍卫我的观点。最后，规定时间到了，贝尔隔着眼镜，凝视着我。

“你知道，莱夫科维茨，我很享受我们的谈话，但还是不知道你是否表述完整了。不如我们算平局，我给你评一个‘B’如何？”“我愿意！”我一边说着，一边从椅子上跳起来，为能在这场“战斗”中生还兴奋不已。

在哥伦比亚大学的第二年，父亲的心脏病再次发作，我请了几天假回家探望。父亲又在医院住了 3 个星期，出院后，医生对他的身体活动做了更多的限制。现在回想起来，除了限制身体活动，我当时的饮食习惯也为自己以后患上心脑血管疾病种下了病根。当时的我每天早上吃一大盘鸡蛋作为早餐，通常在一天里的晚些时候还要吃鸡蛋沙拉。每周有几个晚上，我会在泰德牛排店吃饭。在那里，我只需要花 1.19 美元就能买到一份全牛排晚餐，这在当时可是相当便宜的。而低廉的价格大概反映了牛排上缺少真正的肉，泰德的“牛排”绝大部分是软骨组织。这些每天都吃的牛排和鸡蛋，为我后来的心脏病埋下了隐患。但就像 20 世纪 60 年代世界上的其他人一样，我完全不知道摄入过多饱和脂肪酸和胆固醇的风险。当时人们对高胆固醇和动脉粥样硬化之间的联系知之甚少，所以我根本没理由反思我的饮食习惯。

而父亲的第二次心脏病发作，又一次加剧了我要成为一名医生的紧迫感。我是一名急于求成的年轻人，在哥伦比亚大学的第二年，我就意识到自己离毕业不远了。我升入大学前，在布朗克斯科学高中的大学先修课程中已经获得了一些学分，此外，我每学期都选修了大量课程。我计算过，如果我再参加一些暑期课程，第三年就可以从哥伦比亚大学毕业，提前进入医学院学习。这个目标激励着我在接下来的一年里更加努力。

我在个人生活方面也很着急。我和阿尔娜的关系很稳定，在哥伦比亚大学的第三年，也就是最后一年的春天，我决定向她求婚，尽管当时我只有 19 岁，她也才 17 岁。可是有一个问题，那就是我没钱买订婚戒指。毕业前不久，我收到了一封来自学校财务处的信，通知我说学校在处理学费时出了错，我多付了学费，信中还附上了一张 250 美元的支票。我不明白自己怎么会多付学费，但我不打算质疑，我决定用这笔意外之财为阿尔娜买一枚订婚戒指。

我想买钻石，但 250 美元能买到的钻石都是小碎片，肉眼几乎看不到，所以我最后决定给阿尔娜买一枚珍珠戒指。几天后，当我从口袋里掏出珍珠戒指，向阿尔娜求婚时，她笑着接受了，我们就这样正式订婚了。不过，在毕业前两天，我接到了一个来自学校财务处的电话，告诉我之前收到的学费退费，实际上属于校园里另一位名叫罗伯特·莱夫科维茨的学生。除了纽约，还有其他什么地方会在一个校园里出现两个罗伯特·莱夫科维茨呢？尽管这种情况看起来不可思议，但现在我必须把钱还上，否则就不能毕业。

我没有钱，我知道父母的经济状况也非常紧张，所以我不能要求他们在我刚花了一大笔钱买了一枚戒指后，帮我摆脱困境。然而时间紧迫，我无计可施，只能打电话给父亲，征求他的意见，父亲说他会把钱还给哥伦比亚大学。我告诉他不要，但他坚持这么做，并让我把这当作毕业礼物，只要我母亲不发现，一切都会好起来。

于是，我和我的高中恋人订婚，并准备追求我的梦想——成为一名医生。阿尔娜打算到纽约大学读书，所以我的医学院申请主要是为了留在纽约。哥伦比亚大学拥有当时纽约最好的医学院，所以当哥伦比亚大学录取我时，这事就定了。1962 年秋天，年仅 19 岁的我，在哥伦比亚大学医学院开始了我的医学生生涯。

A Funny Thing Happened on the Way to Stockholm

第 3 章

发散思维，为最佳诊断打造合理的故事

8 岁起，我就渴望上医学院，尽管我知道这将是一个巨大的挑战，但实际上我并没有为未来做好充分的准备。例如，我记得在大一的人体解剖学课堂上，我切开尸体时注意到了一些奇怪的东西。在尸体右肺的上部，有一个巨大的肿块，呈白色干酪状。这个肿块的位置和性质表明它可能是结核病病变，这意味着我解剖的尸体死亡时可能患有结核病。我全副武装，戴着口罩和手套，但还是对处理这个明显的结核病病变心存恐惧，可以想象这个肿块可能藏着活性病菌啊！我举手叫来了老师，他是一位资深的解剖学教授。他走了过来，嘴里叼着一根烟。

“让我看看。”他说着，赤手插进尸体的肺腔，拉出一大块

“干酪”在手指间捻动，“好吧，我想你是对的，这可能是肺结核。你去准备切片，我们去病理实验室验证一下。”说完，他深吸了一口烟，慢悠悠地走开了。

诸如此类的事情在我读医学院的第一年几乎是家常便饭。尽管如此，医学院还是满足了我的一切梦想。我喜欢那些医学传说，喜欢那些奇妙知识，也喜欢帮助患者。我还喜欢我的同学们，[1] 博学的哈罗德·瓦穆斯（Harold Varmus）是我遇到过的思维最敏锐的家伙之一。与我一头扎进医学院的经历不同，瓦穆斯走了一条更迂回的路，他还去攻读了哈佛大学英国文学硕士，后来因为发现致癌基因于 1989 年获得诺贝尔生理学或医学奖。与出类拔萃的瓦穆斯相比，班上的罗宾·库克（Robin Cook）则“声名狼藉”，简直是校园里的小丑。他在课前将成人影片插入病理学教授的课件插槽中，以致教授在讲课时，屏幕上出现了不堪入目的画面。这个恶作剧让教授气愤地冲出教室，向院长投诉，院长严厉地要求找出肇事者。不过，我们这群家伙都比较讲义气，尽管都知道是谁干的，但没有一个人供出库克，但就是这个家伙，后来出版了很多畅销书，成为医学悬疑小说的开创者。

除了喜欢我的同学们，我也喜欢我修读的课程。我特别迷恋生物化学，那是生物化学家埃尔文·查戈夫（Erwin Chargaff）的课。大家都认为，查戈夫将会因其对理解 DNA 结构的贡献而获得诺贝尔奖。那年秋天，当诺贝尔委员会宣布诺贝尔奖由沃森、克里克和威尔金斯获得，而没有查戈夫的份儿时，我们全校师生都有一种被冷落的愤怒，就像诺贝尔委员会对不起整个哥伦比亚大学一样。

爱屋及乌，我对巴德学院的小单间公寓也中意无比。从屋里唯一的窗户看出去，是哈德孙河和乔治·华盛顿大桥的壮观景色。河对面就是新泽西州，到了晚上，我可以看到帕利塞兹公园华灯初上，摩天轮转动，过山车飞驰。我和阿尔娜约会时曾坐过摩天轮和过山车，美好的回忆让窗外的景象成为我的快乐源泉，给我安慰。即便正在熬夜准备考试，我依旧乐在其中。

在医学院的头两年，我也不完全是一帆风顺的。例如，在大二的一次病理实验中，我觉得自己患上了白血病。我做了一份自己的血涂片，当观察到镜头下那么多的白细胞时，我惊慌失措。白血病的结论如此显而易见，我立即联想到，最近真的感觉超级虚弱和疲惫。

我脑海中立刻满是对阿尔娜的思念。我们才结婚几个月，她正怀着我们的第一个孩子。如果我死于白血病，那她和未出生的孩子怎么办？我还能见到自己的孩子吗？多年来，我一直担心自己会像父亲一样患上心脏病，但现在突然发现，在患心脏病之前，没准儿我已经死于白血病了。

我吓坏了，赶紧叫导师来帮我诊断。他气定神闲，不安慰我，反而冲着我大笑，说我准备的血涂片有误。当他耐心地演示如何正确准备血涂片时，我仍处于震惊中，但很快就意识到，我的血细胞计数完全正常。

我向来多疑，医学研究又强化了这种倾向。每当我们研究一种奇怪疾病时，我都会出现相应的症状感应。我过分关注自己健康的倾向越来越严重，这是我医学院经历中唯一负面的部分。在医学院的前两年，我徘徊于一场又一场的虚惊之中。

当然，有些危机则并非虚惊一场。一天，当我在哥伦比亚长老会医学中心的急诊室轮岗时，门突然开了，救护人员推着一名浑身是血的伤员冲了进来。

“是马尔科姆 · X（Malcolm X）！”有人喊道。

这位领袖被枪击时，正在街对面的奥杜邦舞厅演讲。医护人员从我身边疾驰而过，显然，马尔科姆 · X 的情况很糟糕。我立刻行动，准备好生理盐水和其他急诊时必备的物品，然后看着急诊室的医生全神贯注，开始了专业治疗。

我伸长脖子想看清发生了什么，同时回想起另一个美国历史上令人难以置信的动荡时刻。一年多前我大一，正在上生理学课，一名同学冲进来，惊叫："肯尼迪总统刚被枪杀了！"班上的同学们立刻从座位上弹了起来，跑向最近的电视机看新闻报道。而现在，我正目睹另一位被蓄意暗杀的美国重要政治人物，只是这次我亲身经历了这一过程。这一幕充满了戏剧性，空气中弥漫着紧张气氛，我感觉自己像在看一部电影，只是这次我置身其中。

过了一会儿，骚乱平息，急诊室的医生们垂头丧气地出现了。马尔科姆·X 在到达时已经奄奄一息，他们也无能为力。急诊室从混乱转为出奇地安静。在医学界，无助感很常见，但当急救停下的那一刻，我们仍然感受到了难以承受的挫败感。

数据 + 合理的故事 = 可能的最佳诊断

大三那一年，我在西奈山医学院（2012 年后更名为西奈山伊坎医学院）临床轮岗时，学到一个极其重要的医疗见解。我的主治医生是一位身材魁梧、和蔼可亲的肺科医生，名叫莫蒂默·巴德（Mortimer Bader）。在教学医院的查房过程中，规培生照例需要收集特定病例的情况，包括患者的病史、化验结果和体检数据，然后向主治医生陈述事实，共同研讨、鉴定、诊断并思考治疗方案。那次，我们与巴德医生一起查房时，处理了一个早期病例，一名规培生介绍了一位肺部有问题的患者的情况，在他的描述里，这可能是一个危及生命的肺纤维化病例。

“好，干得好。”巴德转向我，说道，“现在，莱夫科维茨，我要你用同样的病例，讲一个不同的故事。”

我愣住了。还能有什么不同的故事？那名规培生的诊断，看起来已然陈述了所有事实。我支支吾吾，开不了口，于是巴德问小组里的其他人：谁能讲一个不同的故事？没有人敢尝试。最后，巴德叹了口气，开始组织自己的故事版本。巴德的叙述比那名规培生的叙述更动人心弦，更具有说服力。他描述了一个慢性哮喘的病例，这是一种比肺纤维化轻一些的疾病。对这个病例的描述，他没有改变任何客观事实，唯一的区别在于，他把重点放在哪里，以及如何安排这些事实。巴德陈述完，我对这个病例忽然感到困惑，并意识到需要更多的检查，才能真正弄清楚发生了什么。巴德抓住时机，为我们阐述了叙述在医学中的重要性这一观点：**许多人认为数据会讲故事，但事实并非如此。数据仅仅是数据，而故事是你强加到数据上的东西。**

我对此见解肃然起敬。我意识到，**医生需要发散思维，培养从患者的数据中找到多种可能性的能力，接着对这些可能性进行检验，以期得出最佳诊断。**在我后来的职业生涯里，当我成为一名严肃的研究者时，巴德关于叙述重要性的见解变得更加有价值。学术研究通常会产生大量的数据，这些数据就是原材料，研究者必须从这些原材料中构造出合理的故事，来解释事物如何运作。当然，我在医学院期间，对学术研究完全没有兴趣。当时我一心想要成为执业医生，而学术研究似乎成了实现我梦想的“搅局者”。

在医学院期间，我的确曾短暂接触过学术研究，但这段经历并没有给我留下积极的印象。在完成前两年的正式课程后，我因成绩最高，获得由制药公司罗氏赞助的班级最佳成绩奖，奖品是一块豪华手表和一次免费的新泽西州旅行。确切地说，我赢得的是去罗氏位于新泽西州纳特利的美国总部参观药物开发的一日游。在这次参观中，我近距离观察了罗氏的一个科研团队，他们正在寻找新的止咳药。止咳药具有巨大的市场，所以他们的任务就是测试罗氏所有项目中生产的每一种药物的止咳能力与止咳效果，以筛选出最有效的一种。

这个科研团队的主要实验手段，是用一种与鲁布·戈德堡机械[①]类似的装置搔弄猫咪的喉咙，以诱发咳嗽，然后给猫逐

① 鲁布·戈德堡机械源于美国漫画家鲁布·戈德堡（Rube Goldberg）的作品，是一种过度复杂的机械组合，以迂回曲折的方法完成非常简单的工作，也被形容为荒谬地组合在一起的机械。——编者注

一注射几十种不同的药物，寻找可能抑制猫咳嗽的品种。我竭力在接待我的研究人员面前掩饰我的厌恶，但我的确被这项研究吓到了。我为这些猫咪和那些不得不整天给猫喉咙挠痒痒的可怜家伙感到难过。这次经历之后，我更加坚定了自己的信念，那就是绝不从事学术研究。

我同样确信，自己绝不会成为一名外科医生。我非常钦佩我所认识的外科医生，但我深知自己根本不具备这一行所需的灵巧手艺。在医学院的第 4 年，我在纽约州库珀斯敦的一家医院轮岗。在这次轮岗中，我有幸参观了几次棒球名人堂，这挺有趣的，但在医院手术室协助手术的例行服务中，我没发现任何乐趣。在一次手术中，外科医生要求我缝合一个切口，但我却笨拙地将手套缝在了患者的腹部上。我不得不求助一位护士才得以离开手术室，此番操作成功地“赢得”了外科医生的鄙视。后来，我和医生们达成了一个协议，就是我不再参与手术，因为这对大家都好。与之相对的，我会在病房里轮班，管理术后患者出现的电解质失衡和心律失常等问题，这是大多数外科医生不喜欢做的工作，但我很喜欢。

比起翻阅患者资料，我更喜欢和患者交谈。我喜欢记录患者的病史，也努力培养自己在这方面的技能：通过一个又一个的故事融合数据。医生的态度和信心对患者的治疗效果会产生如此大的影响，这常常让我感到着迷。培训的最后几个月，我在戈德华特纪念医院实习，这是一家位于东河河心岛上的慢性病中心。这家医院是许多患者的家，因为他们在这一住就是好几个月或长达几年，由一届届哥伦比亚医学院的学生进行护理。

在戈德华特纪念医院实习期间，我开始负责一位患有慢性类风湿性关节炎的老太太。当时治疗这种疾病的通用方法包括服用金制剂、皮质类固醇或大剂量的阿司匹林，这位患者都尝试过，但均由于出现严重的副作用而停止了。她承受着巨大的痛苦，吗啡等其他镇痛药也无法缓解，因为她的身体对这些药物也会产生不良反应。于是她恳求我提供其他药物来减轻她的痛苦。

“我们确实有一种新的实验性药物刚进入临床试验，它比吗啡更能镇痛。”我低声说，好像在分享一个秘密，“你想试试吗？”

“哦，是的医生，我愿意尝试任何药物。”她回答。于是我准备了一个注射器，里面装了少量生理盐水，但没有药物。“这种药物需要用针注射，所以你会感觉到有一点儿刺痛。药物应该在 5 到 10 分钟内生效。”我边说边在她皮肤下注射了生理盐水，然后就去照顾其他患者了。

我试图利用安慰剂效应的强大力量帮助这位患者。我阅读过这方面的文献，并与我的几位导师讨论过这个问题，我着迷于患者的信念对治疗成败的强烈影响。在我看来，许多东方医学都擅长运用安慰剂效应：如果一个有魅力的医生给患者服用一种已经使用了几个世纪的气味难闻的中草药制剂，患者很有可能会接受这种治疗并感觉开始好转。我希望能够利用这种效应，为这名患有严重类风湿性关节炎的患者至少争取到某种程度的改善。

一小时后，当我回到病房察看老太太的情况时，她很激动。她抓住我的胳膊，欣喜若狂地说："医生！你给我的这种新药太神奇了！我一点儿都不疼了！你有多少这种药？我能得到更多吗？"我向她保证，这种药物供应充足，并在接下来的几周时间里每天都给她注射一次生理盐水。她说自己已经完全不疼了，并提到作为医院里第一个使用这种新药的患者，她感到非常自豪。当我这个阶段的实习结束时，我还确保之后实习的医学生都知道这种神奇的疗法，它对治疗患者的疼痛非常有效。

医生、研究者和管理者，你会选择哪个

临近毕业，我收到了一个坏消息——父亲心脏病复发了。这是父亲第三次心脏病发作。这个消息诱发了我的疑病症，特别是我母亲在前一年也曾有过一次心脏病发作。我意识到父母

两边都有不利于我的遗传基因，而且我接受的医学培训使我的担忧更加具体。我开始注意到我的心脏容易早搏，从而导致短暂的心律失常和胸口颤动。我在自己身上做了大量的实验，以不同的姿势坐着并监测我的心跳，希望能找到一个稳定心脏节奏的最佳姿势。然而，数周的自我实验没有取得任何进展，也无法得出任何有用的结论。我还做了心电图等全面的心脏检查，但心脏科医生说，除了偶尔的早搏，我的心脏看起来很正常。心脏科医生这些乐观的话语并没有减轻我的多疑。我确信心脏病迟早会降临到我身上，就像降临到我父母身上一样。

消除我对心脏问题担忧的最好办法，是花更多的时间与我不断壮大的家庭共度美好时光。阿尔娜在我大二时生下了我们的儿子大卫，[2] 然后很快又怀孕了，在我读医学院的最后一年生下了我们的第二个儿子拉里，后来他改名为诺亚。当时我 22 岁，身无分文，是两个孩子的父亲。在大学的最后一年，我和我的妻子及两个儿子住在布朗克斯区一套狭小的一居室公寓里。一个人在这套公寓里生活都略显局促，更不用说四口之家了。不过，这种狭小的空间也不错，我爱我的家庭，所以狭小的住所和不眠之夜似乎不是什么大问题。

1966 年春天，我在医学院的学习即将结束，这也意味着我们家面临着迫在眉睫的威胁——征兵。当时，所有美国医学院的毕业生都被要求必须参军，在越南服役一年。这种征兵没有抽签制度，因为军队严重缺乏医生，所以法律规定每名医学院的毕业生都必须服役。我深知为国家服务的重要性，但也非常希望避免与我的家人分开，被派往地球另一端一年的时间，支持一场我和大多数同学都认为是错误的战争。我越来越感到惶恐不安，并试图寻找某种替代途径，让我不仅能光荣地服役，还能与我的家人保持联系。

医学院的毕业生有几种方法可以避免去越南服役。我们可以申请一年或两年的延期，完成实习和最多一年的住院医师培训。但在那之后，除非有其他安排，否则必须服役。另一个有吸引力的可能性是在美国公共卫生署任职，该署被认为是美国军队的一部分，因此也算履行了服役的义务。美国公共卫生署的医生可以在联邦监狱系统中担任监狱医生，在疾病控制中心帮助跟踪全球大流行病，或在美国国家卫生研究院进行学术研究。尽管我以前对学术研究缺乏兴趣，但还是决定争取最后一个选择。

我开始希望能成为一名学术型医生，甚至有一天能成为一所顶级医学院的医学系主任，并逐渐意识到，我如果要获得这种职位，至少需要一些学术研究的经验。据说，在哥伦比亚大学培训过我的大多数知名医生，在他们过去的某个阶段都做过学术研究，有少数人甚至至今仍很活跃。例如，我的老师之一威廉·曼格（William Manger）就是学生们眼中令人着迷的谈论对象。每当他走过时，你都会听到学生们窃窃私语："我听说他在做学术研究。"学术研究显然赋予了他一种特殊的魅力和声望。

曼格之所以引人注目，还因为他是曼格酒店的财产继承人。他总是穿着西装三件套，配上挂在金链子上的怀表，显得很有精神。在我读医学院的最后一年，他邀请我们几个和他一起查房的人到市中心的一家曼格酒店去。我们在豪华的餐厅享用完午餐后，曼格随口问道："你们想看看我的实验室吗？"我们当然非常乐意。当他进入电梯并按下顶楼的按钮时，我们更好奇了。当电梯门打开时，我们步入了一个壮观的套房，这个套房已被改造成实验室。数以百计的玻璃烧杯在充足的光线下闪闪发光，四面的窗户外是纽约市令人炫目的景色。我由此生出敬畏，并开始畅想，也许学术研究也没有那么糟糕。

我在我的简历中增加了一些研究经历，接着向美国国家卫生研究院提交了申请。我收到面试通知，将于 1966 年 7 月 1 日前往马里兰州的贝塞斯达参加面试。不巧的是，7 月 1 日恰好也是我在哥伦比亚长老会医学中心实习的第一天。实习刚开始还不会太严格，于是我拜托同伴替我值班，以便前往贝塞斯达面试。

面试过程基于匹配，申请人必须对他们想与之共事的小组长进行排名，小组长也必须对所有申请人进行排名。这是一个竞争激烈的过程，全国各地有数百名优秀且聪明的年轻医生同时申请有限的名额。

我的面试进行得很不顺利。首先，我完全没有研究经验，这是面试研究职位时一个主要的不利因素。我不得不一次又一次地向不同面试官解释，我为什么没有好好利用在哥伦比亚大学的各种研究机会。其次，我缺乏研究热情，实际上我对研究并不感兴趣，我只是想通过假装兴奋的方式在面试时虚张声势。

当天最艰难的是我的最后一场面试，面试官是一位身材高大、精力充沛的科学家，名叫杰西·罗斯（Jesse Roth）。他问我为什么想来这里，我说出了我认为他想听到的话："我的目标是成为'三面手'，我想成为卓越的医生、研究者和管理者。"

"那是痴心妄想！"杰西回答道，"这是个'不可能三角'[①]，你必须做出选择。如果你只能在一个方面做得很好，你会选择哪个？"

---

① "不可能三角"指一个国家不可能同时实现资本流动自由、货币政策的独立性和汇率的稳定性。这里借用经济学概念表明，杰西认为作者不可能在这三方面都做得很好。——编者注

我被他的语气吓了一跳，结结巴巴、语无伦次地给出了一个答案。当我离开杰西的办公室，踉踉跄跄地回到车上时，我确信自己搞砸了，我不可能收到这个令人垂涎的职位邀请了。我感到厄运即将降临，我很快就会被从家人身边扯走，送往异国的丛林里执行任务。

A Funny Thing Happened on the Way to Stockholm

第 4 章

知道是你在医院值班，我会很放心

我在如死一般寂静的黑夜中开车，困得睁不开眼。这一周已经是我第 3 次连续 24 小时值班了，家里还有两个孩子。整整一周我的睡眠时间加起来也不到 20 小时。我现在是实习生，也是哥伦比亚长老会医学中心的值班人员，日程安排快把我累死了。就在一周前，在家里和阿尔娜以及儿子们共进晚餐时，我直接在餐桌上睡着了，脸栽进了盛满土豆泥和豌豆的盘子里。现在，当我在西区公路上穿过黑暗往家飞奔时，我不由自主地慢慢闭上了眼睛，得以休息的感觉很舒服。

突然间，“嘭”的一声巨响把我震醒。我发现我的车已经偏离右车道，撞上了路肩。我快速转动方向盘调整方向，想回到原车道上。当我正试图弄清方位，并捡起从白大褂中滑出来的听诊器时，警笛响起，蓝光充斥着我的后视镜，我只好靠边停车。

“医生，怎么了？”警察走近我的车并问道，“你刚才在路上开得摇摇晃晃，是喝酒了吗？”

“绝对没有，警官。我只是刚刚在医院结束值班，正准备回家和家人团聚，有些犯困了，请您高抬贵手！”

“抱歉，医生，法律就是法律。请出示你的证件。”我把驾驶证递给警察，然后他瞪大了双眼，“莱夫科维茨？你和路易斯·莱夫科维茨（Louis Lefkowitz）是什么关系？”

那时纽约州的司法部部长是路易斯·莱夫科维茨。据我所知，他和我没有任何关系。但令人惊讶的是，我的祖父碰巧也叫这个名字，而他是一位来自波兰的帽匠。所以，我对警察坦诚相告：“路易斯·莱夫科维茨吗？哦，他是我的祖父。”

“哦，天哪！”警察说，“好吧，那我猜给你这张罚单也没什么意义，你祖父会把它销掉。行吧，医生，我给你个警告，就放你走。回家时请务必小心驾驶。”谢天谢地，我当然会一路小心，并对这个巧合满怀感恩之情。

那夜殒身糜骨般的劳累是我工作的常态，即便如此，我依然充满热情。我是一名真正的医生了，每天走在医院里，意识到自己负责着一整本名册的患者，是一件非常令人振奋的事情。当然，这也意味着责任，我觉得自己应该是在任何情况下都知道该做些什么的人，而事实并非如此。幸运的是，我和许多资深护士共事，他们非常善于和新的实习生合作。例如，如果我在急诊室治疗一名受伤的患者，却忘了替他开止痛药，护士就会温和地提醒我，以弥补疏漏："医生，你想给患者注射一些镇痛药，对吗？ 5 毫克的剂量是否合适？"

"是的，是的，非常好。"我说着，感到既羞愧又感激。在作为实习生的头几周里，我犯了许多小错误。但很幸运，身边总不乏有能力的专业人士弥补我经验上的不足。一些实习生同事会向护士们明确表示，他们不喜欢被纠正，但我一直很感激护士们的帮助。我把这些资深护士看作自己的导师，并感谢他们对我的指导。在我后来的职业生涯中，当我成为一名真正的导师时，我会对我的学员采取类似的积极态度与方法，因为我从未忘记，当我还是一名苦苦挣扎的实习生时，这种鼓励对我意味着什么。

我对自己未来的深切担忧与实习的压力交织在一起。我每天都在等待我能否在美国国家卫生研究院得到一个职位，从而避免去远离家人的地方服役的消息。尽管每周 100 小时的工作量以及医院工作带给人的持续压力消耗了我几乎全部的精力，但我依然对悬而不决的服役问题感到担忧。

住院总医师比尔·洛夫乔伊（Bill Lovejoy）总是毫不留情地催促着医护人员。洛夫乔伊曾是耶鲁大学的橄榄球运动员，当他在医院的病房里走来走去时，显得气势十足。尽管外形粗犷，但他是我遇到过的最好的医生之一，我从他身上学到了很多关于医生的知识与经验。洛夫乔伊像钉子一样坚韧，以从不在医院睡觉为荣。如果我上夜班，并试图在无事的时候溜到值班室小憩半小时，他就会当着护士的面嘲笑我。回顾那段岁月，整个医院的工作人员都被剥夺了休息时间，大部分时间都处于半工作状态。如今，医院已经改变了规则，对实习生和住院医师每周的工作时间进行了限制。然而，在 20 世纪 60 年代，熬夜是年轻医生展示坚韧品质的一个重要方式。

我大部分时间需要大量的咖啡来保持清醒。过量的咖啡加上持续的压力损伤了我的胃肠道，让我出现了持续性腹泻。这种情况不太妙，尤其是当患者正指望我提供及时的医疗护理时，情况就更糟糕了。在照顾一名又一名患者的无止境的轮班中，我不可能每隔 15 分钟就跑一趟厕所。为了解决我的胃肠道问题，我开始自行配制一种叫作“复方樟脑酊”的糖浆，这是阿片类药物的酊剂。我在病房里走来走去时，会直接对着瓶子喝，就像我母亲喝她的“绿色神水”那样。复方樟脑酊在止泻方面有奇效，但也有严重的副作用，我的胃肠道几近瘫痪，再也无法感知任何东西，我开始发高烧，身体剧烈痉挛。

我不得不作为患者被送进医院，洛夫乔伊坚持监督我的治疗。他并不是一位富有同情心的护理人员。相反，他不断地提醒我，由于我的愚蠢行为，另一名医生必须留在医院里随叫随到，无法享受预先安排好的休息时间。洛夫乔伊还指出，治疗这类问题的标准方案是进行乙状结肠镜检查，以确保肠道没有堵塞。当时的乙状结肠镜检查不像今天这样用细且柔软的丝线，而是用坚固的钢棒，所以在探查乙状结肠的过程中，患者会感到非常不舒服。

“嘿，莱夫科维茨，”洛夫乔伊一直微笑着说，“如果在 48 小时内，你还没有好转，就得‘骑（肠镜检查的）银色小马’了！”幸运的是，我很快就恢复了。他的话不是安慰剂，但效果很接近！

这件事发生之后不久，我得到了一个短暂的喘息机会。按照传统，每年有一星期的时间，哥伦比亚大学和哈佛大学的首席住院总医师会交换位置，目的是在这两个知名的医学院之间交流思想和最佳疗法。今年尤其令人兴奋，洛夫乔伊会为哈佛学子带去他独特的“严酷之爱”，而哥伦比亚大学则迎来了因其聪明才智和胆大心细而闻名的萨姆·蒂尔（Sam Thier）。[1]

众所周知，蒂尔以“虐人”为乐，目的是让实习生们时刻记得自己的位置，知道自己知之甚少。当蒂尔来到这里时，我发现自己被分配成为隔天早上第一个和他一起查房的实习生，我完全吓坏了。

我的一名患有罕见的肾脏病的患者是我们的第一位查房对象。蒂尔的专业是肾脏病学，所以他对这个患者表现出了浓厚的兴趣。他检查了患者的病历，冷笑了一声，说道：“你可能不知道，莱夫科维茨，上周的《新英格兰医学杂志》上有一篇关于这种病例的重要综述，这篇综述清楚地表明，Y 疗法比 X 疗法更好，所以我想知道你到底为什么要对这个患者采用 X 疗法？”

似乎是命中注定，我已经读过他提到的那篇综述了，所以确信他记错了。一天前，我正好在浏览这期杂志，它就在我们医院的员工图书馆里，我恰好注意到了这篇与我的患者相关的文章。在我职业生涯的那个阶段，我当然不是什么伟大的文献学家，我知道这篇综述得益于一种偶然的运气。刚读过这篇文章的我，自然知道蒂尔记错了文章的结论，于是如实告诉了他。

“好吧，我相信你错了，莱夫科维茨。”蒂尔以来自哈佛大学的那种不可动摇的自信说，“你身边是否有这期杂志？这样我们就可以解决这个问题。”

我当然知道这期杂志在哪里，因为我前一天刚看过。所以我把杂志拿给他，看着他脸上得意的笑容逐渐消失。他读了摘要，意识到综述里实际上推荐了 X 疗法，也就是我正在给我的患者采用的疗法。这件事发生之后，我开始担心他可能会因为我让他难堪而为难我。但事实上，情况正好相反。那周我们又一起去查了几次房，每次他都很高兴地把这个故事讲给其他工作人员听。

“我在这里的第一天，就和这个叫莱夫科维茨的孩子一起查房，他绝对让我大吃一惊！”他说着，大笑起来，“我掌握的肾病治疗的信息有些落后了，而他真的让我意识到了自己的错误。”这件事让我信心大增，也提高了我在同行中的声誉，他们都乐于看到这位来自哈佛大学、傲气十足的住院总医师吃瘪。

每位优秀的医生都必须培养一种第六感

一周后，蒂尔离开了波士顿，洛夫乔伊回来了，而我一直在等待，想知道我的下一步行动是去美国国家卫生研究院还是越南。终于，有一个电话打到医院来找我，接电话的人在大厅里大喊，说是美国国家卫生研究院打来的。我赶紧跑到电话旁，拿起听筒。电话是杰西打来的，他想知道我是否有兴趣加入他的研究小组。我当然有兴趣，当场就接受了，挂断电话后，我举起双臂欢呼，庆祝自己的胜利。

那天晚上，我和阿尔娜一起庆祝了这个好消息。几个月前，我们迎来了第 3 个孩子——我们的女儿谢丽尔，我们一起搬进了纽约州扬克斯市的一套两居室公寓。虽然大多数晚上下班回家时，我会因疲惫不堪而摔倒，但家庭生活依然甜蜜。我想花更多的时间和我的孩子们一起玩，但疯狂的工作安排和持续的睡眠不足对我教养孩子产生了不利影响。不过，有一件事表明，我的医学培训同时也对我的家庭产生了积极影响。

我的大儿子大卫当时 4 岁，有一天早上发着烧躺在床上。我为他做了检查，又给了阿尔娜一个吻，然后出门，准备去医院上班。我坐进了车里，但又停了下来，因为大卫看起来不太对劲。他身上有些奇怪，特别是他的呼吸。我把钥匙从汽车的点火开关里拔出来，走回屋里。阿尔娜看到我时，她手中的咖啡杯差点儿掉下来。

“你不是半小时后值班吗？”她问。“我会找人代班的。”我说完，接着拿起电话，拨通了医院的号码，说道，“我只是想和大卫坐一会儿，我觉得他看起来不对劲。”

我坐在大卫的床边，在接下来的一小时里多次测量他的体温。他的体温一直在上升，更糟糕的是，他的呼吸变得越来越困难。我不太确定问题出在哪里，但我的医学直觉告诉我，绝对不对劲。我把大卫抱在怀里，朝我的车走去。阿尔娜的母亲刚刚过来，所以我请她留在家里照顾我们的另外两个孩子。阿尔娜给大卫的儿科医生打了电话，让他知道我们要来，然后我们一起坐上了车。

开车去医院需要 20 分钟，在途中，阿尔娜用毯子裹着大卫，抱着他坐在副驾驶座上。大卫的病情开始迅速恶化，他的呼吸越来越困难，脸色发青，我怀疑他可能得了会厌炎。

会厌是人体咽喉部的软骨结构，它像是覆盖在气管上方的盖子，具有辅助吞咽和保证正常呼吸的作用。会厌炎很少见，但有可能是致命的，因为如果不立即治疗，发炎的会厌可能会完全堵塞气管，阻断呼吸。大卫的病情每分钟都在变得更糟，我能听到他费劲喘气的声音。惊慌失措的我踩下油门，开始以最高时速在纽约市的街道上飞驰，在车流中穿梭并闯红灯。

我们到达阿尔伯特·爱因斯坦医疗中心，在大门前跳下车，飞奔进去。一名护士试图阻止我们，大喊医生正在看病。但我直接从她身边跑过，抱着大卫冲进了检查室。儿科医生马上注意到大卫脸色发青，花了几秒钟检查了大卫的喉咙，确认这就是会厌炎。他启动了紧急程序，顿时，护士和其他工作人员全速冲刺，将大卫推进走廊尽头的一间手术室。我跑过去时，儿科麻醉医生在那里等我。他刚从楼下冲上来，说话时上气不接下气。

“我要试着把管子从他的鼻子滑进喉咙里，但只有一次机会，因为他喉咙里留下的开口太小了。”麻醉医生说，“如果这不起作用，我们将不得不进行手术。”他说的手术是指气管切开术，这是一个大手术，需要切开大卫的喉咙，插入一根管子，让他能够靠呼吸机呼吸。

我被要求离开手术室，这对于一个儿子正处于生死关头的医生来说无助极了。好在麻醉医生是“管子魔术师”，第一次就成功地把管子插进了大卫的喉咙，无须再切开他的喉咙了。接下来的几天，大卫在重症监护室接受了抗生素治疗。

第二天，当我在重症监护室守夜时，我思考着是什么让我前一天早上留在了家里。大卫看上去只是一个发烧的孩子，而孩子们经常发烧。然而，如果我那天早上像往常一样离开家去上班，大卫可能已经死了。**每一位优秀的医生都必须培养一种第六感，能感知到什么时候事情不对劲。**那天早上，就是我的第六感告诉我，我应该留在大卫身边。

仔细倾听，揭开病情谜团的关键

我请了几天假陪伴大卫，在他康复后回到病房进行最后一次临床轮岗。几周后，我将开车带着家人去马里兰，开始我在美国国家卫生研究院的研究工作。作为一名初级住院医师，我的最后一次轮岗将在哈克尼斯教会医院进行，这家医院是哥伦比亚长老会医学中心的一部分，有许多家境较富裕的患者在这里接受治疗。

在我轮岗的头几天，当时世界上最著名的女演员之一被送进了这里。这位女演员曾多次昏厥，其中一次是在百老汇的演出舞台上。小报都在报道她的情况，说她是因为“过度疲劳”而在医院接受治疗。当八卦专栏的记者们喋喋不休地讨论这段经历对她事业的影响时，我坐在她的床边，试图找出她的问题所在。

我们给她验了血，诊断出她患有严重的低血钾性碱中毒，这意味着她的血液中钾含量过低，而 pH 值过高。总的来说，她血液内的电解质是不正常的，但问题在于：是什么导致的？低血钾性碱中毒有许多潜在的原因，我向她详细了解了病史，以便找出那个潜在的原因。低血钾性碱中毒可由某些药物引起，但她坚持说她没有服用过我提到的任何药物。另一个潜在原因是食用过量的甘草。我问过她好几次是否喜欢甘草，或者甘草味的鸡尾酒，但她告诉我，她讨厌甘草的味道，已经多年没有食用过了。

几天来，我和该病例的主治医师斯图尔特·科斯格里夫（Stuart Cosgriff）一样感到困惑。科斯格里夫是当时哥伦比亚大学教职员工中最杰出的医生之一，他建议，我们需要从患者那里得到更多的信息来破解谜题，我告诉他我会尽力而为。

我花了更多的时间与这位女演员交谈，试图让她敞开心扉。她有一个年幼的儿子，所以我们谈论了自己的孩子。我们谈到了我们对罗伯特·肯尼迪怀有同样的钦佩，这位总统候选人在几天前不幸遇刺。我们还谈到了她的希望和梦想，以及她即将开展的各种项目。她告诉我，作为一名公众人物，她每天都承受着巨大的压力，小报总是谈论她的体重。然后，她坦白说，当饭后她对吃东西感到内疚时，她会设法让自己吐出来，有时还滥用灌肠剂减肥。而过度呕吐和频繁灌肠正是导致低血钾性碱中毒的已知原因，这一发现似乎可以解释她的病情。然而，直到她开始信任我，她才愿意承认这些行为。

我被她的故事打动了，特别是她看起来如此和善。同时，我也很震惊，我从来没有听说过有人会故意催吐。这种饮食失调后来被命名为神经性贪食症，[2] 但在那个年代没有人听说过它，我们在医学院里当然也没有学到过。我凭经验向这位女演员建议，她必须停止饭后催吐，同时停止滥用灌肠剂。因为如果不加以控制，低血钾性碱中毒会导致心脏问题或肾脏问题，并最终导致死亡。我告诉这位女演员，如果她想看到她的儿子长大，就需要照顾好自己的身体，这种行为已经对她的生命构成了严重的威胁。她接受了我的建议，发誓立即停止这种行为，并对我表示深深的感谢。[3]

当我向科斯格里夫总结这个病例时，他印象深刻。科斯格里夫指出，我与患者建立的融洽关系，特别是我对她生活故事的仔细倾听，是解开谜题的关键。然后我们讨论了他在哈克尼斯教会医院照看的其他患者，他对其中两名患者特别关注，因为他们的情况不好，更需要持续监测。当科斯格里夫收拾好公文包，准备离开时，他转向了我，问道："今晚谁在医院里？"

"是我，"我回答道，"今晚和明天一整天都是我值班。"

"这真是个好消息。"科斯格里夫说，"知道你在，我会睡得很好。"

科斯格里夫的这些话代表了我到那时为止的职业生涯中的一个顶峰。这位杰出的医生把他的患者放心地托付给我，是我能想象到的最高荣誉。我觉得我真的成功了，我不仅是一名医生，而且是一名好医生。我已经找到了自己的使命，至少我当时是这么想的。

但那时候的我还不知道，我即将陷入一种痴迷，这种痴迷将使我不再全职行医，并完全改变了我的生活轨迹。

A Funny Thing Happened on the Way to Stockholm

第 5 章

追求你一直梦想的事业，一切都会好起来的

我脱下白大褂，扔进了洗衣篮。穿上便服时，我沉浸在苦乐参半的情绪中。这是我在哥伦比亚大学实习的最后一天，我将离开医学院，去美国国家卫生研究院进行为期两年的研究。我大步走出哈克尼斯教会医院的大门，来到华盛顿堡大道，阿尔娜和我们的 3 个孩子正在一辆满载行李的道奇达特汽车里等我。我上了车，和我的家人共同前往马里兰州。

当时我 25 岁，除了纽约市方圆近 20 千米的范围，我从未在其他地方生活过。你是否曾经将你所知道的一切抛诸脑后？你是否曾经踏上一段旅程，却对自己的未来完全不确定？这就是我那天离开时的感受。

到了晚上，我们到达罗克维尔，我开始感觉好些了。我们搬进了一栋有草坪后院和多个房间的联排别墅。与纽约狭窄的住所相比，这个空间异常宽敞。我们还变得富有：作为规培生，我的年薪是 4 000 美元；而作为美国国家卫生研究院的研究员，我的年薪将达到 1.2 万美元，同时我的日程安排将更加轻松。尽管我仍然在为离开了日常的医疗工作而难过，但我其实也已经开始享受新生活了。当然，最重要的是我可以和妻儿待在一起，而不是一个人远赴 1.5 万千米外的异国他乡。

那个年代，在美国国家卫生研究院服务的公共卫生服务军官被称为“黄色贝雷帽”[1]，这个绰号是对绿色贝雷帽的一种戏谑，颜色的改变意味着我们因害怕而不敢战斗。不过，我认为在当时避免服役并不是一种懦弱的行为，对大多数人来说，这是出于良心。这场战争并没有得到民众的支持，在我“服役”的两年时间里，在华盛顿市中心举行的大规模反战示威活动经常发生。阿尔娜和我带着我们的孩子也参加了几次这样的示威活动，我们认为这是在创造历史。

全美各地的年轻医生都想方设法地避免被派往战场，因此当年美国国家卫生研究院收到了数千份申请，但只有不到 200 个名额。激烈的竞争意味着那些被选中的人都是精英，我很荣幸能成为这个精英团体的一员。同时入职的其他“黄色贝雷帽”有我的朋友兼医学院的同学哈罗德·瓦穆斯，在我进入美国国家卫生研究院的第一周就能看到一张熟悉的面孔，这让我感到很欣慰。我们成为“黄色贝雷帽”的出发点大多相似，当时也不曾设想自己未来能取得多大的成就。但就在这个人数不多的群体中，共有 9 人成为诺贝尔奖得主，另外几十名则进入了美国国家科学院，获得了其他重要的研究荣誉，这些成就确实令人印象深刻。

作为研究院的现役军官，我们被授予中尉军衔，这其中的一个主要好处是，只要我们穿着制服，就可以免费飞往全国各地。然而，制服很贵，所以我们组的 5 个人凑钱买了一套共享。如果我们中的某一个人要旅行，这个人就可以穿这套制服免费坐飞机。这个计划唯一的缺点是，我们组里的人身高截然不同，这意味着制服的裤子在有些人身上很长，但在我身上却短得离谱。每当我穿着制服坐飞机时，看上去就像我要把裤子提起来过河一样。

“黄色贝雷帽”都是做研究的医生，但我们也执行临床任务。我们在美国国家卫生研究院的临床中心工作，这里一半是研究所，一半是医院。作为轮岗的一部分，每隔 5 个晚上，我们就会睡在医院里，处理可能出现的任何医疗紧急情况。我在临床内分泌科工作，接触到的大多数患者来自全国各地，患有各种各样的内分泌疾病。我的导师杰西在 1977 年获得诺贝尔生理学或医学奖的罗莎琳·雅洛（Rosalyn Yalow）和她的研究伙伴所罗门·伯森（Solomon Berson）的实验室里做实习生时，研发了第一个用于测量生长激素的放射免疫测定法。因此，在这儿的许多患者都患有肢端肥大症，这是一种由生长激素水平过高引起的疾病，杰西正在对这类患者进行详细的研究，这也是我们住院服务的一部分。[2] 这些患者的某些特征非常明显，如宽大的下颌骨和手。除了给患者看病，我们还处理一些其他问题，比如接收和储存组织样本，以便第二天进行分析。在我入职初期的一个晚上，我在值班时接到了一个不寻常的电话。

“你是今天值班的军官吗？”医院的接线员问。我回答她说：“是的。”接着，她用紧急的语气说：“黄色代码！”

“我……对不起，我不知道那是什么意思。”我回答。那个年代的大多数医院都有自己的颜色代码，具体含义因医院而异。蓝色代码通常是指医疗紧急情况，而红色代码通常意味着火灾。不过，我对黄色代码并不熟悉。

“你没有读过员工手册吗？”她问。

“呃……我想还没有，我是新来的。你能告诉我黄色代码是什么意思吗？”

“我不应该在电话里说。”她说着，听起来很气愤，“但是……好吧。黄色代码意味着楼里有动物逃脱了，电话是从 9 楼打来的。”

大楼里有动物吗？犀牛在 9 楼走廊上奔跑的情景浮现在我的脑海里。我挂了电话，飞快地跑上 9 楼，那里几乎一片漆黑，空无一人，只有东边的一个房间透出光亮。我以忍者般的蹲姿蹑手蹑脚地走向那个房间，为可能遇到的情况做好准备。

我走到敞开的门前往里望去，看到一名实验室技术人员正趴在地上。“是你打电话说楼里有动物逃脱了吗？”我问道。

他吓了一跳，迅速转过身来：“是的，我一直在和老鼠打交道，其中两只逃了出来。”

我松了一口气：幸好我们处理的是老鼠，而不是更大的东西。在接下来的半小时里，我同技术人员一起实施了捕鼠行动。虽然最终没有找到老鼠，但我在第二天提交了一份报告，说明我对黄色代码做出了响应，并成功地保证了大楼的安全。

除了偶尔担任值班的军官，我把主要精力放在研究上，不过我在实验室的早期研究完全是一场灾难。有一次，在我把玻璃管推进橡胶塞时，玻璃管断了，碎玻璃片深深地扎进了我的食指。这次事故发生在晚上，医院的大多数工作人员都回家了，所以没有其他医生可以帮我缝合伤口。我冲到临床中心的急诊室，鲜血正顺着我的手滴落。我找到一名护士，她协助我缝合自己的手指。由于我当时疼痛难忍，又单手操作，而且没有实践经验，因此缝合得很糟糕。这个失败手术的后遗症困扰了我很久：伤口似乎愈合了，但每隔几个月又隐隐作痛。直到有一天，伤口支撑不住裂开了，开始跑出微小的玻璃碎片，X线片显示还有许多玻璃碎片嵌入其中。最后，一位经验丰富的外科医生又给我做了一次手术，把玻璃碎片都清除了，这才让我的手指完全愈合。

我生命中的核心支柱倒塌了

在我的导师杰西的帮助下，我挺过了早期的艰难时光。杰西像是一个不间断的正能量发电机，让实验室里的每个人都能振作起来。在我进入实验室的第一天，实验室伙伴加里·罗伯逊（Gary Robertson）打开了一个信封，里面是他和杰西提交的一份即将发表的论文的审稿意见。信中指出了论文中的许多缺陷，负面评价一个接一个，罗伯逊绝望地把头埋在桌子上。这时，杰西跳进办公室，从罗伯逊的桌子上抢走了那封信。

“罗伯逊怎么了？”杰西问。

“他刚收到他论文的审稿意见，很糟糕。”我说。杰西开始快速阅读这封信，然后脸上露出了笑容。随后他放下信，开始拍打罗伯逊的手并说道：“祝你好运！这真是个好消息！”

“你是糊涂了吗？”罗伯逊问，“审稿人讨厌这篇论文。”

“讨厌它？”杰西笑着说，“这些都非常有意义！我们只要再做几个实验，这篇论文就能发表，一点儿问题都没有。”

罗伯逊和我都认为杰西疯了。然而，事实证明，在罗伯逊又做了几周的实验，解决了审稿人提出的意见后，修订的论文就被接受发表了，正如杰西说的那样。这是我第一次知道如何解读审稿意见，以及如何据此修改并促使论文发表。

杰西认为一切都好极了。每当我给他看一个数据，无论多么微不足道，他都会很兴奋。我通常不得不在走廊上疾行，只为与他讨论我的发现，因为他一直在动。

“我们边走边说吧！”杰西在匆忙赶往下一个会议时，会兴奋地说着我即将取得重大突破，言语慷慨激昂，以至于我离开他时感觉自己像风筝一样飘飘然了。然后，当我把同样的数据展示给另一位导师艾拉·帕斯坦（Ira Pastan）时，他就会摇摇头。

“杰西对此很兴奋吗？这些数据看起来像是仅供收藏的艺术品。你做阴性对照了吗？你做阳性对照了吗？你做过任何对照实验吗？”艾拉是很严肃的人，他更注重科学的严谨性，而不是如何激励学员。向艾拉展示数据往往使人羞愧，但他在设计和理解实验方面给了我细致的指导。

杰西和艾拉给我的项目是确定促肾上腺皮质激素的受体，这种激素是应激反应的一个关键调节因子。[3] 在这个项目中，我要做的就是用放射性元素标记促肾上腺皮质激素，然后分离被标记的激素与未被标记的激素。这听起来很容易，但在实践中是一场巨大的斗争，因为我和一个旧的馏分收集器“杠”上了。我在这个收集器里装满试管以收集促肾上腺皮质激素的各种馏分，过一晚上就能得到液柱。通常情况下，只要我在一旁观察，馏分收集器就能正常工作，但我一走开，它就会出现故障，导致我珍贵的样品洒落一地。我越来越偏执地认为这个馏分收集器就是来整我的。

有一天晚上，我在实验室待到很晚，一直盯着馏分收集器。我坐在冰冷的房间里守着，尽管穿着大衣，仍然瑟瑟发抖。3 小时后，我假装离开，走到我的车前，又转身回到实验室，希望能抓住破坏我实验的馏分收集器的漏洞。说不上幸运还是不幸，它运行得很好。我很满意，认为自己已经解决了这个问题，就回家了，睡了几个小时。第二天早上，当我走进实验室时，我发现地板上又到处都是我的样品。最终，我说服杰西买了一个新的馏分收集器，但那时我已经在这件事上浪费了好几个月，一点儿进展都没有。

感恩节期间，阿尔娜和我带着孩子们，开车回纽约探亲。一路上我沉默不语，为我在实验室里的不断失败感到沮丧。在我的生活中，除了初中时的爬绳，我从来没有在任何事情上持续失败过。但即使是爬绳，我最终也在父亲的帮助下掌握了。我们到达纽约时，正赶上和父母一起吃感恩节晚餐。饭后我和父亲坐下来，向他倾诉我的沮丧。他认真地听着，然后提供了一些很明智的建议。

“听着，鲍比，你一直想成为一名执业医师，对吗？这项研究只是一种远离战争的方式，你干吗关心成不成功呢？只要你低下头，做好你的工作，18 个月后你就会离开这里，去做一名医师，**追求你一直梦想的事业，一切都会好起来的**。”

与父亲聊天后，我感觉很轻松。他总有办法让事态变得更好，而在当下这种情况，我非常需要他的开导。几天后，当阿尔娜和我开车回马里兰州时，我的精神状态好了很多，对未来充满信心。

两周后，当我正在每周一次的半天门诊中给患者看病时，一名护士叫我接电话。我拿起听筒，惊讶地听到我家的家庭医生费布什的声音：“鲍勃，你父亲心脏病又犯了。我在你父母的家里，我们正在等待救护车。你母亲让我给你打电话，但我不想让你担心。你父亲看起来很稳定，你今天晚些时候应该就能和他说话。”

我回到了我的诊室，但 1 小时后，母亲打来电话，歇斯底里地喊：父亲在救护车上去世了。救护车到达时出现了延误，我父亲的心脏突然停止了跳动，他甚至没能赶到医院。我放下听筒，走出了诊室。

我需要回家，召集家人，并尽快开车去纽约。在犹太人的信仰中，葬礼必须在死亡后的 24 小时内举行。然而，我甚至不知道如何回家找阿尔娜，因为那天我没有开车，是和别人拼车过来的，所以没有车可以用。我回到办公室，碰到了瓦穆斯，他听到这个消息后立即从办公桌旁跳了起来，主动表示立刻送我回家。在路上，瓦穆斯和我就父母、家庭和未来进行了讨论。他通常很严肃，不爱说话，但在那次乘车的过程中，他一直在安慰我，使我能够专注于如何召集我的家人，然后前往纽约。

父亲的葬礼结束后，我回到马里兰州工作，但发现自己陷入了抑郁状态。我的研究彻底失败了，我很想念纽约的家。现在，我的父亲作为我生命中的核心支柱，又突然离开了。我为他哀悼，在某种意义上也为自己哀悼，我比以往任何时候都更加确信，父亲的早逝也预示着我的早逝。

从完全失败到意外的收获

我急切地想寻找一些什么东西，以此提高我拆除身体中定时炸弹的概率。在父亲去世前，我读过一本关于改善心脏健康的新方法的畅销书。在他去世后，当我的思绪不断回到自己的心脏状况时，我再次拿起那本书，决定听从书中的建议。这本书是肯尼斯·库珀（Kenneth Cooper）的《有氧运动》（*Aerobics*）。在书中，库珀博士提供了大量的数据来支持一个激进的想法：像散步或慢跑这样的有氧运动可以改善心脏功能，保护心脏。这个观点在我看来既离谱又违反直觉，因为多年来，医生一直告诉父亲，他需要减少体育活动以保护心脏。尽管如此，库珀博士提供的数据还是很有说服力的，所以我被打动了，决定改变生活方式，开始锻炼。

由于对运动鞋所知甚少，所以我买了几双休闲鞋用于慢跑。实际上，我曾在纽约尝试过几次慢跑，但那时候纽约的街头巷口并不适合这项运动。相比之下，罗克维尔绿树成荫的街道就很适合晨跑。在父亲去世后，我决定要养成每天跑步的习惯。起初，我甚至不能连续慢跑 1 千米，随着每天的持续锻炼，很快，慢跑几千米都不成问题了。

除了改善我的健康状况，慢跑也是我冥想和缓解自己对失去父亲的悲痛情绪的重要方式。晚上，在孩子们上床睡觉后，我会感到悲伤，经常独自坐着听伤感的音乐。这种情况持续了好几个月。直到今天，每当我听到朱迪·柯林斯（Judy Collins）的歌曲，我都仿佛会回到那段时光，眼泪就不由自主地在我眼眶里打转。

我缓解悲伤的另一种方式是在实验室里努力工作。工作中我依然会遇到技术上的麻烦，但在我开展研究一年后，奇迹突然发生了：我的实验有进展了。取得进展的重要原因是，**要向别人寻求帮助，而不是只靠自己挣扎**。我一直在进行一项艰巨的任务，试图根据标记赋予的微小尺寸差异，分离有标记和未标记的促肾上腺皮质激素。然而，我的两位导师都不是化学家，我之前也从未做过任何研究，所以我只是在原地打转。意识到自己的无谓挣扎后，我找了美国国家卫生研究院的几位化学家，向他们请教。在这些专业人士的建议下，我尝试了不同类型的色谱柱，并以不同的方式运行，最终在分离有标记和未标记的促肾上腺皮质激素方面取得了进展。

一旦我终于有了一些纯标记的促肾上腺皮质激素，其他一切都以惊人的速度发展。在很短的时间内，我证明了标记的促肾上腺皮质激素具有生物活性，然后迅速开发了第一批用于研究激素与其受体结合的检测方法。在我未来的职业生涯中，我意识到这往往是研究工作的一种常见情形：你经历了几周或几个月的失败，然后突然克服了一个技术障碍，比如在这个项目中，我找到了正确的色谱法来分离促肾上腺皮质激素。突然间，一切都像野火燎原一样迅速开展。**这是令人振奋的几个月，因为我知道我正在探索以前没有人涉足的研究新领域，这让我感到沉醉**。

在这次意外的收获之后，杰西告诉我，现在是时候写一些论文来描述我们的发现了。我以前从未写过论文，所以我不知道该如何开始。杰拉尔德·利维（Gerald Levey）在我来之前的两年里一直在杰西实验室工作，现在他在心脏研究所经营自己的实验室。当我告诉他，我准备和杰西一起写论文时，他笑了。

“祝你和杰西一起写作好运。”他说。“这是什么意思？”我问。

“嗯……杰西认为他是世界上最伟大的作家，”利维继续说，“但这并不是一个被普遍认同的观点。当我们拿回我和他一起写的第一篇论文的审稿意见时，其中一个评价是‘这无疑是我读过的写得最差的科学论文’。我们最终修改了二十多遍。”

杰西邀请我去他的公寓写作。我们面对面地坐在餐桌旁，他开始口述一些开头的句子，而我则用铅笔写下这些话。利维已经警告过我，杰西对自己的写作能力过于自信，因此我不打算只是逐字逐句地记下这些不连贯的句子。在无数个小时里，我们逐字逐段地讨论，最后有了一个粗略的草稿。我把它打印出来，与我们的合著者分享，以获得他们的意见。

杰西想在著名的《美国国家科学院院刊》（*Proceedings of the National Academy of Sciences of the United States of America*，*PNAS*）上发表这第一篇报告促肾上腺皮质激素的放射性标记及其与受体结合的论文。我对科学出版以及杂志的选择一无所知，此外，我也不知道这个过程是怎样的。但我很快就了解到，在那个年代，在 *PNAS* 上发表论文的唯一途径是由美国国家科学院的一名成员来推荐。杰西把论文给我们研究院的科学主任埃德·拉尔（Ed Rall），拉尔看了论文并提出了一些建议。然后他又把论文给詹姆斯·香农（James Shannon），后者是我们研究院的前院长，也是美国国家科学院院士。香农认同拉尔的说法，认为这是很不错的文章，并将其推荐给 PNAS。因此，这篇论文没有经过正式的审查程序就发表了。

我们的下一篇论文则得到了审查，并最终发表在《科学》上。这篇论文描述了肽激素放射性受体检测的发展，这是第一个利用激素而不是抗体做受体的检测方法，就像放射性免疫测定那样。这种检测方法使我们能够准确地测量体液中促肾上腺皮质激素的水平。我们还写了另一篇关于使用有标记的促肾上腺皮质激素做结合实验的论文，这篇论文被《自然》接受发表。在短短几个月的时间里，我的研究从完全失败到在世界上最负盛名的一些科学期刊上发表了 3 篇论文。[4] 我还受邀就我的研究做了几次演讲：我的第一次科学讲座是受 1994 年获得诺贝尔生理学或医学奖的马丁·罗德贝尔（Marty Rodbell）的邀请，在我们研究院进行的一次演讲，他的实验室就在我们实验室的拐角处。

事实证明，我人生中的第一次演讲改变了历史的进程。我向罗德贝尔的实验室介绍了我为研究用放射性碘标记的促肾上腺皮质激素与其假定受体的结合所做的努力。但罗德贝尔和他的团队，包括研究助理卢茨·伯恩鲍姆（Lutz Birnbaumer），对评估胰高血糖素等激素调节环磷酸腺苷水平的能力的功能实验更感兴趣。他们严厉地批评了我的数据，说他们的功能实验远远优于我的结合实验，因为我没有办法知道我所测到的结合是否真的代表了促肾上腺皮质激素与一个功能性受体的结合。我很沮丧，觉得他们也许是对的，我是在浪费时间。

一周后，我在我们的辐射核心设备获得放射性碘的申请单上看到了卢茨的名字。这种放射性碘的主要用途是进行激素结合实验，所以当我在走廊上看到卢茨时，马上抓住了他。“嘿，卢茨，我看到你申请了一些放射性碘。那是怎么回事？我以为你们不相信结合实验。”

卢茨耸了耸肩：“是啊，但在听完你的演讲后，罗德贝尔认为，也许我们也应该看看是否能测量到胰高血糖素与受体的结合。如果成功的话，它可能会补充我们的功能实验。”

几个月后，历史被创造了。卢茨和罗德贝尔确实测量到了125I-胰高血糖素与胰高血糖素假定受体的细胞膜的结合。他们进一步观察到，当加入包括三磷酸腺苷在内的、用于功能测定的标准缓冲液时，这种结合减少了。这促使他们研究其他核苷酸三磷酸酯，比如三磷酸鸟苷，他们发现三磷酸鸟苷在破坏125I-胰高血糖素结合方面的效力是三磷酸腺苷的 1 万倍。

于是他们推测，一定有一种三磷酸鸟苷敏感因子将激素受体的激活与它对环磷酸腺苷水平的下游调节联系起来。几年后，另一位“黄色贝雷帽”艾尔佛列 · G. 吉尔曼（Alfred G. Gilman）提纯了这些敏感因子，它们被称为“G 蛋白”。罗德贝尔和吉尔曼因这些研究在 1994 年共享了诺贝尔生理学或医学奖。然而，通往发现 G 蛋白的道路始于我与罗德贝尔实验室分享我的结合实验专长，使他们首先假设 G 蛋白存在的关键数据都来自结合实验。当时，我一直以为卢茨和罗德贝尔认为我的结合测定法毫无价值，但事实证明，我的发现激发了他们的研究思路，还直接促使他们获得了诺贝尔奖。

我决定专注于心脏病学

我在美国国家卫生研究院的任期只剩下几周了，杰西恳求我留下来："你现在不能离开，鲍勃！你已经抓住了'老虎的尾巴'了！"杰西一遍又一遍地告诉我。

尽管杰西一再恳求，尽管我对研究越来越感兴趣，但我觉得是时候回到临床医学了。在父亲去世前，我与他的最后一次谈话中，我们制订了一个计划：在美国国家卫生研究院的应征服役期结束后，我就回到临床医生的行列。在父亲去世后，这个计划感觉就像一个不可改变的约定。

鉴于我有心脏病家族史，我决定专注于心脏病学。1969年春夏之交，我参加了几次面试，以确定下一步计划。我参加了我的母校哥伦比亚大学的面试，争取心脏病学研究员的资格，但他们未来两年的心脏病学名额都满了，我必须多等一年。我还面试了麻省总医院，该医院是哈佛大学医学院下属的主要教学医院，被许多人认为是美国排名第一的研究型医院。

在麻省总医院面试期间，心导管室主任查理·桑德斯（Charlie Sanders）对我进行了最终面试。我向他坦言，我一直想成为一名心脏病学家，我的计划是摆脱基础研究，专注于临床血流动力学研究，就像他做的那样。桑德斯目不转睛地盯着我，用他的得克萨斯口音慢慢地说："莱夫科维茨，像我这样的人一抓一大把，但像你这样能同时做生物化学和分子研究的心脏病学家却凤毛麟角。你想听听我的建议吗？坚持你的生物化学研究，并学习如何将其应用于心血管系统。"

当时我很讨厌听到这些话，因为我已经决定放弃基础研究了。然而，桑德斯的建议后来被证明是有先见之明的。面试结束后，麻省总医院为我提供了一个高级住院医师的岗位和两年的心脏病学奖学金，我接受了这个机会。1970 年夏天，阿尔娜和我把孩子们塞进两辆汽车，然后开往波士顿。我以为我将永远离开基础研究，但实际上，我错得离谱。

A Funny Thing Happened on the Way to Stockholm

第 6 章

拯救生命是工作，研究则是我的热情所在

患者快要不行了。在貌似顺利的手术后，他却陷入了休克。当时我刚在麻省总医院实习，加入了一个外科团队，负责治疗术后的患者。我面前的这位患者情况不妙：血压急剧下降，肾脏停止工作，意识时有时无。有几位医护人员检查了他的身体状况，又核查了身体数据，但没有人能弄清楚到底是哪里出了问题。我对患者生命体征的骤然下降感到困惑，于是走到床边与他聊天，评估情况。

我握住他的手以示温柔的问候，并马上有了新的感知：这名患者的手大且肥厚。在美国国家卫生研究院工作期间，我接触过几十名患者，他们的手又大又肥厚，和这人的情况完全一样。所有这些患者都有肢端肥大症，这意味着他们的垂体有肿瘤，从而分泌出过量的生长激素，导致手掌变大。这种肿瘤还会导致面部特征的改变，我意识到这名患者也是如此。其他垂体激素的分泌也受到影响，而这些受影响的激素是身体对压力做出适当反应所必需的，其中就包括刚做完手术的压力。

“我有 90% 的把握，这名患者患有肢端肥大症，”当我走出病房时，我向其他医护人员说，“我们需要马上让他服用强的松（prednisone）。”

强的松治疗几乎立即改善了患者的状况，[1] 随后的检查结果显示，他确实患有垂体瘤。垂体瘤被切除后，他最终完全康复了。我只做了两周的住院医师，但仅仅与患者握手就诊断出了一个疑难病例，这事立刻就成了麻省总医院的传奇事件。当然，这只是运气好，因为我解决这个病例的能力完全是偶然的，只是恰巧在美国国家卫生研究院接触了几十名患有肢端肥大症的患者。尽管如此，我的同事们还是对我的医疗能力感到惊奇，就好像我刚刚变了一个魔术一样。

做回医生的感觉真好。一切都在按照我和父亲最后一次谈话时制订的计划进行。放弃基础研究，重新回到医生的生活，这些都让我感到很平静。

我的个人生活也很平静。阿尔娜和我搬进了波士顿郊外内蒂克的一栋漂亮房子里。[2]我们有 3 个孩子，到目前为止，我们家是这个街区孩子数量最少的家庭。街对面的麦吉维利家有 7 个孩子，他们的邻居有 9 个，而离他们两户以外的那家人有 11 个。尽管我们的孩子不多，但邻居们还是很快就接纳了我们，麦吉维利家甚至在我们搬进去的第二天，就给我们带来了一个蛋糕。生活是如此美好！

家庭生活的宁静与我在工作中经常经历的戏剧性事件形成了鲜明的对比。结束了在外科科室的轮岗后，我来到了急诊科。尽管我在美国国家卫生研究院工作了两年，但作为一名住院医师，我仍然很年轻。我 27 岁，但看上去像是 22 岁，所以经常被误认为是医学生。当急诊室的患者对我不满意时，他们经常会大喊："我要见主治医师！"

"在你眼前的就是！"我总会骄傲地回应，并竭力表现出自信。更多的时候，我会在处理混乱的紧急情况时遭遇这种挑战，而这种情况在急诊室里比比皆是：没有比医院的急诊室更适合天天体验戏剧性的地方了。

一个特别戏剧性的夜晚开始了。当时我正在家里，一边看电视节目，一边准备去急诊室。波士顿地区最有名的新闻主播正对着镜头说话，恳请观众捐款。我关掉电视，开车去上班，刚进入急诊室，一辆救护车就急速驶来，车上载着一名心脏骤停的患者。我一看，这不就是刚刚那位著名的新闻主播吗？不到一小时前我还在电视上看到他。我和其他医护人员急忙把新闻主播搬到手术台上。

平常负责插管的麻醉科住院医师当时没在，所以我不得不自己动手。第一次尝试并不顺利，我紧张地环顾四周，想看看麻醉科住院医师是否已经回来了。他毫无踪迹，所以我又试了一次，万幸，这一次我成功地给新闻主播建立了一个安全的气道。新闻主播心房颤动，一名护士已经准备好了除颤器。

“除颤！”我大喊一声，把电极板放在患者的胸部。他的身体猛地一震，但心脏并没有重新跳动。

过了一会儿，我又给他做了一次电击，还是没有反应。每一次急诊室的抢救都让人肾上腺素飙升，但这一次感觉特别强烈，因为我对这位新闻主播非常熟悉，每天晚上都在电视上看他的节目，所以我觉得自己是在抢救某位家庭成员。

终于，在第 3 次电击时，新闻主播的心脏重新跳动起来。当听到心电图机上持续响起心跳声时，我如释重负，深深地呼出一口气。后来这位新闻主播在医院里完全康复了，但我忙于照顾其他患者，并没有机会在他清醒的时候见到他。几周后，我在电视上再次看到这位新闻主播，他正在播报晚间新闻，而且看起来容光焕发。我为能够拯救他的生命而自豪，这正是我年少时所梦想的成为一名医生后所做的事情。

享受临床工作，也怀念做研究

我正在实现儿时的梦想，享受着医生的临床工作，喜欢与患者互动，但同时我也开始隐约感到一丝不满足。**我意识到我怀念做研究，我怀念尝试以前从未有人做过的事情对我的刺激，我怀念那种无拘无束进行实验、让数据牵引我的感觉，而这些正是研究的本质。**在这方面，临床医学与基础研究截然相反：在临床医学中，你通常必须遵循标准操作程序，目的不是做一些创造性的事情，而是遵循既定的方案来帮助患者，这样既可以提高患者的治疗效果，也可以保护自己和医院免受医疗事故的起诉。然而，对于临床医学来说必要的谨慎，却让我感到束缚，特别是与突破边界的基础研究的冒险行为相比。**作为一名临床医生，你会反复听到相同的公认的智慧故事，而作为一名研究者，你有机会书写自己的故事。**

我正涌起一股让我自己都觉得惊讶的研究冲动。在美国国家卫生研究院的大部分时间里，我一直很苦闷，只想回到临床医学领域。现在我回到了医院，却满脑子都是基础研究。当我发现自己在做关于随心所欲做实验的白日梦时，我顿悟了。我进入麻省总医院住院医师培训的后半阶段，有几个可选的轮岗，我开始想：是否可以利用这个机会，挤出一点时间来进行一些研究呢？

我与埃德加·哈伯（Edgar Haber）进行了一次私下会谈，讨论我做基础研究的可能性。哈伯是麻省总医院心脏科的主任，也是一位卓有成就的研究者，曾在美国国家卫生研究院与诺贝尔化学奖得主克里斯蒂安·安芬森（Christian Anfinsen）一起工作。他有一个相当大的研究实验室。哈伯告诉我，他很乐意给我一个实验台，以便我可以做一些实验。他和我都明白，这种安排是违反规定的，毕竟我的工资来自医院而不是研究基金，所以我应该进行临床轮岗和照顾患者。然而，我真的想做一些研究，而哈伯也非常希望他的实验室能多一双手，尤其是像我这样曾经在美国国家卫生研究院与杰西和艾拉一起发表过论文的人。

尽管研究是被禁止的，但我还是开始偷偷溜进哈伯的实验室。很快，我几乎把所有的时间都花在了实验室里。

哈伯希望我研究一种叫作醛固酮的类固醇激素，但我想研究与心脏病学更密切相关的东西。我的父亲死于心脏病，我认为进行可能在未来拯救心脏病患者生命的心脏病学研究是在为他“复仇”。起步时，我尝试了一些测量胰高血糖素与心脏组织结合的实验，但很快就因缺乏以胰高血糖素系统为靶的工具而感到沮丧。接下来，我把注意力转移到可能对心脏产生最显著影响的激素——肾上腺素。

当一些可怕的事情发生时，比如你正在徒步，突然一只熊出现在你面前，肾上腺素就会从你的肾上腺释放到血液中。这种激素介导了“非战即逃”的反应，并对心脏产生了惊人的影响：心脏开始更努力、更快速地泵送血液到骨骼肌，促使你战斗或逃跑。20 世纪 70 年代初，人们对肾上腺素如何工作的唯一了解是，它提高了心脏细胞内的环磷酸腺苷水平。据推测，心脏组织中一定存在肾上腺素的受体，但人们对这种假定的受体一无所知。

除了与心脏病学有关，肾上腺素对我具有吸引力的另一个原因是：当时恰巧刚开发了针对肾上腺素系统的化学工具。具体来说，在 20 世纪 60 年代末，人们创造了一类药物，来阻断肾上腺素在介导环磷酸腺苷增多的假定 β 受体上起作用。这些所谓的 β 受体阻滞剂被用于世界各地的心脏病患者，以防止肾上腺素过度刺激他们的心脏。从研究的角度来看，我认为 β 受体阻滞剂不仅是增强心脏健康的药物，还是可以用来研究肾上腺素能受体的重要工具。

我做了一个标记版的去甲肾上腺素，这是肾上腺素的近亲，然后开始研究它与心脏组织的结合。[3] 为了确保我研究的去甲肾上腺素结合位点与 β 受体阻滞剂的临床作用有关，我评估了去甲肾上腺素的结合是否能被 β 受体阻滞剂阻断。起初，进展相当缓慢，但最终我找到了正确的条件来测量去甲肾上腺素与心脏组织的牢固结合。我开始相信我即将有重大发现，也许会成为第一个在分子水平上确定肾上腺素能受体的 β 亚型，或者说 β- 肾上腺素能受体的人。

一天晚上，当我在实验室偷偷摸摸工作到很晚时，灾难发生了。我被内务部主任丹 · 费德曼（Dam Federman）发现了。因为下雨，他选了一条平常不走的路线穿过大楼，碰巧遇上了我拿着一排试管穿过走廊。

“莱夫科维茨！你在这里做什么？”他问道，“听说你在做研究……你知道那是不允许的！明天上午 9 点来办公室见我！”

我想争辩，但无话可说，这时说什么都是徒劳，因为费德曼亲眼看见我穿着实验服，拿着试管走出实验室，这就是“人赃并获”。我回家后告诉了阿尔娜，我可能会被麻省总医院的住院医师队伍开除。当天晚上，我躺在床上根本睡不着，我辗转反侧，一遍又一遍地责备自己：我怎么能这么愚蠢？我葬送了自己的整个职业生涯。为了什么呢？就只是为了做几个实验？

早上，我带着充血的眼睛和翻腾的胃走进了费德曼的办公室。费德曼坐在他的办公桌前，坐在他旁边的是医学系主任亚历克斯·利夫（Alex Leaf）。这太糟糕了，我心想，这正是他们将某人赶出团队的方式。费德曼率先发言，直奔主题。

“莱夫科维茨，在过去的 6 个月里，你本应该进行你的本专业轮岗：肾内科、皮肤科、内分泌科，等等。相反，你放弃了每一次轮岗，把时间都花在实验室里玩试管。我想你很清楚，从临床上抽出时间做研究是违反规定的。”他停顿了一下，瞪了我一眼，“你有什么要说的吗？”

我开始了自己滔滔不绝的回答，我说我觉得自己需要回到基础研究中去，还说如果我跳过轮岗可能没有什么关系，因为我知道自己志在研究心脏病学。我恳求他们不要责怪哈伯给我提供实验台，因为哈伯无疑认为我只是在两班之间挤时间做了一些实验，而不是一直在实验室里。当我说完时，利夫嘴角向上，露出笑容：“跟我说说你的研究吧，这听起来很有趣。”

我一时语塞，因为我没有想到他会有这样的询问。不过这也有道理，因为利夫本身就是一名有成就的肾脏生理学研究者。当他对我的工作表示好奇时，我突然感觉好多了。在短暂的停顿后，我开始阐述我的研究，当我分享一些我认为特别令人兴奋的最新发现时，我的声音变得热情。费德曼似乎完全不为所动，但利夫看起来很感兴趣，他向我提了几个问题。最后，费德曼打断了我们的讨论："利夫博士，我们应该对这个家伙做什么？"

"嗯，现在开始选择临床岗位已经太晚了，"利夫看着我说，"你不妨在开始你的心脏病学研究之前继续完成你目前的研究。但是……不要告诉任何人你跳过轮岗去做研究了。我们不希望其他住院医师有任何别的想法。"

离开办公室时，我着实松了一口气。我一直担心自己的职业生涯可能会因此结束，但幸运的是，我留下来了，并且能继续做研究。你可能认为这次惊险的经历会吓到我，使我改变自己的行为。但后来的事实证明，在完成住院医师培训并开始心脏病学研究后，我变得更加"叛逆"。

禁令之外的三份兼职

麻省总医院严格禁止所有的住院医师和内部工作人员兼职。尽管有此禁令，我在波士顿期间还是做了 3 份不同的兼职。当时我作为住院医师，工资微薄，而阿尔娜刚刚生下了我们的女儿玛拉。我们有 4 个年幼的孩子需要抚养，再加上新房子的大笔抵押贷款，所以我面临着极大的经济压力。我一直在寻找任何可能的兼职工作，尽管这样做有违规定。

我的第一份兼职是做保险体检。保险公司会给我客户的名字，然后我就开车去客户家做上门体检，这样他们就可以买保险了。这份工作的问题在于，我太擅长做诊断了。我会在很多客户身上发现心脏杂音，甚至诊断出客户患有他自己都不知道的癌症。然而，这样的诊断结果却是保险代理人最不愿意听到的。他们想向客户推销保险，而不是找到客户不符合保险条件的健康问题。在一次体检之后，我接到了一位代理人的电话。“你把这名客户标记为有心脏二级杂音，”代理人说，“这种情况是不可能得到保险的。”

“我很抱歉，”我回答，“但他的心脏的确有杂音。”“听着，我从其他一些代理人那里听说，你老是找麻烦。”代理人继续说，“如果你不愿意改写这名客户的体检报告，恐怕我们就不能再雇用你了。”

显然，我过于严格的“恶名”已经传开了，最终我没有再接到让我做保险体检的电话了。反正每次体检只有 15 美元的报酬，而且还要自己开车上门，耗时又耗力，所以结束也并不可惜。

我的第二份兼职报酬要高得多。在麻省总医院工作了一整天后，我偶尔会在市区对面的剑桥大学附属医院的急诊室再上 12 小时的夜班，每次能得到 250 美元的报酬，这笔钱很可观。

有一次，我在上夜班时，我最亲密的朋友之一鲍勃·吉布森（Bob Gibson）作为患者来了。他是经常和我一起跑步的伙伴，也是麻省总医院的住院医师，所以我很惊讶在这里看到他。

“你来这里做什么？”我问道，“你为什么不去总医院？”

“嗯……我知道你今晚在这里兼职，”吉布森看起来很不舒服，脸色苍白，却还是笑着说，“世界上没有人比你更适合照顾我了。”

吉布森咳嗽得厉害，还发高烧，我迅速诊断出他得了肺炎。我给他开了适当的抗生素，并给他安排了一个可以过夜的房间，这样我可以随时关注到他的情况。看到我的朋友情况如此糟糕，我很难过，但也感到很荣幸，他特意来这里找我照顾他，而不是去我们一起工作的麻省总医院。**得到同行的认同，成为医生的医生，这确实是一名医生能得到的最高赞誉。**

我在麻省总医院期间的第 3 份兼职是最赚钱的，得到这份工作的过程也是最有趣的。当时我在麻省总医院轮岗，有人走进急诊室，填写了一张表格，说他不想和护士交谈，而是需要私下见医生。这样的要求通常表明患者患有性病或其他一些令人尴尬的情况。我在检查室见到这名患者，问他怎么了。

“嗯，医生，其实我不是因为生病才来的。”他说，“我是里维尔高中的橄榄球教练，我们所有的比赛都要求必须配备一名医生，所以我正在找人。我们每场比赛支付 150 美元，医生只需要坐在替补席上，处理任何可能发生的伤病。你认为这里是否有人会对这个职位感兴趣？”

“你眼前这个人就行。”我说道。

在接下来的 3 年里，我在每年秋天十几个星期六的下午担任里维尔高中橄榄球队的队医。我的儿子大卫和拉里通常会和我一起去，我们一起坐在长椅上。他们喜欢看比赛，喜欢和球员们一起玩。我大部分时间只是在长椅上坐着，偶尔会有球员受伤，这时我就会同经验丰富的体能训练师一起跑到球场上。事实上，我缺乏骨科方面的经验。我们看着倒下的球员，几乎每次都会有类似的对话。

“你怎么看，格斯？”我会问。“我认为他的肩膀脱臼了。”训练师回答。因为球员手臂无力地垂下，正在痛苦中挣扎。

“你认为我们应该怎么做？”我问道。“把它放回关节里。”格斯自信地回答。

“你想先来吗？”我问道。然后，格斯会拉住球员的手臂，伴随响亮的“嘎巴”声，球员的手臂就又能动了。

偶尔我会遇到更严重的医疗问题。有一次，看台上有人心脏病发作；还有一次，一个球迷癫痫发作。由于我接受过急诊训练，因此我处理像这样的紧急情况比处理普通的运动损伤更得心应手。不过，大多数时候，没有什么事情要做，所以这是一份轻松的工作，也是一笔不错的收入。此外，教练西尔维奥·塞拉（Silvio Cella）很有个性，我喜欢看他的各种活动。[4]他带领的这支球队是联盟中最差的，他们的许多比赛都以相当大的差距输掉。在大多数比赛的中场休息时，他们会落后两到三个触地得分，而塞拉教练会在更衣室里发表同样的讲话。

“你们真可悲。毫无疑问，这是我见过的最糟糕的一场橄榄球比赛。你们是学校的耻辱，也是里维尔镇的耻辱。刚才看到的一切让我感到恶心。”球员们会垂下他们的头，塞拉教练则踱着步继续说，“外面的人都在嘲笑你们，任何理智的教练现在都会放弃你们。但你们知道吗？我不会！我仍然相信你们。我看到你们在训练中的努力，我知道你们可以打得更好。事实上，如果我们现在团结起来，像兄弟一样团结一致，真正地作为一个团队去战斗，我相信我们仍然可以赢得这场比赛。”

每次在对球员们进行严厉批判之后，塞拉教练总会设法重建他们的信心，直到他们在下半场完全打起精神。他让球员们跳来跳去，撞击胸口，重新迸发热情。然后，球员们会斗志昂扬地再跑回赛场，再次被打得落花流水。显然，塞拉教练与他的球员们心灵相通，球队的失败并不是因为缺乏激励。我在心里记下了这位教练激励球队的心理技巧。许多年后，当我管理自己的实验室，需要让我的学员从研究的困难时期振作起来时，我就会使用其中的一些技巧。

尽管我把很多时间花在了兼职上，我的心脏病学培训也很紧张，但我仍然尽可能地溜进实验室做心脏病学研究。我当时绝对爱上了研究，我感觉自己就像进入了一个充满神秘色彩的神奇世界，而我是第一个探险家。我的心脏科同事们很欣赏我对研究的热情，有时甚至为我打掩护，让我能有更多时间待在实验室里。有好几次，我正在实验室里做实验，忽然有人呼叫代码，这意味着有患者心搏骤停，我不得不放下试管，立刻跑到科室抢救垂死的患者。**拯救心脏病患者的生命是我的工作，而研究则是我的热情所在。**

我的导师哈伯对我的研究进展感到兴奋，开始努力把我留在身边。当我的心脏病学研究结束时，他安排哈佛大学为我提供讲师的职位，还为我安排了实验空间。在他的实验室附近有一个旧的储藏室，已经被清理干净，并重新配置了两个短的研究台。在这个变成实验室的储藏室里，刚好有足够的空间让我和另外一名瘦小的同事背靠背地工作。储藏室虽然不大，但这是一个属于我自己的空间。

几天后，当我完成心脏科的查房后，我接到一个令我感到惊讶的电话。电话那头是安迪·华莱士（Andy Wallace），他是杜克大学医学中心的心脏病学系主任。他说他正在启动一个名为“分子心脏病学”的项目，希望我到杜克大学做演讲，并面试一个职位。我以前从未听说过“分子心脏病学”这个词，也从未见过华莱士，但他在过去两年的时间里，每年都能在美国心脏协会的会议上看到我的研究数据。他很欣赏我，认为我的研究令人兴奋，非常适合他的新项目，该项目将专注于在分子水平上研究心脏。我并不想离开麻省总医院，但能被邀请做研究分享总归是件好事。我没有多想，告诉他说：“当然可以，为什么不呢？我会到场的。”

A Funny Thing Happened on the Way to Stockholm

第 7 章

火力全开，引领一场科研革命

当飞机即将降落罗利-达勒姆国际机场时，我有点儿担心，因为机场地面上看不到其他任何一架飞机。我刚刚从波士顿洛根国际机场过来，那里有数以百计的飞机在机场里穿梭，所以在一条没有其他飞机的空荡荡的跑道上着陆，实在令人不安。飞机降落后，我走进狭小的航站楼，寻找行李转盘，然后发现它并不存在。取而代之的是，飞机上的行李从航站楼外部的一个滑道中飞出，直接被扔到了街上。这是我对北卡罗来纳州的第一印象。

尽管最初有所顾虑，但访问杜克大学的旅程还是很愉快的。我做了两次关于我的研究内容的分享，一次是在医学系的专题研讨报告会上，另一次是在生物化学系的研讨会上。我见到了华莱士和他的上司，也就是医学系主任吉姆·温加登（Jim Wyngaarden）。由于达勒姆没有合适的酒店，因此我住在远离杜克大学的教堂山的卡罗来纳旅馆。当准备返程时，我特意告诉出租车司机，我乘坐的是东方航空公司的飞机，司机笑出声来："只有两个登机口，我的朋友，所以你坐哪个航空公司的飞机不重要！"

在回到喧嚣的波士顿后不久，我收到了杜克大学的工作邀请函。这份工作是在医学系担任助理教授，同时在生物化学系担任联合教授，工资为 2.7 万美元。在 1973 年，对于一名初级教员来说，这是一笔可观的收入，比我在哈佛大学做讲师的工资要高得多。这份工作还包括为我的实验室提供启动资金，我的实验室将在全新的桑兹大楼中拥有约 100 平方米的空间。

我立即回信感谢华莱士和吉姆的工作邀请，但也告诉他们，我已经承诺留在麻省总医院和哈佛大学，所以只好拒绝了他们的提议。于是华莱士给我打来了电话："鲍勃，我们真的希望你能来杜克大学，要怎样才能让你来这里呢？"我告诉他我并不确定，所以他说："好吧，那你为什么不考虑一下？来吧，给我发一封详细的信，明确说明你的需求。"

我不想搬到北卡罗来纳州，但不知道如何委婉地表达这一点。我想，让华莱士别再来烦我的最好办法，就是给他发送一份要求清单，上面列满荒谬到无法被满足的条件。我想了好几天，终于列出了我能想到的最疯狂的要求。我要求一个 140 平方米的实验室空间而不是 100 平方米，即使后者已经是我在麻省总医院的由储藏室改造而成的实验室的 10 倍大。除杜克大学已经提供的可观的启动资金外，我坚持认为我还需要一份为技术员和博士后研究员提供三年保障的工资。最后，我要求终身副教授的职位任命。鉴于我当时还不是哈佛大学的教员，这个最后的要求尤其令人气愤。对于一个尚未成为教员的人来说，要求获得终身教职是非常粗鲁无理的，但我就是故意这么做。他们想要我的需求，那我就给他们。

在我给华莱士寄信后，几个星期过去了，我想我再也不会收到杜克大学的消息了。但是有一天，当我在心脏科查房时，有人喊我接电话。我拿起听筒，是华莱士打来的："祝贺你，鲍勃！你要到杜克大学来了！"

"你是什么意思？"我问道，目瞪口呆。

"我们满足了你的要求！"华莱士继续说。当我问是哪些要求时，他大声说道："所有的要求！"

我惊呆了。我请华莱士给我几天时间，让我厘清事态。我做的第一件事是回家和阿尔娜商量。她也觉得杜克大学开出的条件令人震惊，并告诉我，我应该接受，否则我就是疯了。她指出，我在麻省总医院实际上是在一个储藏室里工作，但在杜克大学，我可以拥有一个真正的实验室，以及一笔巨额资金来启动我所设想的研究项目。此外，阿尔娜也愿意体验一下南方的生活，她把这次搬家设想为我们和孩子们的一次大冒险。

接下来，我安排了一次与麻省总医院的医学系主任利夫的对话。这不是谈判，我只是觉得与他讨论杜克大学开出的条件是一种礼貌。令我惊讶的是，利夫承诺会在 24 小时后让我看到麻省总医院的诚意。

第二天，我再次走进利夫的办公室，他的脸上洋溢着笑容，看上去志在必得。“鲍勃，这个决定你一定会喜欢。明年，我们不会让你成为讲师，而是让你成为住院总医师。在那之后，你将成为一名指导员。”

这惊掉了我的下巴：这就是麻省总医院和哈佛大学所能提供的最好的条件？我知道担任麻省总医院的住院总医师是一个巨大的荣誉，可以为从事临床工作的人打开很多大门。但我也知道，住院总医师的职位是一个全天候的工作，不允许我有任何机会进行研究。我的心告诉自己，我应该花更多的时间做研究，所以这个条件表面上很诱人，但完全不符合我的期待。

我试图向利夫掩饰我的失望，说我会重新考虑。第二天，我告诉他，我接受了杜克大学的邀请。

阿尔娜和我拜访了我们在纽约的家人，并告诉他们我们即将搬到北卡罗来纳州。这个过程并不顺利。我母亲喘着粗气，立即开始抱怨她的孙子孙女们会离她有多远。阿尔娜的母亲则完全不屑一顾。“杜克？我从来没听说过。”她嘲笑道，“它是新建的吗？”

我告诉她，杜克大学已经存在很多年了，是一所很有前途的大学，但她不以为然。她听说过哈佛大学，可以理解为什么她的女婿想留在波士顿，在这个世界上最有名的大学担任教职。然而，她不能理解，为什么她的女婿要把她的女儿和孙子孙女带到几十万米外的偏僻地方，在一个不知名的学校工作。我还不如告诉她，我们要搬到南美洲的尽头。

搬家的时候到了，阿尔娜和我把我们的物品装进两辆车，开始了从波士顿到达勒姆的旅程，一开始，每辆车上有两名孩子。那是 1973 年的夏天，我迷上了听约翰·迪恩（John Dean）在“水门事件”听证会上的证词。迪恩每天接受参议院 8 小时的询问，他对尼克松总统错误行为的描述绝对引人入胜。在我车上，收音机里只有听证会的证词。相比之下，阿尔娜播放的是音乐榜单排名前 40 的音乐，所以孩子们觉得坐妈妈的车更有趣。旅程过半时，我和阿尔娜将大部分行李搬到我的车上，为孩子们创造空间，让他们和妈妈坐一辆车。

一到达勒姆，我们就迷路了，不得不停下来向一位女士问路。她给我们指了指希尔斯伯勒路，说就在第 3 个红绿灯路口处。开车后不久，我注意到有一辆车在我们身后加速行驶，是刚才为我们指路的那位女士，她正疯狂挥舞着手臂。她把车开到我们旁边，摇下车窗，着急地说道："我之前告诉你们希尔斯伯勒路在第 3 个红绿灯路口，但后来我发现它实际上在第 4 个红绿灯路口。对此我很抱歉！我只是想确保你们能顺利到达那里。"

我们向她表示感谢，然后开车离开。到家后，我向阿尔娜感叹，那位指路的女士人真好。在纽约市，你大概很难找到一个愿意停下来给你指路的人，更不用说在事后还追着你纠正自己的错误并道歉。我第一次体验到了南方人的热情好客，这让我更加相信南迁是正确的选择。

"意气风发"的实验室

我们开始布置新房子，同时我也开始布置我的新实验室。我给了杜克大学管理人员一份设备订购清单，所有这些设备现在都放在我巨大的实验室里。很幸运，我不是一个人，因为我从麻省总医院带来了一位名叫弗里奇·埃伦迈尔（Fritzie

Erlenmeyer）的技术员。我曾在哈伯的实验室与埃伦迈尔共事，她非常出色。她是一名 60 多岁的未婚女士，没有家庭责任让她留在波士顿，所以我们达成了一个协议，她将作为临时技术员陪同 3 个月，帮我建设我在杜克大学的新实验室。埃伦迈尔知道如何组装所有的设备和进行所有的实验，因此她可以培训新的技术员，以及任何加入实验室的博士后或其他学生。在我到北卡罗来纳州的头几个月，她对我来说绝对是无价之宝。

由于实验室有大量的职位空缺，因此我开始招聘其他人员。我的招聘策略很简单：接收任何有意愿的人。在我搬家之前，华莱士告诉我，他遇到了一位名叫李・林伯德（Lee Limbird）的年轻科学家，她刚刚在教堂山的北卡罗来纳大学取得了博士学位。她想留在这个地区，因为她丈夫正在杜克大学医学中心做住院医师，而她感兴趣的研究方向似乎与我一致。我让华莱士代表我雇用她，尽管我们素未谋面。

一名叫马克・卡伦（Marc Caron）的人给我写信，当时我还在波士顿，而他正在迈阿密大学攻读博士学位。他误以为我在哈佛大学带领着自己的团队，尽管实际上我只是哈伯团队的一名心脏病学研究员。不过我并没有做任何解释来消除他的误解。卡伦告诉我，他是加拿大公民，也许可以从加拿大申请一笔博士后基金来支付他的工资。我告诉他，这听起来不错，顺便说我刚刚接受了杜克大学的邀请，所以很快就会搬家，卡伦对此并不介意。不久之后，卡伦收到了加拿大提供的基金，所以我也在没有见过他的情况下雇用了他，让他加入了我在杜克大学的实验室。

第 3 位加入实验室的是年轻的医学博士鲁斯蒂·威廉斯（Rusty Williams）。1973 年 7 月 1 日，他走进我的办公室，我记得那天，因为那是我正式工作的第一天。威廉斯瘦得皮包骨头，说话时带着浓重的南方口音。他说他正在寻找一个可以加入的实验室开展他的博士研究，而他对我的研究很感兴趣。我对威廉斯的研究一无所知，也没有看到他的成绩单或任何推荐信。然而，他看起来很聪明，我也觉得我的实验室需要一些热情的人，所以我非常欢迎他的加入。

仿佛自有天意，我最初聘用的这 3 人后来都成了优秀的科学家。林伯德成为范德比尔特大学的杰出教授，进而是药理学系主任，最终成为教务长。卡伦留在了杜克大学，建立了自己的实验室，成为詹姆斯·B. 杜克教授，这是杜克大学授予教师的最高荣誉。他还因在药理学和神经科学方面的研究赢得了无数奖项。威廉斯后来成为加州大学旧金山分校的教授，当选为美国国家科学院院士，并在旧金山创立了两家业务繁荣的公司。

我不知道我这 3 名雇员是如何取得成功的，但我认定自己绝对是伯乐。对于这件事我经常自夸，但现实是，在实验室创建的早期，我只是接受了所有的申请者。我甚至没有见过这 3 名雇员中的两名，第 3 名雇员实际上就是一个在街上闲逛时进来的孩子。这是运气吗？是命运的安排吗？我对这个问题思考了很久，却没有找到答案。我可以肯定的是，似乎在一夜之间，我原本空荡荡的实验室里突然挤满了一群聪明的年轻人，他们给这个空间带来了难以置信的能量和热情。

实验室的第一年充满了年轻人的意气风发。林伯德以她超强的个性定下了基调。她以近乎疯狂的热情工作，在工作间隙还会在实验室做运动。她最喜欢的运动是“骑自行车”：躺在地板上，用手臂将臀部支撑在空中，然后像骑自行车一样蹬腿。有一次，我接待了耶鲁大学的一位杰出教授，想给他展示一下我的新实验室。当走进实验室的大门时，我们首先看到的是一双腿在空中疯狂地蹬着。这位教授转向我，脸上带着困惑的神情，问我：“你的实验室进行的是什么样的实验，鲍勃？”

我现在是一名导师，我的工作是把实验室年轻人的热情引导至富有成效的方向。我在美国国家卫生研究院或麻省总医院任职期间没有任何指导经验，因为我一直专注于做自己的实验。但突然之间，我被要求向所有这些加入实验室的年轻人提供指导。在成长为导师的过程中，我犯了不少错误。例如，有一天我看到威廉斯已经离心了一些组织提取物，并准备分离沉淀物与上清液。我感觉我的年轻学生需要帮助，又对自己的实验技能充满信心，于是我大步走过去，从他手中抢过离心管，急于向他展示正确的技术。我把离心管拿到水槽边，然后蹲下，手肘张开，动作非常夸张。

“威廉斯，仔细看。你得把胳膊肘伸出来，将手腕旋转 90°，”我边说边把上清液倒进水槽，“然后再把手腕扣回去，避免扰乱颗粒。”我自豪地向他展示了完整的沉淀物，但随后注意到他的眼睛已经惊恐地睁大了。

“是的，我明白，”威廉斯说，“但在这个实验中，我不想要沉淀物，我想要的是上清液！”

我们的研究引领一场革命

作为一名新晋导师，我在处理实验室预算方面也犯了错误。像大多数医学院的新教授一样，我在预算管理方面接受的培训为零，根本没有花太多时间考虑研究设备或试剂的成本。我在杜克大学的实验室规模迅速壮大，我们想订什么就订什么，并没有仔细跟踪我们的支出，所以没过多久，我们就大大地超支了。我接到了医学系业务经理的电话，他是一位令人生畏的前海军陆战队员，名叫吉姆·毛（Jim Mau）。他向我提出警告，因为我的实验室预算已经超支了 5 万多美元，这在当时是一笔巨款。毛威胁说要关闭我的实验室，有好几天我都在担心，我将被迫告诉我所有满怀热情的年轻学生和博士后，我们不得不暂时关门。值得庆幸的是，我的上司吉姆·温加登出面协调，他将用部门的可支配资金来支付超额费用。我非常感谢我的上司，并发誓要把我的实验室开支做得更好。

在监管事务方面，我同样犯了一些“菜鸟”级错误。我们试图改进我在麻省总医院进行的放射性配体结合实验，我们的一个想法是用放射性β受体阻滞剂而不是放射性去甲肾上腺素来标记β-肾上腺素能受体。众所周知，β受体阻滞剂与β受体的结合比去甲肾上腺素更紧密，我们希望β受体阻滞剂会因此成为标记受体的最佳工具。卡伦和我请了新英格兰核公司制造一种叫作阿普洛尔的鲜为人知的β受体阻滞剂放射性标记材料，其化学结构表明，用放射性氚进行标记将相对简单。不过，我们的订单并没有说明应该向我们运送多少放射性材料。

几周后，当经过放射性标记的阿普洛尔从新英格兰核公司运来时，我们接到了杜克大学核安全部门工作人员打来的一个电话，电话里的人惊慌失措，因为这批样品中放射性氚的含量是1.2居里①，远超整个北卡罗来纳州的允许值！我们迅速打电话给州监管机构，以获得使用这种水平的放射性物质的特别许

① 居里是采用国际单位制前使用的放射性活度的专用单位，是为了纪念首次提炼出自然放射性核素的诺贝尔物理学奖获得者玛丽·居里，符号为Ci，与现行法定的国际单位制单位Bq的换算关系为：$1Ci=3.7\times10^{10}Bq$。

可，幸运的是，一切都得到了批准，我们没有因为违反州法律而被关进监狱。

使用放射性标记的 β 受体阻滞剂，让卡伦和我在短短几个月内取得了令人难以置信的成果。阿普洛尔与组织样本的结合具有高度特异性，而且结合点的药理学特征证明我们确实标记了真正的 β-肾上腺素能受体。林伯德和威廉斯加入进来，帮助扩展这项实验，还有两名刚加入实验室的博士后韦恩 · 亚历山大（Wayne Alexander）和查比拉尼 · 乔比 · 慕克吉（Chabirani "Chobi" Mukherjee）也参与其中。作为团队成员，我们都对阿普洛尔的结合数据感到兴奋，还一起讨论是否应该在加拿大温哥华即将举行的大型国际会议上展示这些发现。由于听到了竞争的传言，因此我们决定不公开这些数据，不在会议上谈论这项成果。然而，我们一到会议现场，就立即了解到有另外两个团队也在进行同样的实验。他们也使用放射性标记的 β 受体阻滞剂来标记 β 受体，并且都准备在会议上展示他们的发现。[1] 显然，竞争已经开始了。于是我们改变了计划，转而向所有人介绍我们的新数据，因为我们想让全世界都知道我们也在这个竞赛中。这引起了很大的轰动。当回到杜克大学后，我们立即整理了实验数据，然后迅速发表了一系列论文，报告了如何使用氚化阿普洛尔来标记 β 受体。[2]

与来自世界各地的顶尖科学家竞相发表科研成果令人振奋

不已，我第一次对这项研究可能带来的结果有了一个宏伟的愿景。我记得在会议期间，我坐在酒店房间的床上，向围坐在一起的林伯德、卡伦和威廉斯表达了我对我们前进方向的雄心壮志。我热情洋溢地向大家描述，我们为β受体开发的简单的结合测定法可能被应用在哪些方面以取得突破性进展。例如，我们可以成为第一个研究不同疾病状态下或某些药物治疗后β受体数量是否有变化的团队。更重要的是，我们终于可以证明几十年来一直备受争议的假定受体的存在，进而提纯这些受体，了解它们的分子特性，并最终尝试解开它们的三维结构。我不再满足于只是间接地研究它们的性质，我想直接审视它们，了解它们所有的秘密，像机械师拆解汽车发动机一样把它们拆开再装回去。我非常兴奋，我的实验室可能成为第一个采取所有这些步骤的实验室，在理解受体是什么以及它们如何工作方面引领一场革命。

我们从温哥华的会议回到杜克大学后，火力全开，准备大干一场。不过没过多久，我就又来到了机场，踏上了另一段旅程。我开始收到许多邀请，包括在全国各地的会议上发言，以及担任各种国家级协会领导职务的请求。我年轻时从来没有环游过世界，但现在已经成为罗利-达勒姆国际机场的常客。幸运的是，机场正在大规模扩建，现在甚至有了行李转盘，我的行李不会再被扔到街上了。在我来到杜克大学的几年后，我发现自己会经常飞往世界各地谈论我的研究，并经历着一场接一场的冒险。

A Funny Thing Happened on the Way to Stockholm

第 8 章

经历科学旅行者的冒险，逐渐获得同行的尊重

我坐在飞机的副驾驶座位上，飞机正向山的一侧飞去。我脑子转得飞快，想念着我那些可能即将失去父亲的孩子们。

在杜克大学工作的第 5 年，我被推选为美国临床研究联合会理事会成员。当选后，我兴奋地得知，我的第一次理事会会议将在英属维尔京群岛的托尔托拉岛上举行。为了到达那里，我需要先飞到波多黎各，然后乘坐一架单螺旋桨小型飞机前往托尔托拉岛，那里的小机场只有一条跑道和一座看起来像移动房屋的小楼。

理事会会议结束后，我们这一群在理事会任职的人就回到了小机场。我们到达时，天正下着大雨，机场上根本没有人。

跑道上只有一架单螺旋桨飞机，但驾驶舱没人。我们等了一个多小时，终于有人开车过来，从他的皮卡车上下来，爬上了飞机。他花了几分钟时间启动飞机，但没有成功，然后他下飞机敲了几下螺旋桨，再次回到驾驶舱，这次飞机终于启动了，几股黑烟从发动机中喷出来。我们这群等候的人开始惊愕地互相对望，想知道这是不是我们的航班。

飞机先是在跑道上滑行，然后起飞了，勉强越过了靠近跑道的一座山，最后向海里飞去。我们集体松了一口气，庆幸这“鬼东西”不是我们要乘坐的航班。但过了一会儿，飞机在海面上绕了一圈后返航着陆了。飞行员下了飞机，来到我们面前。“好了，大家都准备好出发了吗？”

“你确定这架飞机没问题吗？”我的一位同事问道，“你看起来似乎很难启动它。”“哦，是的，”飞行员说，“它有时会有点儿不稳定，但只要能飞起来就没什么问题。”

在我们登机之前，每个人都必须称重，以便飞机的载重得到均匀分配。我的体重与飞行员的体重相当，所以我有幸坐在了他旁边的副驾驶座位上。在飞行员打开一堆开关，准备起飞的过程中，我打量着他：浓密的大胡子，胸前戴着一条 X 形的带子，嘴里叼着一支没有点燃的雪茄。飞行员竭力地发动飞机，他成功了，飞机开始在风雨中沿着跑道滑行。

飞机一升空就直奔山峰而去。飞行员正在与风搏斗以爬升高度，有整整一分钟的时间，我们看起来好像要直接撞上山腰。不过在最后一秒，飞机获得了足够的高度，登上了山顶。此刻我的指关节发白，心跳几乎停止，但至少我们已经在视野开阔的海面上了。在狭小的驾驶舱里，我花了一些时间查看仪表盘以确定方位，然后注意到燃油表正对着 E。

“不好意思，请问这是燃油表吗？”我问道。当飞行员点头表示同意时，我说：“好吧，我不是专家，但它看起来像在显示‘空’（Empty）。”

飞行员伸出手，用手指弹了几下燃油表。他每弹一次，燃油表都会在“空”到四分之一的范围内跳动一下，然后又回到“空”的状态。“别担心，”飞行员说，“我觉得我们的燃料够用。这个仪表盘已经坏了有一段时间了。”

飞行员的话完全没有给我带来信心。我有种冲动，想把这可疑的燃料状况告诉我后面座位上的旅伴们，但我又不忍惊动他们。此外，即使现在我对飞行员的判断有所顾虑，但处于飞行阶段的我们对此丝毫没有办法。我们有选择吗？劫持飞机，然后折回托尔托拉岛吗？我只能保持沉默，但在飞行的大部分时间里感到异常焦虑，直到波多黎各的灯光映入眼帘。我们顺利降落了，当走出飞机时，我只想要亲吻大地。

旅行是现代研究者的生活常态

旅行是现代研究者生活中的一个常态。仅仅进行实验和发表论文是不够的，研究人员还必须参加各种学术会议，向他人展示你的发现。这些会议是建立合作关系、提高声誉和发展事业的途径。此外，随着研究人员声誉的提高，人们也期望他们在组织学术会议方面发挥领导作用，这也是我在托尔托拉岛作为美国临床研究联合会理事会成员所做的工作。除了参加和组织会议，许多研究人员还为制药公司提供咨询，帮助他们将基础研究的结果转化为新的治疗方法。从 20 世纪 70 年代末开始，我陆续为几家不同的公司担任顾问，每项工作都需要经常出差。我不得不经常跨越时区，这对我的生物钟造成了严重破坏。

有一次，我飞往纽约领取一个奖项，然后再飞往伦敦，为一家名为史克的制药公司提供咨询。我几乎是在没有睡觉的情况下，花了一整天时间为该公司提供服务，所以我在飞回美国之前只有几个小时的时间来补觉。我担心自己会因为时差而无法入睡，因此在伦敦的酒店里吃了两片三唑仑。这种药主要用于治疗失眠，能帮助我快速入睡。我躺在酒店舒适的床上，进入了梦乡。

醒来时，我发现自己已经在飞机上了，但我完全不知道我是怎么来到这里的。我向窗外望去，看到飞机正在海洋上空。我很困惑，于是转头问坐在旁边的人。“不好意思，”我怯生生地问，“这可能听起来很奇怪，但你能不能告诉我，我坐的是什么航班？”

那人看着我，好像我疯了：“呃，这是 644 航班，我们正前往纽约的肯尼迪机场，现在大约走了一半路程。”

“好的，谢谢，”我说，“嗯……再问一下，这听起来可能很古怪，但我是不是一直表现得很奇怪？”“那倒不是，”那人说，“你把自己安顿好，放好包后，就一直在睡觉。”

我听说梦游可能是三唑仑的潜在副作用。[1] 但是我真的梦游了吗？或者说以某种方式乘坐交通工具，从我的酒店房间一直“梦游”到伦敦希思罗机场？如果是这样的话，我当时是什么样的状态？

我从座位上站起来，走进卫生间。令我惊讶的是，我打扮得整整齐齐：脸刮干净了，衣服看起来也很整洁。我回到座位上，翻看我的手提包，发现我所有的物品都放在了平时的位置。看来，我完成了几项不同的复杂任务，包括穿衣、收拾行李并来到机场登机，但我完全没有任何记忆！这是我生命中最令人震惊的经历之一。

这件事发生的几年后，我把这个故事告诉了我的朋友杰里·奥莱夫斯基（Jerry Olefsky），他是加州大学圣地亚哥分校杰出的研究员。他的回答是："我的故事比你还夸张。""不可能吧？"我说。

杰里接着给我讲了他的故事。有一次，他在旅行时服用了一种类似三唑仑的药物来助眠，然后他在一个招待会上突然醒了过来。当时他正拿着饮料，站在一位认识多年的同事面前。"不好意思，这很冒昧，"杰里对他的同事说，"但你能告诉我这是怎么一回事吗？"

"你还好吗，杰里？"他的同事关切地问道。"我不确定，"杰里说，"请告诉我发生了什么事。"

"好吧，"这位同事说，"你刚刚做了讲座，现在我们在招待会上。"杰里惊呆了："那我讲得怎么样？""很好，"他的同事说，"一如既往。"

"有提问吗？"杰里问。"当然。"他的同事回答，"有一个问答环节，你回答了他们抛给你的所有问题。"

我不得不承认，比起我无意识地从市区到机场并登机的惊奇故事，杰里不记得自己刚刚做了一场讲座并回答了提问的情况更令人惊讶。

参加戈登会议，开始得到同行的尊重

随着事业的发展，我逐渐成为一名更有经验的旅行者。在后来的几年里，我经常将观光旅行与工作出差混在一起。当然，早期作为一名试图建立并维护自己声誉的年轻人，我只想着工作。只是有时，这种强烈的专注会让我陷入困境。例如，我曾参加了在旧金山市中心举行的一次学术会议，举办地点离田德隆区不远，于是我在会议间隙溜了出来，找了当地一家熟食店吃午饭。吃饭的时候，我翻阅了会议手册，勾选了我想听的几场讲座。当我匆匆赶回会场时，我发现自己与一位身着剪裁得体的商务套装的年轻女士步调一致，我们都朝同一个方向走去。我对她笑了笑，寒暄几句后，她问道："你今天下午想做什么？"

我指出了几个引起我注意的有趣讲座。"不，不。"她继续问，"你想做点什么？"我不知道该如何回答，只是喃喃自语地说，如果会议安排不是那么紧凑的话，也许可以试试外出乘坐电车。她越来越生气，最后直接解释说她并没有参加会议，而是在寻找客户。我感到很尴尬，因为我太笨了，根本没有听懂她的意思。我向她解释我将忙于主持下午的心血管会议，婉言谢绝了。

虽然有些学术会议是在像旧金山这样的大城市举行的，但更多的是在乡村举行，这些地方的环境比较朴素，条件也更简陋。例如，久负盛名的戈登会议多年来几乎都是夏季在新英格兰乡村的私立寄宿高中举行。学生们夏天放暑假，空出来的学生宿舍就成了参加会议的研究人员的住处。这些房间很小，没有空调。我倒不是很在乎住宿条件的好坏，但仍希望能有一间单独的房间，所以我通常会直接要求或用其他的方法来获得单独的房间。

在 20 世纪 70 年代的一次戈登会议上，我迟到了。为我办理入住手续的女士说，已经没有单独的房间了，所以她只能把我和另一名研究人员安排在同一个房间里，这位研究人员目前在一间双人房里。她给了我房间号，并告诉我，现在正是会议的休息时间，所以我有足够的时间去房间，在晚上会议开始之前安顿好。在新罕布什尔州闷热的一天下午，我走了几层楼梯，终于到了我的房间。门是虚掩着的，于是我轻轻敲了敲门，走了进去。当我进入房间时，一股强刺激性的体味扑面而来，刺激着我的鼻子。我很想马上掉头就跑，但还是忍住了。我站在房间里，被眼前的景象惊呆了。

房间的其中一张床上，赤身裸体地躺着一个多毛的大块头男人，他大汗淋漓，正打着鼾，睡得很熟。两只大苍蝇懒洋洋地围着他的头打转，偶尔还会落在他身上。房间里的臭味大概是我一生中闻到的最臭的味道。我待在原地，脚边放着我的手提箱，试图决定该怎么办。我心想：我真的要和这个“怪物”住在一起吗？

我退出房间，悄悄地关上了门，然后回到楼下，找到刚刚办理手续的女士，走到她面前，实事求是地说明了情况。“很抱歉，但我不能睡在那个房间里。”我说。

“为什么不能呢？”她问。我向她解释了情况，包括毛发旺盛的大块头男人、恶臭和苍蝇。她对此表示同情，但依然说没有其他房间可用。

“我不在乎。”我说，“如果有必要，我可以睡地板，但我不会再去那里了。”

“好吧，莱夫科维茨医生，我有另一个主意。”她压低了声音，像在谋划什么“阴谋”，悄悄说道，“我本不应该这样做，但我们医务室里有几张床，以防有人生病。现在里面没人，所以如果你愿意，也许可以去那里。”

我很感激，接受了她的提议，前往医务室。我不知道该期待些什么，但与狭小的宿舍相比，医务室简直称得上豪华。这里有很大的空间，床可以调整，就像医院的床一样，而且有单独的卫生间，而不是和其他十几个人共用一个卫生间。在之后的戈登会议上，由于人满为患，我又多次使用这一招，要求睡在医务室，这的确是个不错的主意。

当时，戈登会议是学术会议的标杆，有权决定年轻科学家的声誉。20 世纪 70 年代中期举行的戈登会议是我第一次参加这个会议，当时的主题是分子药理学，而我感觉自己完全是个局外人。会议由 1971 年的诺贝尔生理学或医学奖得主埃鲁·萨瑟兰（Earl Sutherland）的学生主持，因为萨瑟兰在会议开始的不久前已经去世了。由艾尔佛列·G. 吉尔曼、乔尔·哈德曼（Joel Hardman）、阿尔·罗比森（Al Robison）等人组成的“萨瑟兰帮”，现在都是精英型研究学校的教员。他们坐在会议室的后面，像主持《铜锣秀》[①]（*The Gong Show*）一样主持会议：如果不喜欢某个演讲，他们就会开始笑和叫喊。每一名与会者都盯着演讲者，同时也盯着“萨瑟兰帮”的人，看他们会有什么反应。我在第一天的会议上就注意到了这种情况，一想到第二天要发表自己的演讲，我感到害怕，但我仍尽力屏蔽人群的反应，只专注于讲述自己的故事。

① 20 世纪 70 年代美国一档极受欢迎的电视节目，主持人会邀请观众上台唱歌。如果觉得表演者演唱得太难听了，评审会立刻敲响锣鼓，让他下台。——编者注

在这次会议上，我认识的为数不多的人之一是卢茨·伯恩鲍默，他在我的“黄色贝雷帽”时期曾与我在同一个地方工作。卢茨现在是贝勒大学的一名教师，和“萨瑟兰帮”一样，在会议上被视作科学界的“皇室”成员，因为他曾在美国国家卫生研究院与受人尊敬的马丁·罗德贝尔一起工作。相比之下，当时的我则是无名小卒。虽然我曾与杰西、艾拉一起发表过几篇像样的论文，但他们是内分泌学家，而不是戈登会议上处于核心位置的药理学研究人员。考虑到我缺少专业背景，我在会议上加倍勤奋，发表观点犀利的演讲，在其他演讲后提出一针见血的问题，并在午餐和下午茶时间与其他研究人员打交道，以了解他们的工作情况。

因为定期参加戈登会议，几年之后，我逐渐获得同行的尊重，虽然不一定是他们的友谊。20 世纪 80 年代初的一个夏天，吉尔曼、卢茨和我应邀在 3 个不同的戈登会议上发言。这些会议都在 10 天内举行，彼此相距不到 80 千米，所以我们 3 人如果选择拼车会比较合理，这样可以节省交通费用。但在那个时候，大家的实验室之间存在很多激烈竞争，所以我们最终选择了各自驾驶自己租来的汽车往返于不同会议。事实上，在任何情况下，我都不可能与吉尔曼同乘一辆车，因为他烟瘾很大，抽起烟来像个烟囱。在戈登会议的户外休息讨论中，我总是站在吉尔曼的上风向，因为站在他的下风向就要承受令人如坠迷雾的二手烟雾和能使麋鹿瘫痪的尼古丁。

随着时间的推移，我的日程变得更加紧凑。然而，这些努力是值得的，因为我在科学协会的服务，为不同公司提供的咨询，以及出席的各种会议，都有助于巩固我作为一名新兴研究者的地位，维护我的声誉。我开始与其他科学领袖建立更深入的联系，了解他们的个人情况，而不仅仅是通过阅读他们发表的论文知道了他们的名字。这些新的联系反过来又带来了新的职业机会。诱惑在敲门，而我需要决定如何应答。

我生于 1943 年，父母是马克斯和罗斯。作为独生子，我得到了父母的全部关注，无论是好的还是坏的。

我童年的梦想是成为下一个米奇 · 曼托，但我完全缺乏击球、防守和跑步的能力，这使我把目光转向了医学。

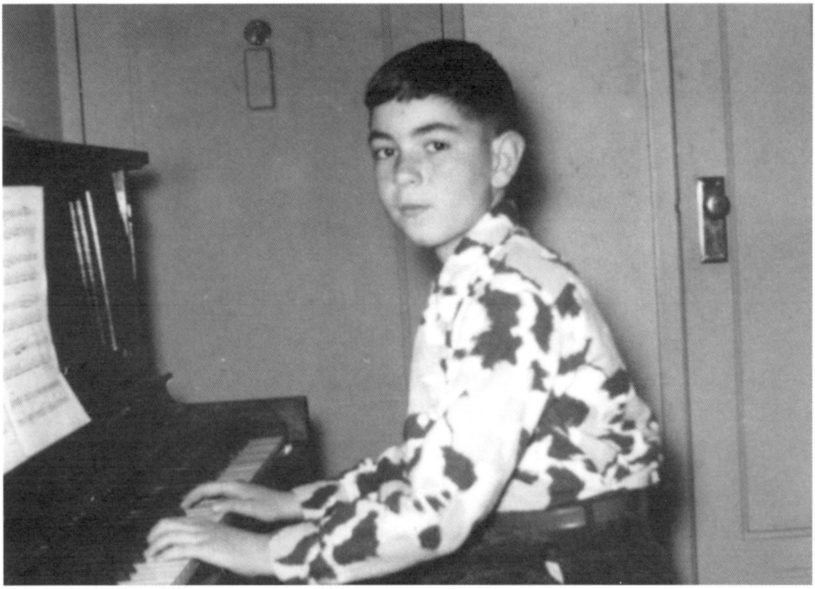

我从钢琴课中学会了自律。尽管我讨厌钢琴课，但我母亲总是严格要求我。

20 世纪 50 年代是崇尚“肌肉男”的时代，所以在高中时期，我和我的伙伴们不知疲倦地练习举重。

最左边是哈罗德·瓦穆斯，他是我在医学院的同学，也是未来的诺贝尔奖得主和美国国家卫生研究院主任。我在左二，和瓦穆斯一起大笑。

当我从哥伦比亚大学医学院毕业时，我微笑着和父母合影，但实际上，我对当时可能把我送到其他国家的征兵制度感到紧张。令人感动的是，我的父亲告诉我，这是“他一生中最自豪的一天”。

这是拍摄于1976年的哥伦比亚长老会医疗中心内部员工的合影，瓦穆斯在一排左二，我在二排右二。此外，还有略显笨重的住院总医师比尔·洛夫乔伊在一排左三，他曾是耶鲁大学的橄榄球运动员。

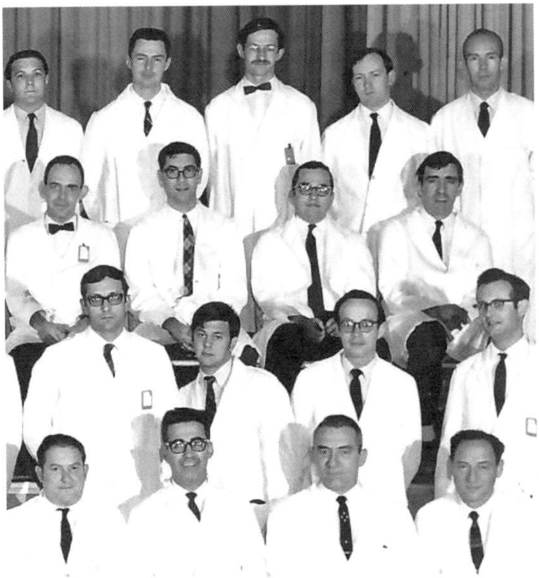

作为“黄色贝雷帽”的一员，我留在美国为我的国家服务。这张照片拍摄于1968年，是当时名为国家关节炎和代谢疾病研究所的美国公共卫生服务机构的工作人员合影。我在三排左二，瓦穆斯在一排左三，迈克尔·布朗在二排左二。

在麻省总医院担任高级住院医师和心脏病学研究员期间，我错过了研究，于是在本该完成临床轮岗的时候，我偷偷溜进实验室做实验。

1970

FIRST ROW	R. Genteler, A. Leaf, J. Franklin, C. Hopkins
SECOND ROW	E. Hoffer, P. Simpson, G. McGuffin, T. Murray, L. Mallette
THIRD ROW	N. Stead, W. Ricks, L. Bennion, J. Borer, R. Stevens, R Matta, R. Fisher
FOURTH ROW	R. Gibson, S. Howell, D. Krogstad, J. Marmor, L. Axelrad, A. Baker, P. Mogielnicki, J. Mull
FIFTH ROW	R. Re, P. Cohen, W. Seaman, M. Pohl, R. Marier, G. Khoury, J. Anderson, D. Scott, R. Lefkowitz, L. Bercovitch

麻省总医院 1970—1971 年住院医师合影。我在五排右二。

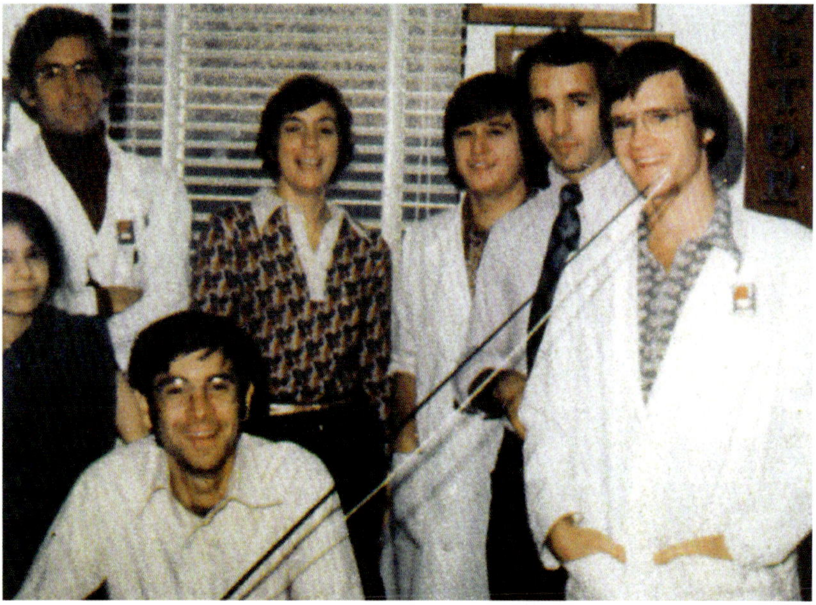

20 世纪 70 年代中期，我作为一名新教员，在杜克大学建立了自己的实验室。我的招聘策略很简单：接收任何有意愿的人。很幸运，我遇见的是一群才华横溢的年轻科学家，从左到右分别是博士后查比拉尼 · 乔比 · 慕克吉、医学生约翰 · 米奇、博士后李 · 林伯德、博士后马克 · 卡伦、心脏病学研究员韦恩 · 亚历山大和医学博士鲁斯蒂 · 威廉斯。

在杜克大学的实验室规模不断扩大时，我的家庭成员也在增加。这张拍摄于 20 世纪 70 年代末的照片是我和阿尔娜以及我们的孩子，从左到右分别是谢丽尔、拉里（诺亚）、玛拉、在我怀里的约书亚和大卫。

这张拍摄于 20 世纪 80 年代初的照片捕捉到我在做自己喜欢的事情，那就是在实验室和我的学员闲聊。我正和我的博士后约翰·里根深入交谈。当时，一个神秘标签贴在了我办公室的门上，标签上面写着我是“闲聊的王”。

20 世纪 80 年代中期，我实验室的受体克隆团队一直努力工作，我觉得他们需要休息，所以给他们提供了一辆豪华轿车，让他们去自己选定的餐厅吃午餐。回来时，他们把豪华轿车开到了麦当劳的免下车外卖窗口，点了一杯奶昔。从左到右分别是亨里克·多尔曼、布莱恩·科比尔卡、孙彤、黛比·弗丽尔（Debbie Frielle）、汤姆·弗列勒和马克·博拉诺夫斯基。

在我接受心脏搭桥术前后，拉尔夫·斯奈德曼是我的主要跑步伙伴，也是我的科研合作伙伴、知己和朋友。

20世纪90年代，我和好朋友托尼·福奇一起在美国内科医师协会的委员会工作了10年。正在说话的是我，托尼在我的右手边。

1992年，在苏格兰参加科学会议的休息间隙，我和艾尔佛列·G.吉尔曼散步，走到了一条叫作“烂街”的街道。吉尔曼立即表示，这似乎很适合像我们这样用各种方式抢先发表研究成果的“无赖”，所以我们停下来拍了这张照片。吉尔曼和我在20世纪七八十年代是竞争对手，但到了20世纪90年代，我们已经建立起了深厚的友谊，彼此尊重。

无论是我从4重搭桥术中康复，还是从离婚后的情感创伤中恢复，我的第二任妻子琳恩始终是我得以依赖的“磐石”。

导师是一生的工作。这张照片拍摄于20世纪90年代末，在加州举办的一次科学会议休息间隙，我正在尽我最大的努力跟上两位前学员，布莱恩·科比尔卡和希拉·科林斯，他们当时都已经是拥有自己实验室的教员。

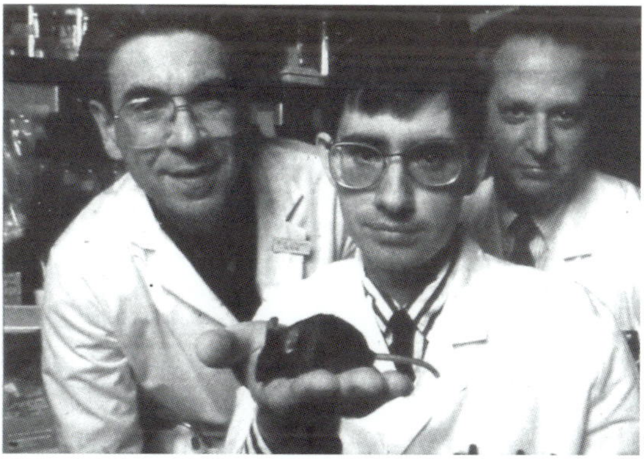

20世纪90年代，实验室里一个令人兴奋的新方向是创造出具有肾上腺素能受体活性改变基因的转基因小鼠。这是1994年刊登在报纸上的一张照片，正中间是卡梅洛·米拉诺，他手上拿着一只转基因老鼠。李·艾伦在右边，我在左边。照片由《先驱太阳报》提供。

2003年我60岁生日时，我实验室的100多名校友回到杜克大学参加为期两天的庆祝活动。我们拍了一张大合影，照片中的我做了我梦寐以求的事，那就是在人群上冲浪，而我可以相信我的学员不会让我掉下去。

除了拥有一个充满爱的科学大家庭外，我还幸运地拥有一个充满爱的生物大家庭。像每一位祖父母一样，我相信我所有的子孙都很棒，也很可爱，并且值得在无数的照片中记录并赞美这件事。从左到右分别是伊桑、乔纳、艾米、马娅、马德琳和萨曼莎。

研究事业成功的关键是拥有伟大的合作者，我的这位合作者就是马克·卡伦，我们一起发表了超过250篇论文。马克身上有些特质总能让我微笑，就像照片展示的那样。

2008 年，我有幸从当时的美国总统乔治 · W. 布什手中接过国家科学奖章。我本希望几个月后由下一任美国总统奥巴马为我颁发，但我必须承认，布什总统本人非常幽默且有魅力。

这张拍摄于杜克大学办公室的照片捕捉到了我的动作。我所有的学员都很熟悉：我的脚搭在桌子上，脸上带着微笑，为最新的数据欢呼。

我的前学员，也是本书的合著者兰迪 · 霍尔和他的妻子利伯蒂与我一起在华盛顿杜克酒店享用赛前饮品，之后我们一起观看了 2011 年杜克大学篮球赛。

2012 年 10 月，在我得知自己获得诺贝尔奖后，我在卡梅隆室内体育馆举行的“疯狂倒计时”特别活动上接受荣誉。

参加这场特别活动的好处之一就是能和 K 教练与杜克篮球队的所有队员在一起。

在前往斯德哥尔摩参加诺贝尔奖庆祝活动之前，我和当年的其他美国获奖者一起访问了白宫，与当时的美国总统奥巴马进行了愉快的交谈。

与前学员共享诺贝尔奖实在令人愉快。这张照片拍摄于我和布莱恩·科比尔卡完成诺贝尔演讲后的几分钟。照片由罗杰·苏纳哈拉（Roger Sunahara）拍摄。

布莱恩和我，以及许多来自我们实验室的校友一起参加了诺贝尔庆典。在诺贝尔颁奖典礼的前一天，我们与各自的学员、同事和合作者举行了非常愉快的招待会。科学本就是一项团队活动，所以作为团队一起庆祝非常有趣。

和我的家人分享诺贝尔奖也是非常美好的事情。从左到右依次是：约书亚、大卫、大卫的妻子米歇尔、琳恩、我、玛拉、谢丽尔、当时玛拉的男朋友埃里克、玛雅、乔纳、诺亚的丈夫韦德、谢丽尔的丈夫奥代德、诺亚和我的表妹艾伦。照片版权归诺贝尔媒体公司所有，由亚历山大 · 马哈茂德（Alexander Mahmoud）拍摄。

在诺贝尔庆典期间，盛大的仪式并不少。照片记录了我从当时的瑞典国王卡尔十六世·古斯塔夫手中接过诺贝尔奖章的时刻。照片版权归诺贝尔媒体公司所有，由阿莱士·永达尔（Alex Ljungdah）拍摄。

获得诺贝尔奖1年后，我受邀在达勒姆公牛队的一场棒球比赛中投出礼仪性的第一球。这张照片拍摄于赛前，照片上是时任达勒姆市长比尔·贝尔（最右）、时任杜克卫生健康系统主席曹文凯和公牛队的吉祥物贝利。几分钟后，我为这场比赛投出了第一个好球。

2017年在伦敦成就学院峰会上，伟大的作曲家彼得·加布埃尔（最左）和斯汀单膝跪在我面前，假装奉承，为了给我在音乐行业工作的儿子大卫展现他们对我的崇拜。

无论去过多少地方，参加了多少活动，我最喜欢的仍然是待在实验室里。我可以和我的学员在实验室里闲聊，分析数据，或者畅想未来的实验。在这张照片中，我正和医学生埃琳·布雷斯勒一起起草一个行动计划。

A Funny Thing Happened on the Way to Stockholm

第 9 章

学会说“不”，掌握礼貌拒绝的艺术

杜克大学医学中心院长比尔·安利安（Bill Anlyan）把我叫去开会，说有重要的事情要与我讨论。我不知道会发生什么，在他办公室门口等着的时候，思考是不是摊上麻烦了。然后，安利安把我叫进屋里，直接进入正题："鲍勃，药理学系主任要退休了，所以我们需要一个新主任。我相信你能胜任，你觉得怎么样？"

我当时33岁，在杜克大学工作了3年多一点。我为成为这样一个领导职位的人选感到受宠若惊，并意识到这份工作将带来大幅涨薪。然而，随之而来的将是大量的行政职责，这将是对我时间的极大消耗。从职业发展的角度，我应该告诉安利安我会考虑一下，但事实上，一个真实的答案从我嘴里脱口而出：“好吧，谢谢你的提议，但老实说，我现在的心思不在这儿。我的实验室发展得挺好，我们势头正猛，我想专注于保持这种发展势头。”

我回绝的速度和决心令我自己都感到惊讶。在令人始料未及的机会出现之前，你永远不会知道你的真正反应，而就在刚刚，答案在我意识到有其他可能的结果之前就迫不及待地冒出来了。安利安说他很遗憾，但也表示理解。我离开了他的办公室，径直回到了实验室。

谢谢你的邀请，但我只想专注于我的研究

我的研究项目正以极快的速度发展，我开始觉得自己像骑在脱缰的野马上。我不知道是我在牵引着马，还是马在牵引着我。我似乎只是抓紧了马的脖子，尽量不让自己被甩出去。但这一切令人振奋，我期待着进一步的飞驰。我绝对不想陷入与管理一个部门相关的所有例行任务和日常琐事中，我只想继续骑马狂奔，看看它将会带我去往哪里。

在这一时期，当我获得了几笔大额研究经费，我的研究项目在杜克大学完全确立后，其他学校的邀请开始成为一种常态，这意味着我必须掌握礼貌拒绝的艺术。在艾奥瓦大学参加的一次研讨会让我在这方面得到了充足的训练。当时艾奥瓦大

学杰出的医学院院长弗朗索瓦·阿布德（Francois Abboud）邀请我到学校参加研讨会。在会议结束后的晚宴上，阿布德告诉我，他要在艾奥瓦大学建立一个新的研究中心，希望我能担任心脏病学系主任。我毫不犹豫地拒绝了他。

他给了我一些压力，但并不成功，谈话转向了其他话题。不过说着说着，话题又回到了招募我去艾奥瓦大学的问题上，“你知道，鲍勃，我的内分泌科也需要一名新主任。鉴于你在美国国家卫生研究院接受的内分泌学培训，你绝对是这个职位的最佳人选。你觉得怎么样？”

我再次告诉他不行，但他依旧坚持。晚宴已经结束了，我们喝着餐后咖啡，阿布德又提出了另一个想法：“我有没有提到，我们要成立一个新的临床药理学系？你将是首位系主任的完美人选。我们可以给你提供一份好到难以想象的就职方案。”

我第三次明确拒绝，他在空中挥舞着胳膊：“鲍勃，我已经为你提供了心脏病学系主任、内分泌科主任和临床药理学系主任。你到底想当什么科室的主任？”

“我不想当主任！”我笑了起来，“非常感谢你的邀请，我很欣赏你在艾奥瓦大学建立的项目，但实际上我只想专注于我的研究。”

学会说“不”对成功而言至关重要

职业发展成功的一个关键是知道什么环境对自己有利。在杜克大学，我享有得天独厚的研究环境，我深知这一点。我得到了我的上司吉姆·温加登和其他校领导的大力支持。当我在第一年透支了实验室的预算时，吉姆为我兜底，我深知是因为他和杜克大学的其他领导都在致力于帮助我，才使我获得阶段性的成功。更重要的是，我有一个不断发展的实验室，里面都是才华横溢的年轻科学家。我们共同踏上了一段不可思议的旅程，进入一个竞争激烈的未知领域。我不知道我们到底要去哪里，我只知道我们必须迅速行动，这样的状态令人兴奋。如果我接受了另一所学校的工作邀请，我可能要花好几个月的时间搬实验室，然后在另一个地方重新搭建好一切。由于搬迁会损失大量时间，因此我们会落后于同一赛道的其他团队。我的直觉告诉我，我应该留在杜克大学，继续努力前进，而不是追寻那些花哨的头衔或更多的金钱。

为了有效地处理其他学校发来的大量工作邀请，我写了 3 封不同的通用信函拒绝这些请求。这 3 封信做出了详细程度不同的 3 种解释。信件 C 很有礼貌，很简短。信件 B 稍长，更慎重。信件 A 则是为来自美国其他顶尖大学的邀请准备的，我会特意等待一个星期后再回复，以此表示我为做这个决定而苦恼，然后发出如下信件：

> 我很荣幸能收到贵校该岗位的入职邀请，为此我很高兴，甚至有些惶恐。在过去的一周里，我与我的家人讨论了这件事，我期待能够与您进行更深入的交流。然而，鉴于我的个人情况，恐怕我目前还没有资格做进一步打算。再次感谢您的邀请所给予的认可。

礼貌拒绝工作邀请的关键是引用个人原因。如果你列出一个与工作相关的专业理由来说明你想留在目前的岗位上，这听起来就像谈判。例如，如果你提到不想离开目前岗位的原因是你对当前的实验室空间很满意，这只会让其他学校“有机可乘”，他们会说可以提供更大的空间。然而，如果你引用个人原因，这就为今后的谈判关上了大门。更重要的是，个人原因必须是不明确的。如果你提到一些具体的事情，比如你的配偶因为工作不想搬家，另一所学校可能会把这作为一个提示，雇用猎头公司，帮助你的配偶在他们所在的地区找到一份新的工作。因此，尽管我不想离开杜克大学的主要原因是，我不想失去实验室的研究发展势头，但我在拒绝其他学校的工作邀请时，总是引用不明确的个人原因。在某种程度上，我说的是实话。我的实验室对我来说是个人的，我把我的心血都放在了正在进行的研究上，我不想做任何事情来破坏它。所以，这确实也是“个人原因”。

许多处于职业生涯早期的年轻科学家会因不断追逐更好的

条件而分心。我一直赞同这样一个简单的想法：**如果一件东西没有坏，就不要修理它。**我在杜克大学很开心，而且获得了很多成功，所以我不想浪费任何时间和精力与其他大学纠缠。沿着这个思路，我还试图精简职业生涯的其他方面，以确保我能够尽可能专注于我的研究。

对我来说，最难放弃的事情就是我的临床工作。刚来杜克大学时，我花了大约 60% 的时间做研究，40% 的时间看患者。然而，随着研究项目的启动，这个比例迅速转变为 7∶3，然后是 8∶2，几年后是 9∶1。减少临床工作对我来说存在心理上的障碍，因为在父亲去世前，在我与他的最后一次谈话中，我曾向他保证过我将继续专注于做一名临床医生。在逐渐减少临床工作和增加研究工作的过程中，我觉得我在违背对父亲的承诺。然而，我也想起了与导师杰西·罗斯的第一次见面，当时他就告诉过我，同时当优秀的研究人员、临床医生和管理者是不可能的。按照杰西的说法，我必须选择其中一个。随着时间的推移，我体会到他是对的，而我最终选择了研究。

每一位新员工，事实上，任何一位从业者，都必须学会说“不”。那些没有学会这一课的人，将永远无法保持对成功而言至关重要的专注。我拒绝了杜克大学的晋升机会，我对其他大学的工作邀请说“不”，我大大减少了我的临床工作，尽管我喜欢照顾患者。当然，所有的员工都应该在一定程度上服务集体，我也做了我该做的事，例如，在杜克大学的第一个 10 年里，我每年都在内部员工遴选委员会任职。我只是拒绝了许多其他的服务请求，以便集中精力管理我的实验室。

在杜克大学的头几年，我拒绝了许多机会，持续专注于我的研究。然而，在 1976 年的一天，我接到一个电话，电话中提出的条件让人无法拒绝。

A Funny Thing Happened on the Way to Stockholm

第 10 章

持续破解研究谜团，成为当之无愧的最强者

“鲍勃，好消息！”电话那头传来噼里啪啦的声音，我的上司吉姆在嘈杂的背景音中继续说道，“我在机场，刚结束了霍华德·休斯医学研究所的咨询委员会会议准备回来。我想让你知道，你将成为研究所的研究员。”

“我吗？”我说，“哇，这是个好消息。我需要做什么吗？”

“是的，”他回答，“星期一早上之前把研究计划书放到我桌上。”当他说完这句话时，我惊得下巴都要掉下来了：“吉姆，现在是星期五下午。你想让我一个周末写完一份完整的研究计划书？”

“哦，不用担心，”他赶紧说，“只要把你申请到美国国家卫生研究院经费的那份研究计划书换个封面就可以了，然后周一之前把它放在我的桌面上，就这么定了。”

这就是我成为霍华德·休斯医学研究所研究员的起因。当时，我只是模糊地知道这个研究所的存在，因为它在 1976 年远没有现在这么有名。如今，霍华德·休斯医学研究所定期举行全国性竞赛，以严格的同行评审著称，只有最好的科学家才能获得资助。如今，当一名科学家有幸被任命为研究员，他会用一瓶香槟和一整个星期来庆祝。相比之下，当我在 1976 年春天接到吉姆的电话时，这个消息似乎并不是什么大事。

我很快就从吉姆那里了解到霍华德·休斯医学研究所的工作方式。所有的研究员都来自美国排名前 10 的医学院，而这些医学院与研究所关系匪浅，都有相应的负责人，吉姆就是杜克大学的负责人。每当研究所想要任命新的研究员时，就会要求负责人提出他们所在医学院中最优秀的年轻研究员，这些生力军的加入能为研究所注入新的活力。20 世纪 80 年代中期，当霍华德·休斯医学研究所开始面向美国所有大学公开招聘研究员，并成立了一个水平一流的小组对申请人进行严格审查时，成为该所研究员的过程就完全变了，变得更好了。然而，在 20 世纪 70 年代，情况却完全不同。[1]

该研究所最初是由古怪的亿万富翁霍华德·休斯（Howard

Hughes）在 1953 年设立的，不过当时是作为一个避税机构。为了保持其研究所的地位，它每年需要花费一定数额的资产。因为如果没有花费其资产的最低百分比，它的地位将从“研究所”变为“基金会”，这种区别会带来重大的税收变化。1976 年，由于要避税，研究所需要支出额外的资金，所以我在那一年被任命为研究员。

研究所负责支付我的工资，所以成为该研究所研究员的主要好处是，我的工资涨到了 3.2 万美元，这在当时是一笔不小的数目。我留在杜克大学的实验室里，仍然是杜克大学的教员，但由研究所支付我的工资。大多数医学院的教员需要通过从事临床工作，用医院的收入来支付工资。然而，带来研究经费的教员可以用研究经费支付自己的工资，这意味着他们可以减少临床工作的时间。因此，我被任命为研究员后，可以大大减少我的临床工作，把更多的时间放在研究上，这正是我想要的。除了工资，我还能获得每年 1 万美元的研究预算，这在当时也是一笔不错的收入，当然，与当时研究所里的资深研究员获得的巨额研究预算相比，这还差得远。多年来，研究所的研究预算大幅增加，特别是在 20 世纪 80 年代，由于要避税，研究所需要加大支出。

接受任命对我而言的另一个好处是，当时的研究员不允许担任任何领导职务，如担任系主任或院长。这一规定的原因是，研究所希望其研究员专注于研究，而不是担当行政职责。在我看来，这一限制非常好，因为它给了我另一个拒绝各种领导职务的理由。我已经拒绝了很多邀请，因为我只想专注于研究，而研究员这一身份使我更容易拒绝其他大学未来可能的工作邀请。

成为所在领域的“头号先生”

我从吉姆那里得知，研究所的任命每 5 年将重新接受一次审核，这个过程会非常严格。你必须提交一份书面计划，阐述你未来 5 年的研究愿景。此外，你还必须在年度研讨会上发表演讲，接受评审小组的质询。所有研究员都必须在佛罗里达州椰林市总部举行的年度研讨会上做简短的报告，但那些 5 年期满想续约的研究员们则必须做更详细的续约报告，然后可能被评审小组成员的提问搞得晕头转向。在最初的几次研讨会上，我了解到研究员之间心照不宣的默契，即我们都避免向正在做续约报告的同行提出尖锐的问题，因为这会让他们在评审小组面前难堪，从而危及他们的续约。

在年度研讨会上午的会议结束后，我们休会吃午餐，而评审小组则把自己关在一个小房间里，以做出决定。当午餐结束时，当时研究所的管理者肯尼·赖特（Kenny Wright）会从房间里出来，找到那天上午做续约报告的人，搂着他，走到旁边宣布结果。这时，其他人都会观察他们的肢体语言，猜测这位同事续约成功还是失败，然后冲过去祝贺或安慰。

赖特是个大人物。他是南方人，曾经担任过霍华德·休斯的私人秘书纳丁·亨利（Nadine Henley）的司机。不知道为什么，他从那个职位转为研究所管理人员。赖特没有任何科研背景，但他观察力很强，是一个敏锐的判断者。在研究所的一些研讨会上，我坐在他旁边，他用一种不可思议的方式来预测同事的续约与否，尽管他对科研一窍不通。我一直不明白他是如何做到这一点的。我对赖特的另一个印象是，他从不叫我鲍勃，而是叫我鲍比，他是除我家人外唯一这样叫我的人。

在我的第一次研讨会上，当时研究所的主任乔治·索恩（George Thorn）在晚餐后向我们致辞。他谈到了他所听到的对评审过程的抱怨，以及研究所在续约方面的苛刻。然后，他讲了一些看似安慰的话："我不知道你们这些家伙为什么都对评审这么紧张。你们应该知道，只要你是你所在领域中的'头号先生'，你就永远不会和我们有矛盾。"

是的，就是这么简单！**你所要做的就是在你的领域中成为当之无愧的最强者，一切都会好起来，不会有压力。**顺便说一下，索恩告诫我们需要成为自己所在领域的"头号先生"而非"头号女士"，这很贴切，因为那个时候的研究所绝对是一个男士俱乐部。当时研究所在全国有 50 多名研究员，全是男性。在年度研讨会的晚宴上，大家通常会抽雪茄、喝威士忌，与其说它是一个科学机构，不如说是一个粗俗的男士俱乐部。

作为一名一直提倡女性参与科学研究并培养了大量杰出女科学家的导师，我很高兴地注意到，如今的霍华德·休斯医学研究所倡导男女平等，并支持众多杰出女性的研究。事实上，该研究所的现任所长就是一位名为埃琳·奥谢（Erin O'Shea）的女性。不过，在 20 世纪 70 年代，它就是“男士俱乐部”。

那时候，霍华德·休斯医学研究所的男士俱乐部氛围，因两位神秘人物的出现而高涨，他们是研究所理事和霍华德·休斯个人内部圈子的核心成员——切斯特·戴维斯（Chester Davis）和比尔·盖伊（Bill Gay）。戴维斯是一位咄咄逼人的律师，他酗酒、抽烟，骂起人来肆无忌惮。如果他的疯狂故事是可信的，那么他一半时间在弗吉尼亚州养马，另一半时间用霍华德·休斯的钱环游世界。他给人的印象是，你可以去找他做推荐，买一瓶上好的波本威士忌，或者询问如何雇用一名一流的杀手。相比之下，盖伊是一名虔诚的信徒，他不喝酒、不抽烟，也不骂人，却散发出一种信仰不容挑战的强大气场。不可能找到比戴维斯和盖伊他们俩更不匹配的一对了，但他们总在研讨会上一起闲逛，与其他科学家们擦肩而过。

紧张的审查访问

当时研究所的研究主任是老派的唐·弗雷德里克森（Don Fredrickson），[2] 他于 20 世纪 80 年代初任职。弗雷德里克森曾是美国国家卫生研究院的院长，因此他就任前就已经资历深厚。他一到任，就发现这里的研究员中有很多死气沉沉的人，于是他开始亲自走访全国各地的研究机构，以评估每一位研究员，而不仅仅是那些 5 年期满准备续约的人。他的评估导致大量的研究员失去了资金。当时研究所的“第一夫人”是弗雷德里克森的妻子，她也深入参与了研究所的事务，这使情况变得更加复杂。她会参加我们的研讨会和在椰林市举办的各种社交活动，并要我们所有人称她为“夫人”，称她的丈夫为“博士”。我永远不会忘记弗雷德里克森走访杜克大学，审查我们实验室团队时的情景。

访问前大约两周，当紧张氛围开始弥漫时，我接到了夫人的电话。她告诉我，她听说我是杜克大学的高级研究员，所以想给我一些关于博士喜好的提示，以便使访问尽可能顺利地进行。“你确实希望访问顺利进行，不是吗？”她问。

“当然了。”我回答。然后她告诉我，博士喜欢在上午 10 点喝茶，并详细说明了应该提供哪些类型的茶。她还表示，博士喜欢午饭时吃鸡肉沙拉三明治，鸡肉要夹在去掉了面包皮、微微烤过的白面包上，并着重强调了去除面包皮的重要性。我仔细地做了记录，并在谈话结束后立即去办公室落实了所有的要求。

比夫人的要求更需要关注的是访问本身。杜克大学的每位研究员有一小时的时间来介绍他们实验室的工作。我们被告知，要由研究员本人和两名初级人员一起汇报，初级人员得是实验室的学生或博士后。每一组研究员都需要单独向评审团做汇报。在我的实验室里，我选择了马克·卡伦，他当时是团队中最有经验的成员，因为林伯德已经在范德堡大学担任教职，所以无法抽身。卡伦即将在杜克大学担任教职，所以我相信他有足够的经验可以处理压力。我还选择了瑞克·塞里昂（Rick Cerione）作为我的另一位发言人，他是实验室里资历相对较浅的博士后。瑞克是来自新泽西州的瘦小的意大利人，他当时正在进行一些有趣的研究，我想向评审委员会展示他的数据。不过，瑞克很害怕，他怕如果自己搞砸了，会导致实验室失去研究所提供的资金。在访问之前，我花了两周时间向瑞克保证，这没什么大不了的，虽然其实我自己也不确定。

瑞克、卡伦和我按照指定时间在研究所评审团的房间外集合。我的一位同事此时正在房间中，他先于我们做报告。我们在门外可以听到评审团的提问，此时瑞克已经开始出汗了。“瑞克，放松点。”我告诉他，“就像我一直在说的，这没什么大不了的，你会做得很好。”

突然，房间的门猛地打开了，场面一片混乱。在我们前边那组的博士后被架出了房间，不省人事。他一只手耷拉在研究所管理者肯尼·赖特的肩上，另一只手耷拉在一位评审员肩上。这位博士后已经昏迷了，脚在地面拖着。赖特让这家伙躺在走廊上，尝试唤醒他。瑞克慌忙抓住了我的胳膊：“你不是说这没什么大不了的吗？”

“听着，瑞克，我知道这个博士后，”我努力安慰他，“这家伙老是晕倒。如果你斜眼看他，他都会晕倒。[3] 不要受他影响，只要专注于你的汇报就好。”

几分钟后，轮到我们向评审团汇报了。我首先花了 15 分钟的时间对实验室的研究做了概述，介绍了我们在提纯 β-肾上腺素能受体并对其进行功能重组以研究其活性方面所做的努力。然后我介绍了瑞克，让他向评审团介绍他最近的工作。瑞克看起来很糟糕，他走上讲台时瑟瑟发抖。他试图张嘴说话，但一个字都吐不出来。卡伦拿起一杯水递给瑞克，瑞克大口大口地喝着，然后他又尝试了一下，终于勉强说出几个字：“我感觉我嘴里的舌头好大。”

这并不是汇报最理想的开始方式，不过，至少他还在说。

卡伦又给他端来一杯水，最终瑞克得以继续他的演讲。瑞克讲完后，卡伦站起来，顺利地做了一个流畅的报告，我们最终成功续约。

很幸运，我们保证了研究资金的充足，因为当时实验室研究正如火如荼地开展，事实上，我们即将开始一系列的新发现，这些发现将解开我们研究领域的核心谜团。

A Funny Thing Happened on the Way to Stockholm

第 11 章

开启生物化学“炼金术”，我从未动摇自己的信念

20 世纪 70 年代，许多人对受体的存在持怀疑态度。在一些人看来，相信受体的存在，比相信“大脚怪”或“尼斯湖水怪”的存在更不靠谱，其中甚至包括相关领域中的知名科学家。

在 1973 年的一次全国性会议上，我做了个演讲，表达了我相信受体是物理实体的信念和证实其存在的愿望。这次演讲之后，我参加了一个圆桌讨论，参与者就包括了具有传奇色彩的雷蒙德·阿尔奎斯特（Raymond Ahlquist）。阿尔奎斯特在 1948 年首次发现肾上腺素能受体有两种类型，他将它们命名为 α 和 β。但同时，他也对受体作为物理实体的存在持强烈怀疑态度。在讨论是否有可能通过从组织中提纯和分离，以研究 α 和 β 受体的更多特性时，阿尔奎斯特是这么说的：

> 只有坚定地相信α和β受体真的存在，这种研究才值得做。有一些人确实这样相信，甚至提出要描述它们的内部结构。但对我来说，它们只是一个抽象的概念，用来解释观察到的由各种结构的化学物质产生的组织反应。[1]

阿尔奎斯特的这番言论显然是在挖苦我和当时为数不多的从事配体结合研究的土耳其年轻人，他们最终的目标是提纯受体。在我的演讲结束后，阿尔奎斯特公开质疑我的目标是否有意义，并对受体作为物理实体存在表示强烈怀疑。但我知道他在这件事上并不刻薄，相反，他是位慈爱的长者，对我总是很友好。他只是不相信受体的存在，担心我是在浪费时间，居然试图研究它们的分子特性。

像所有虔诚的信徒一样，我从来没有动摇过我的信念，即受体是物理实体，可以被提纯和分离。对我来说，受体就像一把锁，而肾上腺素等激素就像钥匙，可以插入锁中打开一扇门。锁可以从门上拆下来，但仍然可以作为锁发挥作用。根据这一逻辑，我相信受体可以从细胞膜上分离出来，但仍可以发挥作用。然而，在阿尔奎斯特和其他怀疑论者看来，受体根本不像锁。事实上，它们不像任何东西，它们只是细胞膜中某种神秘的“力量模式”，没有独立的物理实体，但以某种方式允许激素或药物发挥作用。

激烈地竞争，先于诺贝尔奖得主达成目标

为了证明阿尔奎斯特和其他怀疑论者是错误的，第一步是开发一种放射性结合测定法来追踪受体，如前所述，我们在1974年已实现了这个目标。接下来，我们需要找到一种方法，将受体从细胞膜上提纯出来。[2] 20世纪70年代中期，我们实验室的卡伦率先开始了提纯β受体的尝试。我们的初步研究表明，β受体是由蛋白质构成的，但在一个典型细胞的细胞膜上，它只是10万种蛋白质中的一种。因此，为了完全分离出受体，我们需要达到10万倍的纯化。为了完成这项艰巨的任务，我们需要收集尽可能多的待提纯受体，因此需要找到最佳的原材料。

肾上腺素会对心脏产生深远影响，但在心脏组织中介导这些影响的β受体密度却出奇地低。已经有证据表明，不同物种的红细胞中存在着β-肾上腺素能受体，因此我们通过阿普洛尔结合实验测量受体数量。令我们惊讶的是，在青蛙等两栖动物的红细胞中，β受体的密度远远高于我们实验过的任何其他组织。我们进一步发现，在草蛙的红细胞中，β受体密度最高，牛蛙和其他种类的青蛙体内的受体水平则要低得多。

我们还研究了一些体形较大，可能提供更多血液的相关生物的血液样本。例如，我们从佛罗里达的一个鳄鱼养殖场获得

了鳄鱼的血液。鉴于鳄鱼如此凶猛，用鳄鱼血作为这一冒险的原材料颇具史诗意义。我很喜欢这个想法，可惜的是，就 β 受体密度而言，鳄鱼血远没有草蛙血那么显著。还有个让人震惊的事实，我们检查了非洲爪蟾的红细胞，发现这些红细胞中根本就没有 β 受体！这让我们感到非常惊讶。显然，青蛙和蟾蜍在肾上腺素方面存在一些有趣的差异，但这些差异不是我们研究的重点。我们只是在寻找最丰富的 β 受体来源，草蛙的红细胞成为我们最终的选择。

到目前为止，我对青蛙一无所知，我甚至不知道青蛙吃什么。当开始获得大量的青蛙以推进受体提纯工作时，我们特意与一些专家交谈，了解到人工饲养青蛙的最佳食物是蚂蚱。因此，我们又开始购入大量的蚂蚱。但是，如何喂养这些蚂蚱呢？幸好蚂蚱很快就用完了，我们还没来得及担心蚂蚱吃什么。

20 世纪 70 年代末，随着提纯工作力度的加大，我们开始每周例行订购 2 000 只青蛙。这些青蛙装在大板条箱里，从墨西哥运过来，在杜克大学医学中心的寄存处放一段时间。不可避免地，有人会打电话到我的办公室，用南方口音抱怨道：“莱夫科维茨医生，你得赶紧把这些青蛙运走，它们臭气熏天！”然后我走进实验室，宣布收到了青蛙发臭的消息，我们需要去把它们带回来。

在采集蛙血的日子里，我们会建立一条流水线。当时实验室有十几个人，所有人都要参与其中：一个人负责给草蛙打针，让它们立即无痛死亡；另一个人负责给草蛙注射生理盐水；第三个人负责给草蛙放血以收集血液样本。实验室里的其他人会不停地处理这些血样，为受体提纯做准备。坦率地说，我从不喜欢利用如此大量的草蛙来完成这些实验。然而，这是不争的现实，即我们分离 β 受体的唯一方法从生物的新鲜血液开始，而草蛙的血液恰好是我们寻找到的最丰富的来源。

卡伦实现 β 受体提纯的方法令人印象深刻，那就是将大量的红细胞提取物倒在我们定制设计的色谱柱上。为了评估从色谱柱上分离出来的每个馏分的结合活性，他用放射性 β 受体阻滞剂进行大量结合实验，这意味着他每天都和大量放射性物质打交道。卡伦其实已经 20 多岁了，但看起来只有 16 岁左右，我告诉实验室里的每个人，他面部毛发少是源于放射性暴露。

实验室的其他人很快加入了卡伦提纯受体的工作，包括一名叫杰夫·贝诺维奇（Jeff Benovic）的年轻学生和一名叫罗伯·绍尔（Rob Shorr）的博士后。绍尔是一个能说会道的人，他利用自己巧舌如簧的技能来推进提纯工作。他会要求色谱柱供应商为我们可能用作额外提纯步骤的各种新型色谱柱报价。然后，他要求这些供应商在我们的实验室里配置他们的色谱柱，并做为期一周的演示。此外，他还会要求做这些演示的销售员在这些色谱柱上跑样品，这样他就可以看到它们的工作效果如何。这让我想起了汤姆·索亚说服朋友为他刷围栏的故事。① 绍尔只是简单地坐着，指挥销售员运行所有样品，更多时候他则在实验室里瞎转悠观察一下。我们最终并没有买很多色谱柱，但的确用这种方法得到了很多很好的纯化样品。

最终，我们从草蛙的红细胞中得到了经过 10 万倍纯化后的 β 受体，[3] 这意味着我们可以实实在在地将含有纯 β 受体样品的试管握在手中，这实在令人激动和难以置信。然而，我们也清醒地认识到，即使经过数周的纯化，我们拥有的 β 受体也从未超过 50 微克。我们发表了一系列提纯工作的论文，这些论文在该领域掀起了波澜。[4] 怀疑论者问：“你怎么知道已经提纯了整个受体？”他们是对的，我们有可能只提纯了受体的一部分，即与 β 受体阻滞剂和肾上腺素结合的重要部分。为了证明我们已经提纯了整个受体，我们需要将提纯的受体放入已经没有 β 受体的细胞中，并证明可以重建全部受体功能。换句话说，我们需要证明，我们的推定受体可以将不能对肾上腺素做出反应的细胞，转化为可以做出反应的细胞。要实现这一壮举，需要相当多的与生物化学相关的“炼金术”。

---

① 汤姆·索亚是美国文豪马克·吐温代表作《汤姆·索亚历险记》（*The Adventures of Tom Sawyer*）中的主人翁，聪明又调皮。他忽悠别人刷围栏很好玩儿，让其他孩子抢着为他刷围栏。——编者注

我的实验室里没人对研究所需的重组技术有经验。巧的是，当时我刚收到瑞克的博士后研究员的申请，这事发生在上一章我提到过的差点儿出错的霍华德·休斯医学研究所评审之前。瑞克在之前所在的实验室主要负责使用一些技术对各种酶进行重组，这些技术看起来完全适用于我们对β受体的研究。通常情况下，我从不会因为某人知道某种特定的技术而把他招进实验室，**我一直秉持的态度是，把最优秀的年轻科学家招进来，然后让他们学习任何需要的东西。**不过，今天这个情况，我们需要快速行动，瑞克似乎是我们下一步行动的完美人选。瑞克是意大利裔美国人，曾是罗格斯大学篮球队队员。当他来杜克大学面试时，我带他去了一家意大利餐厅，餐厅墙上挂着杜克大学篮球队传奇人物的照片。不用说，他很喜欢这里，决定来杜克大学加入我的研究团队。

瑞克与我实验室的贝尔塔·斯特鲁洛维奇（Berta Strulovici）合作，利用不含β受体的细胞，[5]证明可加入我们提纯的受体来赋予肾上腺素反应。有了这些发现，甚至能说服“铁杆”怀疑论者，我们已经提纯了功能性β受体。我们已经证明，分离的β受体具有真正受体的两个核心功能：以适当的特异性结合药物和激活适当的细胞途径。我们终于让这些神话般的受体活了过来。这就像活捉到一只“大脚怪”，一劳永逸地证明了它的真实存在，而不是人们过度想象的产物。突然间，没有人再怀疑受体的存在，相反，人们纷纷跳入这一领域，与我们竞争，以期做出下一个重大发现。

我们通过小道消息了解到，在发表重组研究令人振奋的发现这一赛道上，我们正面临着激烈的竞争。吉尔曼是我在戈登会议上的吸烟克星，他曾与在达拉斯的得克萨斯大学西南医学中心的同事合作，提纯了对激素通过 β 受体和其他类型受体发挥作用至关重要的细胞因子，吉尔曼和他的团队将这些基本因子称为 G 蛋白。关于肾上腺素如何通过 β 受体发挥作用，一个共识模型正在形成：在血流中循环的肾上腺素将与细胞外表面的 β 受体结合，而这又将激活细胞内部的 G 蛋白。然后，G 蛋白将刺激酶，以介导肾上腺素的各种作用对细胞生理的影响。为了验证这个想法，我的实验室、吉尔曼的实验室和世界上其他几个实验室进行了一场竞赛，通过将提纯的受体、提纯的 G 蛋白和提纯的酶这 3 个组成部分在完全由提纯的脂质构成的人工膜中一起重组，创造一个激素反应系统。

我的实验室擅长提纯受体，但为了与吉尔曼和他的同事埃利奥特·罗斯（Elliott Ross）在这场比赛中竞争，我们需要与其他能够提供提纯 G 蛋白和酶的科学家合作。因此，我们开始与我以前的对手、当时在贝勒大学当教员的卢茨·伯恩鲍姆合作，他知道如何提纯 G 蛋白。此外还有来自哈佛大学的杰出的伊娃·尼尔（Eva Neer），她知道如何提纯腺苷酸环化酶，这是 β 受体激活下游的主要酶。我们最终证明，确实可以把这 3 种成分放在提纯的脂质囊泡中，创建一个简单的系统，对肾上腺素做出反应并产生环腺苷酸。这是一个关于肾上腺素如何工作的证明，而且比吉尔曼和罗斯早一年多达成这个重要目标，这个结果令人非常满意。[6]

其他具有开创意义的项目

在这些 β 受体提纯工作展开的同时，我们实验室还在进行着一些其他有趣的项目。我们对配体与 β 受体结合的研究发现，能激活受体的药物激动剂与能阻断受体的药物拮抗剂的结合曲线存在着奇怪的差异。我的直觉告诉我，这些观察可能具有开创性意义，但我缺乏数学背景，无法对可能发生的情况建模，从而找出最终可能的医学和制药应用。美国国家卫生研究院的一位同事建议我与安德烈·德莱昂（André Deléan）谈谈，他是一位年轻的法裔加拿大科学家，具有非凡的数学技能以及对生物现象建模的兴趣。德莱昂和我一拍即合，他搬到北卡罗来纳州，加入我在杜克大学的实验团队。当时，德莱昂留着一把格外惹眼的胡子，头却像台球一样光秃秃的。当我第一天在实验室里介绍他时，我对其他实验室成员说，德莱昂的脑力激荡，烧掉了他所有的头发。

德莱昂的研究需要大量的算力，但在那个年代，计算机非常昂贵。幸运的是，就在他来到杜克大学后，我收到了霍华德·休斯医学研究所的消息，他们有笔额外的资金出于税收考虑，需要马上支出。所有研究员都被要求提出新的支出需求，我提出了需要 5 万美元为德莱昂购买一台尖端计算机的要求。这个要求似乎有点儿疯狂，但它立即被批准了。当计算机到达时，场面蔚为壮观，光硬盘就有桌子那么大。实验室里没有地方放，我们不得不把它放在计算机科学大楼里。

除了德莱昂，我们还增加了另一位数学建模人员，他是一位名叫恩斯特·比吉塞尔（Ernst Bürgisser）的瑞士籍德国科学家。他和德莱昂每天都坐在办公室里，就绑定数据的数学模型争论不休。每次我走进他们的办公室，都看到他们在小纸条上疯狂地写着数学公式，并互相喊叫。他们的确是一对很好的搭档。

最终，我们提出了一些模型来解释结合数据上的奇怪特征。[7] 起初，这些模型只是为了解释药物与 β 受体的结合，但后来，我们和许多其他团队发现，这些模型广泛适用于理解其他受体的结合特性。我们在这一领域发表的论文引起了很多人的注意，我开始收到关于生物现象数学建模的会议邀请。

其中一次会议是 20 世纪 80 年代初，在德国黑森林举行的研讨会。我邀请德莱昂一起参加，因为我不确定自己是否能够回答模型中涉及的一些数学方面的技术问题。在飞往德国的那天，我提前到达机场并登上了飞机。我知道德莱昂习惯迟到，所以当飞机快满员而依然没有他的身影时，我尽可能表现得不那么紧张。最后，除了我旁边，所有的座位都被占满了，广播里传来通知，说登机门正在关闭。我内心沉重，意识到我可能不得不独自回答复杂的数学问题了。

突然，就在飞机即将驶离登机口时，登机门上传来了巨大的撞击声。一名机组成员打开了门，德莱昂推门挤了进来。显然，德莱昂到了登机口，被告知登机门已经锁上了，但他飞快地越过登机口服务员，开始敲打登机门。看到他的光头沿着过道向我走来，我大大地松了一口气。由于德莱昂有能力解释他带头搞出来的突破性模型，我们最终在德国的会议上引起轰动。

我的实验室在这一时期的研究不仅仅集中在 β 受体上，我们在提纯 α-肾上腺素能受体方面也取得了进展。[8] 约翰·里根（John Regan）在提纯 α2 亚型方面处于领先地位，而弗雷德里克·勒布·伦德伯格（Fredrik Leeb-Lundberg）、苏珊娜·科泰基亚（Susanna Cotecchia）和约翰·洛马斯尼（John Lomasney）则在提纯 α1 受体方面处于领先地位。我们还与研究肾上腺素能受体以外的其他类型受体的各实验室合作。例如，就在我们实验室的另一边，是年轻且精力充沛的风湿病学家拉尔夫·斯奈德曼（Ralph Snyderman）的实验室。他对研究免疫细胞上的受体感兴趣，我们的合作是将本实验室的尖端生化技术应用到拉尔夫感兴趣的免疫受体上。

拉尔夫和我有很多共同点。我们都是霍华德·休斯医学研究所的研究员，也都曾在战争时期在美国国家卫生研究院担任过“黄色贝雷帽”。和我一样，拉尔夫在那时候也利用穿军官制服的机会，免费飞遍全国。我们共同嘲笑自己，在穿制服时试图遵守军事准则的做法有些蹩脚。例如，我们总是被告知，穿着制服时，如果遇到上级军官有义务敬礼。就我个人而言，这条规则总是让我感到不舒服，因为我几乎没有接受过识别其他军官军衔的训练，而且也从未真正接受过如何正确敬礼的训练。拉尔夫告诉我，有一次他穿着制服准备乘坐飞机，一位胸前挂满勋章的军官在机场从他身边走过，于是他从椅子上跳起来，厉声敬礼。那位军官回礼，并停下来问拉尔夫一个问题：“你是哪个部门的？”

“我在国家卫生研究院工作，”拉尔夫回应说，“你呢？”“哦，我根本没在服役，”那个人回答，“我是玻利维亚航空公司的飞行员。”

除了因我们曾经同是“黄色贝雷帽”而结缘，拉尔夫和我还同样热爱工作，对研究充满热情，并努力激励我们的团队成员。当时有一句流行语，我们都喜欢在实验室里喊，以鼓励团队做出最大努力："疾病不放假，我们不下班！"除了相似的个人经历和研究兴趣，拉尔夫和我还因我们的医学培训而结下了不解之缘。尽管都非常专注于各自的研究，但我们都努力保持既作为医生，又作为科学家在临床领域的一席之地。

当我成为霍华德·休斯医学研究所的研究员时，我减少了临床工作，但并没有完全离开诊所。我仍然喜欢与患者交流，因此，即使我在实验室全力以赴地工作，我也尽可能地挤出时间，在诊所和病房里度过。在我心中，我仍然认为自己是一名医生，而且觉得临床工作使我能更专注于治愈疾病这一长期目标。多年来，我一直与住院医师和医学生一起进行住院教学查房。随着时间的推移，我能够在医院度过的时间越来越少，但我在杜克大学的临床工作仍颇具戏剧性。

A Funny Thing Happened on the Way to Stockholm

第 12 章

救人一命的神秘医生，挺身而出为陌生人提供治疗

汽车被撞得面目全非，驾驶座上的男子状态堪忧。他失去了知觉，头上满是血。从他苍白的脸和微弱的脉搏判断，他的血压低至危险线，接近或已经休克。这是一种危及生命的情况，而我是现场唯一可能提供医护支持的人。

当时我们在纽约的门罗，阿尔娜和我带着孩子去拜访家人。我从杜克大学实验室的紧张工作中短暂脱身，这是一个很好的休息机会。更棒的是，在这个特别的晚上，我们可以把孩子们留给阿尔娜的父母，独自外出。不过，在开车去吃晚餐的路上，我们撞见了可怕车祸的发生，作为一名医生，我有义务停下来，看看是否能提供帮助。

那时我在杜克大学只任了几年教职，并没有太远离住院医师的身份。我每天都在行医，因此对自己的临床能力仍充满信心。虽然在我的个人生活中，有过许多紧急投入临床工作的情况，但在纽约路边的这一刻仍是迄今为止最具戏剧性的。

我听到了救护车的鸣笛由远而近，知道救援马上到，松了一口气。然而，在车到达后，我对将昏迷的患者交给赶来的两名救护人员照顾心怀忧虑。现代紧急医疗技术人员训练有素，通常能够当场提供出色的护理，但在 20 世纪 70 年代，救护车上的人员所接受的培训却没那么严格。我看出这两名赶到现场的救护人员对医学知之甚少，本质上只是开车的司机，所以我提议和他们同乘救护车去医院，并让阿尔娜开车跟在我们后面。

患者失血过多，血压骤降。在我们飞驰前往当地医院途中，我开始给他静脉输液以努力维持血压，同时采取措施减少他的出血量。到达医院时，这家伙似乎已经稳定下来，但还没有恢复意识，我把这位不知名的患者交给了急诊室的工作人员。

几周后，当我们回到北卡罗来纳州，阿尔娜的母亲给了我们一份《门罗公报》的剪报，剪报上文章的标题是《神秘医生在 17 号公路上救人一命》。文章详细描述了当地一位居民，如何遭遇了一场可怕的车祸，然后一位医生横空出世，为他提供治疗。这位神秘医生在救护车上陪伴着患者，并在前往医院的漫长车程中维持他的生命。然后，像独行侠一样，这位不知名的医生事后默默地消失在晚霞中。阿尔娜的母亲认出了故事的细节，问道："这是你吗？"我坦白说是的，我确实是那位神秘的医生，但请她不要把这件事告诉任何人。也许直到今天，我仍然是门罗县的一位神秘人物，一个在夜间出现并帮助伤员的幽灵般的医师。

一双新眼睛和局外人的视角

在杜克大学的早些年，我的医术得到了很好的磨炼，因为那时我仍然有大量的时间待在诊所。我以此为傲，因为这让我感觉自己在履行我在父亲去世前许下的承诺——成为一名执业医师。从波士顿搬到北卡罗来纳州，我在临床上遇到的唯一棘手问题是，我根本听不懂患者讲的话。某些来自北卡罗来纳州乡村的患者有浓重的南方口音，对一个土生土长的纽约人来说，我感觉他们简直在说外语。在杜克大学早期的临床查房中，我会记录患者的病史，并问一些问题，如"你有没有感觉到心跳不规律？"而患者的回答在我听来就像"Nodzer nozah"。我只是点头，即便我根本不知道他们在说什么。几天后，我终于把一名来自北卡罗来纳州的实习生拉到一边，问他患者说"Nodzer nozah"的时候是什么意思。"他们说的是，'据我所知，没有'。”实习生回答。

尽管不得不克服语言障碍，但我还是设法解决了一些棘手的病例。有一次，我和一群学生及内勤人员结束了一轮临床查房，我注意到距离我几个床位远的地方有一名患者，周围聚集了很多来自皮肤科的主治医师和住院医师。出于好奇，我探头进去了解情况。医生们正在检查的这名患者手臂上有一个约 5 厘米长的皮肤病变，病变处高高隆起，呈深红色，并有脓液渗出。大家似乎很疑惑，不知为何，我的话脱口而出：“在我看来，这像芽生菌病。”

我的直觉判断这是一例芽生菌病，是一种罕见的真菌感染。床边的几位皮肤科医生对我的想法嗤之以鼻，他们用眼神暗示我，他们并不欣赏一位年轻的心脏病科医生，一个大部分时间都在实验室和试管打交道的家伙的介入。我时间有限，所以很快离开了现场，但几天后，一位住院医师兴奋地走过来找我。

“莱夫科维茨医生，你肯定不信，但我们对那位皮肤病患者做了检测，他确实患有芽生菌病。”这个病例在那一周的大查房中被展示给整个杜克大学医学界，主治医师为我大声叫好，夸我只看了患者 10 秒就正确诊断出了这个不寻常的病。时至今日，我也不知道为什么我能第一反应判断出这是芽生菌病。也许是多年前我曾在教科书上看到过一张类似的照片，而这张照片被我存入了潜意识中。无论如何，这件事让我想起了在麻省总医院时，我通过与患者握手诊断出了肢端肥大症。通过这两个病例，我成了同行眼中的临床专家，即使是最模糊的疾病，我也能立即诊断出来。事实上，这两次我都很幸运，我只是充当了一双新眼睛，代入了一个局外人的视角，并恰好起了作用。

除了在杜克大学做临床查房，我还给医学生和研究生上课。刚加入杜克大学时，我完全没有教学经验，所以我的教学理念很简单，就是用我在研究上的那股劲头来教书。有一次，我在一门高级研讨课上做客座演讲，我走进课堂，介绍完自己后，立刻开始了关于受体理论的激情演讲。班上有 15 名学生，从我开始讲第一个字起，他们就在纸上疯狂地做笔记，我对他们的专注程度印象深刻。不过，5 分钟后，其中一名学生举起了手："对不起，莱夫科维茨博士，但我想您进错了教室。这门课是生物化学，这是 101 教室，学生们正在参加考试。我是监考老师。"我当场愣住了，恍然大悟，难怪所有的学生都在狂写，他们是在试卷上写答案。

"为什么不早些阻止我？"我问道。监考老师露出了一个羞涩的笑容："我不想打断您，因为您看上去很投入！"

事实是，我选对了教室号，却选错了大楼。我收拾好自己的东西，轻快地走到下一栋楼，从头开始我热情洋溢的演讲。

在杜克大学，我发现自己热爱教学。事实上，我总是在教书——在我的实验室里，在教室里，在查房时，甚至在我妻子分娩的时候。1977 年，阿尔娜怀上了我们的第 5 个孩子。在整个怀孕期间，我都很兴奋，因为这将是我第一次被允许见证她的分娩。对于我们的前 4 个孩子，即便我是名医生，也未被允许进入产房。然而，20 世纪 70 年代，医院改变了规定，在大多数情况下，丈夫被允许在场陪伴妻子分娩。

阿尔娜生产时比预产期晚了几天，所以她的宫缩是用催产素诱导的。催产素是一种合成的激素，当时的人们已经知道，催产素增加子宫收缩的作用具有由特定受体介导的所有特征，非常类似于肾上腺素对 β- 肾上腺素能受体的刺激。因此，在阿尔娜接受催产素诱导后，她的宫缩开始出现在监视器上，我在产房里给医护人员即兴讲了一堂受体介导过程课，并告诉他们一定有一种类似于我实验室正在尝试鉴别的 β 受体一样的催产素受体。

阿尔娜翻了个白眼："谢谢你，教授。"她语带讽刺，可能希望当初禁止丈夫进入产房的规定没有改变。尽管对我在产房讲课很恼火，但阿尔娜还是像前几次分娩一样，顺利地生下了一名男孩，我们叫他约书亚。

在临床工作中获得满足与快乐

随着时间推移，我在实验室的时间越来越多，在诊所和住院部服务的时间越来越少。我的临床职责减少到每年仅在达勒姆退伍军人事务医疗中心（以下简称退伍军人医院）轮值 6 到 8 周。自然，这导致了我临床能力的退化。医学实践就像其他任何事情一样：**你做得越多，能力就提升得越快，而当你长期不做，技能就会开始衰退。**这给我在退伍军人医院轮值带来了一个问题：要领导查房，你就需要赢得住院医师的尊重，但当你不是全职医生时，又很难获得尊重。

我从乔·迪马吉奥（Joe DiMaggio）那里偷学了一招赢得尊重的策略。这位传奇的洋基队外野手以其强有力的投掷臂闻名，但在其球员生涯的最后几年，他的手臂渐渐变得无力。他发现自己的手臂一天只能做出一次有力投掷，此后，他的手臂会疼痛到几乎无法抬起。不过，他并没有将这个长投留给真正的比赛，而是每天在比赛前做一次。热身结束后，当他知道对方球队在看他时，他将从外场大力掷球，球以一条完美的线路飞向本垒。人群发出惊叹，而对方球队队员会在心里默默记下：永远不要在比赛中考验伟大的迪马吉奥的手臂。

在杜克大学临床生涯的后期，每年在退伍军人医院轮值的第一天，我都会借鉴迪马吉奥的策略。我很擅长听心音，也就是听诊，所以在轮值的第一天，我会找到一位有心脏杂音的患者，并要求所有的住院医师都听一听。然后我会让他们描述杂音，并解释杂音的含义：是表明心脏瓣膜异常，还是表明心脏分流或其他问题？我的严格盘问等同于迪马吉奥在热身时向本垒的有力投掷。住院医师都会在心里默默记下：在以后的轮值中，千万不要随意对莱夫科维茨医生发出挑战，以免引火烧身。如果他们执意向我挑战，我也不确定当时自己是否还能有另一次"有力投掷"。

在退伍军人医院的轮值工作中，我每年的重点都是训练学生和住院医师认识到了解详细病史的重要性。**我一直认为，与患者建立良好的关系，并进行深入的交谈，是我作为一名医生的最大优势。**在诊断疑难病例时，了解患者的故事至关重要，因为它们往往包含着诊断的关键。

在我还是初级住院医师期间，成功地诊断和治疗了患有低血钾性碱中毒的女演员，这完全取决于我与她的融洽关系，以及我对她所讲故事的关注程度。不过，随着时间的推移，我注意到这些倾听技巧在很多医生的行医过程中正成为失传的技艺。到了 20 世纪 80 年代，出现了许多新颖的测试手段和成像技术，大多数年轻的临床医生只进行简略的病史采集，而主要依靠技术来指导他们的诊断。然而，有很多事情是技术检测不出来的，只能通过和患者的交谈来了解。

在退伍军人医院有一个令人难忘的病例。检查报告说某患者的肺部模糊不清。出于某种原因，在X线片上看不到这个人的左肺，他的整个胸腔左侧是不透明的。参与这个病例的学生和医护人员都感到困惑，并开始给他预约一系列昂贵且耗时的进一步检查。这让患者很担心，因为他想知道，为什么他只是有轻微的呼吸急促，却要在医院待这么长的时间。作为主治医师，我意识到患者可能只是接受了非常简略的询问，因此在安排进一步检查之前，我当着参与这个病例的所有人员的面亲自询问了患者。患者是个农民，我向他解释，目前的问题是X线检查看不到他的左肺，我问他是否知道为什么会出现这种情况。

“嗯……医生，我唯一能想到的是，9个月前我开着拖拉机上山翻车了，拖拉机压在了我身上。我去了当地的医院，他们说我的胸腔内有出血。有一段时间，我感到很不舒服，但几周之后我感觉就好了。”大家立即意识到，这些信息与检查结果有关。胸腔内出血会形成血胸，如果积血没有完全排空，会导致肺纤维化或结疤，压迫呼吸。这就解释了为什么这名患者的胸腔在X线片上看起来是不透明的，他的呼吸问题也可能源于此。我问负责这名患者的学生和医护人员：患者病史中的这个关键细节怎么会被遗漏？患者的胸部不到一年前被拖拉机压伤，这难道不重要吗？大家都从中得到了教训，此后多年，我都将这个病例作为强调仔细询问病史的重要性的一个典型例子。

每年我在退伍军人医院轮值的这几个星期里，都被要求尽量不要计划任何外出。然而，总会有讲课和参加研讨会议之类的事，这意味着我在此期间至少要离开几天。因此，我会请医学系中曾在我的实验室工作过的同事帮我。多年来我非常依赖的一个人是约翰·雷蒙德（John Raymond），他曾作为一名肾脏病学研究员在我的实验室工作，后来取得了很大的成就，比如成了美国威斯康星医学院的院长和首席执行官。约翰曾多次为我解围，并在我需要外出时帮我查房。然而有一次，他告诉我，他帮不了我。

“我还有 3 天的时间就要提交一项赞助申请了，鲍勃，我没办法在接下来的几天里替你查房值班，我很抱歉。”他说。我苦苦劝说、哀求，恳求他重新考虑，但他不为所动：“鲍勃，你总是教导大家必须学会说‘不’，我只是遵循了你的教导。”

“是的，约翰，你需要说‘不’，只是不要对我说！”

除了那天我尝到了自己的苦头，我的职业生涯中还有很多时刻提醒我，在医院外学会拒绝是多么重要。在我年轻的时候，我经常为遇到的任何患者或伤员提供护理，就像我在纽约门罗的路边车祸中停下来帮助那个人一样。不过，随着事业的发展，我通常会谢绝帮助那些偶然遇到的陌生人，因为我自己能感觉到，由于缺乏实践，我的临床能力已经有所退化，而且大多数患者接受临床能力更精湛、掌握更先进技术的医师的治疗会更好。然而，在某些时刻，面对紧急情况，是没得选择的，我只能挺身而出为陌生人提供治疗。

20 世纪 90 年代中期，有一次，我在伦敦做完演讲后飞回家。飞机飞行了大约 30 分钟，这时机长的声音在广播中响起："这架飞机上有医生吗？我们有一位乘客需要医疗援助。"在我职业生涯的这个阶段，我知道自己的临床能力正在减弱，所以我没有举手。坦率地说，我非常希望航班上有另一位医生可以处理这种情况。但几分钟后，机长的声音第二次响起："伙计们，我们急需一名医生，如果你能提供一些医疗援助，请举手。"没有其他人回应，所以我只好举手示意一名空姐，她立即带我快速赶到飞机后部。

我被领到一位女士面前，显然，她癫痫发作。她的手脚不受控制地颤抖，整个身体在抽搐。她丈夫惊恐地坐在她旁边，我简单地询问了她的丈夫，得知这位女士并没有癫痫病史。癫痫如果持续发作可能会危及生命，这种病的标准治疗方法是静脉注射抗癫痫药物，但显然我们无法在高空中这么做，因为没有药物可用。飞机后部有一个很小的急救箱，我在里面找到的唯一有用的东西是一个口咽通气道，我把它放进了这位女士的嘴里，以防止她的舌头后坠堵塞呼吸道。在我操作时，另一位空姐出现并说道："机长要见你。"

我们快速走到飞机前部，进入驾驶舱。我以前从未进过喷气式飞机的驾驶舱，这种体验令人震惊，因为我眼前到处都是仪表盘和闪烁的指示灯。机长就像是影视剧里的角色一样，他穿着制服，非常健壮，平静地问我发生了什么事。我向他解释了那位女士的病情。机长思考着，然后转向我，眼神严肃。"医生，你得告诉我该怎么做。我们正在接近爱尔兰的香农机场，如果你认为有必要，我可以把飞机降落在那里，把这位女士送到医院。但这确实是我们最后的机会，因为在这之后将有 30 千米的公海飞行。"

空气中的紧张气氛显而易见，我感觉自己像在演电影，并对自己扮演的角色有着清晰的判断。我与机长对视，用我能想到的最贴近影视剧台词的语气说道："机长，降落下去吧！"

机长立即开始拨动一堆开关："好的，医生，你最好回到你的座位上，系好安全带，因为这将是一次极速下降。"

当机长在广播中宣布飞机将紧急降落时，我快速地走回我的座位。然后，飞机开始了令人痛苦的极速下降，那种感觉就像朝爱尔兰直线下坠。很快，停机坪与机轮摩擦发出刺耳的声音，飞机在剧烈摇摆中停了下来。舱门打开，一组医务人员带着担架冲向了那位正在发病的女士。在他们把她带下飞机后，我被请去与医务人员交谈，然后机长与我握手并聊了几句。当我回到座位上，飞机准备再次起飞时，机长通过广播说道："我要感谢杜克大学的罗伯特·莱夫科维茨医生，他挽救了刚刚离开飞机的那位乘客的生命。"

整个机舱爆发出热烈的掌声。我实际并没有做很多事情，因此这样的喝彩当之有愧。然而，有时作为一名医生，你得清楚地知道患者的需要是否远超你所能提供的。在这种情况下，我意识到飞机上实际上没有任何东西可以帮助患者，所以我们需要尽快让她到达地面。即使在这个事件中，我扮演的角色微不足道，但我仍从做出了有利于患者当下病情的判断中获得了满足。

我一直很享受在治疗患者方面所获得的快乐，即使处在上述那架飞机那么夸张的情况下。此外，我在杜克大学期间的临床工作带给我的另一个好处是，它极大地帮助了我招募人才加入我的实验室。杜克大学医学院要求所有医学生在第三年进行一整年的研究，这一点很不寻常。在大多数医学院，医学生往往在前两年致力于基础课程的学习，包括解剖学、生理学和药理学，最后两年才专注于在医院的临床轮岗。但在杜克大学，基础课程被压缩为一年，这意味着这儿的医学生在第二年就开始进行临床轮岗，第三年致力于研究，最后一年再回到临床轮岗。这种模式在杜克大学的应用非常成功，近年来也被其他一些医学院效仿。作为一个在被迫尝试之前，对研究完全没有兴趣的人，我当然能理解让医学生接触研究的价值，这可以让他们尽早发现他们自己都无从知晓的热情。

在杜克大学临床工作期间，每当我遇到一个聪明的二年级医学生提出有趣的问题时，我就会建议他们考虑在即将到来的研究年度加入我的实验室。通过这种方式，多年来有数十名才华横溢的医学生加入了我的实验室做研究，很多人做出了重要的贡献。

最早加入我实验室的两名医学生是约翰·米奇（John Mickey）和库尔特·纽曼（Kurt Newman）。米奇因身高过高而有“长约翰”的昵称，纽曼则因经常给其他实验室成员抽血而有“针管纽曼”的昵称。[1] 纽曼主要负责研究血小板上的 α-肾上腺素能受体，为了获得研究的原材料，他不断寻找可以抽取血样的“受害者”。那时候，实验室里几乎每个人都为这些研究献过血，包括我那位饱受折磨的行政助理唐娜·艾迪生（Donna Addison）。

除了帮助招募医学生到我的实验室，我在杜克大学的临床工作也让我有机会接触到可能对研究感兴趣的临床研究员。在麻省总医院参加住院医师项目时，我不得不偷偷摸摸地进行研究，仿佛研究是一件可耻的事情，而杜克大学的许多住院医师项目提供了从事研究的时间。多年来，许多临床研究员加入我的实验室，进行一到两年的研究，并做出关键贡献。事实上，一位不起眼的临床研究员于1984年加入我的实验室，后来成为我整个职业生涯中最重要的合作者之一。

A Funny Thing Happened on the Way to Stockholm

第 13 章

竞争会加速科学的进步，“圣杯”是我们的

布莱恩·科比尔卡（Brian Kobilka）给我的第一印象并不深刻。我们在办公室里聊天，他的声音很轻，我不得不凑近听他说话。那是他作为我实验室的临床研究员的第一天履职，也是我第一次见到他。1983 年，当他在杜克大学申请心脏病学研究项目时，他曾想与我见面，但我当时刚好不在市里。在他被心脏病学研究项目录取，获得了奖学金后，他又来找我，但我正好又不在市里。尽管如此，他还是写信给我，问我他是否可以在我的实验室里做他的研究。我说可以，主要是因为他已经有研究经费了，我不用付给他任何薪水。

我对布莱恩的期望并不高。像他这样的临床研究员通常只是做一两年规定的研究，然后就会回到医生的身份继续给患者看病。此外，布莱恩对我实验室使用的任何技术都一无所知。我指派他与马克·卡伦和杰夫·贝诺维奇合作，学习如何提纯β-肾上腺素能受体。在他学会了这个方法后，我想也许他可以用提纯的受体来研究可识别β受体的抗体，这种抗体有可能成为我们实验室研究中的实用工具。

布莱恩加入我的实验室，是在一名叫凯茜·斯特拉德（Cathy Strader）的博士后离开后不久。凯茜在我的实验室工作了 3 年，然后接受了德国默克集团的职位，在那里她很快实现了几次晋升，显然是一位积极进取的职业女性。我认为凯茜在默克集团的成功证明了她拥有某些特质，这些特质在她的博士后研究期间没有什么用处，但在她的职业生涯中却产生了重大的影响。具体而言，她具有管理能力。作为一名研究人员，你是否知道如何管理人并不重要，你所做的只是在实验室里获取数据。但是，一旦进入领导岗位，你是否知道如何管理人就非常重要了。我对凯茜在默克集团崛起的解释是，她拥有的管理能力在她的博士后期间无足轻重，但在她转入产业界后则大放异彩。

凯茜在默克集团工作了一年多后，有一天她突然打电话给我。她知道我对识别编码β2-肾上腺素能受体的基因非常感兴趣，因此提出了一项合作：我的实验室提供我们正在大量提纯的β受体，而默克集团将提供他们在分子生物学方面的专业知识，帮助识别编码受体的基因。我对这一想法很感兴趣，凯茜让我与默克集团的研究主管埃德·斯科尼克（Ed Scolnick）联系，以确定合作的细节。

编码 β 受体的基因确实是“圣杯”。当时，我们已经能够熟练地提纯 β 受体了，但仍然对其结构一无所知。识别基因可以向我们展示该受体的结构以及功能。编码 β 受体的基因是一段 DNA，DNA 存在于我们身体里的每一个细胞中，却隐藏在不计其数的染色体上。用分子生物学这一新领域的语言来说，β 受体的基因可以用 A、C、G、T 排列而成的字母组合表示，每个字母代表 DNA 的 4 个组成部分之一。这串字母具有神奇的特性，如果我们能够破译这个序列，它就有能力提供我们所寻求的答案。因此，编码 β 受体的基因成为圣杯，很多人都在追逐它。

同样追逐圣杯的是南方卫理公会大学的埃利奥特·罗斯（Elliott Ross）的实验室，在展示第一个完整的 β 受体与 G 蛋白和环化酶的功能重组竞赛中，我们已经超越了他们。过去的竞赛是为了展示这一成果，而现在的竞赛是为了找到受体的基因。我们知道在这场竞赛中，我们领先了罗斯的实验室许多，而且我们在提纯受体方面也更为迅速。然而有一天，我接到了一个电话，这个电话让我心烦意乱。电话是我以前的学生鲁斯蒂·威廉斯打来的，他现在是加州大学旧金山分校的教师。威廉斯已经开始与基因技术公司的一个团队合作，并通过这次合作了解到罗斯正在与基因技术公司的阿克塞尔·乌尔里希（Axel Ullrich）合作，寻找编码 β 受体的基因。这对我来说非常震惊，因为乌尔里希是当时世界上基因克隆研究领军人物之一，是首位发现一些重要基因的人，而现在他正与罗斯合作，寻找编码 β 受体的基因。

与此同时，我们与默克集团合作的进展缓慢得令人痛苦。我们把宝贵的纯化 β 受体样本寄给了默克集团的研究团队，这些样本已被我们分割成多个肽片段。研究团队努力推断出可能编码这些肽片段的 DNA 序列，并设计探针，把它像钓鱼钩一样投入 DNA 库，目的是提取正确的基因。默克集团的这项工作由理查德·迪克森（Richard Dixon）牵头，他是当时炙手可热的基因技术高手，刚刚在约翰斯·霍普金斯大学跟随诺贝尔奖得主丹尼尔·那森斯（Daniel Nathans）完成了博士后研究。他很有天赋，但尚缺乏经验。为了协助迪克森，斯科利克请来了欧文·西格尔（Irving Sigal），他是默克集团一位经验丰富的分子生物学家，是集团的重要人物。尽管有两位默克集团的顶级分子生物学家为我们的项目服务，但项目进展仍然缓慢。

而布莱恩·科比尔卡在我的实验室里从事的受体抗体工作也进展甚微。有一天，布莱恩出乎意料地告诉我，他想加入确定编码 β 受体基因的工作中来。布莱恩对使用 DNA 重组技术的分子生物学一无所知，因为这在当时是一个比较新的领域，我对这个领域也知之甚少，所以无法真正培训他。我向布莱恩建议，如果他有兴趣为这个项目做贡献，最好的策略是拜访默克集团并向迪克森学习。布莱恩接受了我的提议，默克集团的研究团队表示接受，因为他们也需要帮手。

1984 年底，布莱恩前往位于费城外的默克集团总部，开始如饥似渴地学习分子生物学。他和妻子孙彤当时已有两个小孩，并不想离家太久的他一周在默克集团待 5 天，剩余 2 天则回到达勒姆与家人共度。在随后的一周里，他如法炮制，整天在实验室里和迪克森一起工作，然后通宵阅读分子生物学的相关论文。就这样过了 4 个星期，布莱恩向我宣布，他已经学到了足够多的知识，可以在我的实验室里成立一个分子生物学团队。他向我提交了一份需要的所有设备和试剂的清单，以及一份详细计划，说明如何开展研究以补充默克集团正在进行的工作。

我惊呆了。尽管分子生物学是一个相对较新的领域，但通常还是需要接受几年的培训才能成为该领域的专家，而布莱恩在短短 4 个星期内就已经达到了一个了不起的水平。我对他的快速学习能力印象深刻，给他提供了在杜克大学建立分子生物学团队所需的所有费用。我也格外喜欢能够在自己的实验室里直接追寻圣杯的做法，这种方法比把我们纯化的 β 受体样本送到默克集团，依靠他们的研究团队完成所有的后续步骤更令人安心。

实验室里的每个人都对布莱恩带来的新技术和方法感到兴奋。卡伦和贝诺维奇一直是提纯工作的核心成员，他们开始热情地向布莱恩学习这些内容，实验室里的其他人也是如此。卡伦现在有了自己的实验室，但仍与我的实验室紧密合作，努力识别编码 β 受体的基因。我实验室的几名新学员，包括一名叫亨里克·多尔曼（Henrik Dohlman）的研究生和一名叫汤姆·弗列勒（Tom Frielle）的博士后，也加入了分子生物学的研究工作，我还聘请了布莱恩的妻子孙彤作为技术员。孙彤拥有微生物学硕士学位，熟悉布莱恩现在使用的一些分子生物学技术。她和布莱恩合作得非常好，作为一对搭档，效率极高。在 1985 年上半年，我们的实验室从对分子生物学几乎一无所知，发展到拥有一个富有成效的团队，与默克集团分享想法，并采用了几种不同的方法来寻找编码 β 受体的基因。

重要的科学突破往往基于激烈的竞争

1985 年秋天，我又接到了威廉斯打来的一个令我不安的电话。威廉斯说，他从基因技术公司那里得知，罗斯和乌尔里希之间的合作已经取得了成果：他们已经分离或者说克隆出几段 DNA 片段，并相信其中就含有编码 β 受体的基因，现在正在对这些 DNA 片段进行测序。在那个年代，DNA 测序比今天更具挑战性，尽管如此，罗斯和乌尔里希似乎很快就要夺走圣杯了。

挂断威廉斯的电话后，我双手抱头坐在办公桌前。事情怎么会变成这样？我的实验室花了 15 年的时间，从零开始，系统地开发了提纯受体和解析基因序列所需的每个步骤，是我们开发了追踪受体的放射性配体和提纯受体的尖端技术。想到其他团队现在要打败我们，成为第一个了解 β 受体真相的人，我感到很难过。而且罗斯和他的同事们正在使用我们开发并发表的技术与方法来击败我们，这无疑是在我们的伤口上撒盐。

我迅速召集分子生物学团队开会，告诉了他们这个可怕的消息。然后我沮丧地指出，不久前我们还领先于罗斯和乌尔里希，但现在他们已经飞快地超过了我们，即将夺走圣杯。这种情况令人措手不及，所以我要求团队中的每个人打破常规，想出一些不同寻常的方法，也许能在未来几天或几周内扭转局面。

第二天，布莱恩带着一系列新想法来了。他列出了一份清单，清单上的第三条是关于筛选一种 DNA 文库的想法，这种文库[①]与我们迄今为止所尝试的其他文库完全不同。具体来

① 在分子生物学中，文库特指生物来源的、人工合成的或克隆技术等所得到的一个重组分子群，如基因组文库、互补 DNA 文库和噬菌体展示肽文库等。——编者注

说，布莱恩建议筛选一个基因组文库。我们当时筛选的文库都是由互补 DNA，或者叫 cDNA 制成的，这意味着它们都是由 RNA 转录制成的，因此只包含了具有 RNA 的细胞的基因表达。然而，正如前文所述，β 受体在大多数组织中的水平很低，所以布莱恩担心在 cDNA 文库中寻找 β 受体基因可能就像大海捞针。相比之下，基因组文库由总的 DNA 组成，DNA 存在于所有组织中，所以所有基因的表达水平大致相同。

我觉得布莱恩的想法很有道理，但默克集团却给了我们很多它行不通的理由。其中一个主要原因是，绝大多数基因都不是由连续的 DNA 片段组成的，而是由一系列称为外显子[①]的间歇性序列组成。在这些外显子之间是内含子[②]，也被称为“垃圾 DNA”。默克集团的研究团队告诉我们，通过筛选基因组文库，我们可能会找到需要的基因的一小部分，但同时也会得到大量的垃圾 DNA，要将需要的基因与垃圾 DNA 区分开几乎是不可能的。

尽管与我们合作的专业人员提出了这些告诫，但布莱恩还

---

① 真核生物基因中与成熟 mRNA、rRNA 或 tRNA 分子相对应的 DNA 序列，是能够编码蛋白质的核苷酸序列。——编者注

② 存在于真核生物基因中，插在真核生物基因两个编码序列之间、不编码蛋白质的一段非编码序列。——编者注

是筛选了一个基因组文库，并分离出了几个 DNA 片段，默克集团的研究团队也从布莱恩的基因组文库中提取了几个 DNA 片段。当开始对这些 DNA 片段进行测序时，我们发现有证据表明它们可能含有编码 β2-肾上腺素能受体的完整基因，这真是运气！原来，编码 β 受体的基因是当时已知的极少数几个不含任何垃圾 DNA 的基因之一。尽管布莱恩最初提出的进行基因组文库筛选的这个想法似乎显得有些天真，可能徒劳无益，但事实证明，筛选基因组文库是找到这个基因的完美途径。

在默克集团和杜克大学的两个实验室里，我们开始对可能包含了 β 受体全部基因序列的 DNA 分子进行测序，两个实验室专注于该基因的不同区域，我们因此迅速得到了该基因的大部分测序结果。然而，基因上有一个问题区域一直困扰着默克集团的研究团队，他们多次试图读取，但出于某种原因始终难以掌握。我们的努力停滞了好几个星期，每天都祈祷着罗斯和乌尔里希在测序时也遇到一些技术上的延误。

在这期间，布莱恩夜以继日地工作，尝试了每一种可能的方法以完成测序。有一天，他正沉浸在一系列定时测序反应中，火灾警报响了。大楼里的每个人都必须疏散，但布莱恩此时不能离开，否则好几天的努力就白费了。我想，如果布莱恩不能离开，那么我也不能离开，这与“船长与船共存亡”（The captain must go down with the ship）的航海传统是一个道理。

如果布莱恩决意要冒着生命危险继续他的实验，就算真的因此陷入火灾困境，我仍然要站在他身边与他共同面对。

警报不停地响着。布莱恩心无旁骛地做着实验，而我决定去做一些侦察工作，看看发生了什么。我们的实验室在楼上，我走出侧门，从走廊上探出头，看到大楼前聚集着消防车。突然，一名消防员发现了我并喊道：“嘿，上面那家伙！我们需要所有人都离开大楼！现在就出来，否则我就要上来抓你了！”伴随着肾上腺素飙升，我飞奔回实验室，喊道：“布莱恩，消防员刚才看到我了，我们必须躲起来！”

我关了灯，离开门边，而布莱恩仍在继续处理他的样品。我抱怨着，一次火警警报就有可能失去数天的工作成果。与此同时，布莱恩则像黄瓜一样冷静[①]，在半明半暗的环境中平静地处理他的样品。我很想把头探出门外，看看消防员上来没有，但我不想再被发现了。似乎过了很久，警报终于停了，人们开始返回大楼。不知何故，我们躲过了这次紧急状况，并设法继续了测序反应。

① 这一说法最早源于 18 世纪的英国作家约翰·盖伊（John Gay）创作的新诗，后来演变成 as cool as a cucumber 的俗语，意为在压力下仍然可以保持冷静。——编者注

布莱恩的测序反应在那个戏剧性的下午取得了进展。几天后，布莱恩尝试了一种新方法来完成基因的问题区域测序。使用这种新方法，他能够读取大部分的序列，然后他又设立了另一个测序反应来读取最后一部分。第二个测序反应要持续到当天晚上才能完成，布莱恩打算留在实验室直至完成它。晚上6点左右，我告诉布莱恩我要回家吃饭了，他如果确实能够读取最后一部分的序列，就给我打电话。那个晚上，我和阿尔娜与孩子们一起吃晚餐，但我心神不宁，因为我觉得我们的探索也许终于要结束了。

刚过晚上8点，电话响了，是布莱恩打来的，他用平静的声音说出了惊人的消息：他已经获得了基因的最后一部分的完整序列。我马上打电话给卡伦和贝诺维奇，我们4个人约好晚上9点左右在实验室会面。基因序列看起来很好，所以我打电话到默克集团分享这个好消息。电话是夜班值班员接听的，他帮我联系到在家的西格尔。西格尔欣喜若狂，我们立即开始制订出版计划。

我们必须迅速行动，因为我们不知道罗斯和乌尔里希是否已经完成了他们的基因序列并提交发表。据我们所知，他们描述基因序列的手稿已经在审稿中了。那个时候还没有互联网，所以交换手稿的最快方式是通过联邦快递寄送复印件。我们开始每隔一天向凯茜、迪克森和西格尔寄送手稿和图表，他们会进行编辑，然后再通过联邦快递寄回手稿。经过几个这样的循环后，我们得知联邦快递刚刚开始提供高级服务，可以比他们的常规快递服务还要更快。据说这种高级服务涉及一种新技术，联邦快递可以提取一个城市的文件，神奇地在另一个城市将其打印出来，然后当天交付文件复印件。后来我们得知这种新技术叫作传真，这项技术对我们来说绝对是个奇迹。

经过两个星期的快速来回撰稿，我们将最终的论文提交给了《自然》，这是世界领先的科学期刊之一。该稿件以不到 3 周时间的创纪录的速度完成了审阅，审稿人只提出了一个需要我们解决的主要疑问。[1] 在我们解决这个疑问的同时，校样稿也到了。这是前所未有的做法——在稿件被正式接受之前就发送了校样。《自然》的编辑们与我们一样积极，都希望尽快将这一发现刊登出来，因为如果其他期刊在我们之前发表了 β 受体基因序列，将大大减弱期刊的影响力。在解决了审稿人提出的疑问后，我们直接在校样稿上进行了编辑，随后稿件就直接付印了。[2]

《自然》的编辑告诉我们，论文将于 1986 年 5 月 1 日发表。在那之前，禁止我们谈论将要发表的研究成果，避免降低出版物的影响，但 5 月 1 日之后就可以公开讨论这些发现了。说来也巧，我 5 月 1 日在纽约的冷泉港主持一个关于受体的重要学术会议，所以我决定在这个场合首次公开展示 β 受体基因序列。

布莱恩和我一起参加了在冷泉港举行的会议，当我们看到会议日程并意识到罗斯被安排在我之前发言时，我们的心沉了下去。我们并不确定罗斯和他的团队是否已经拥有完整的β受体基因序列。如果罗斯已经拥有这个序列，那么我肯定不希望他在我发言之前展示它。我们在这个领域的探索中走了这么远，我无法让罗斯在最后一刻抢走我们的风头。我告诉布莱恩，我将利用我作为会议主席的特权，调换发言者的顺序。布莱恩感到有些羞愧。

“你能这样做吗？”他低声问。“我是会议主席，”我用戏剧性的声音说，“当然能这么做！”

在会议当天，我通知会议组织者，我要更改发言顺序，因为我想以该领域历史的简要概述作为会议的开场。这是真的，而且我确实以历史概述作为开场白，只是主要原因仍是我不想冒被罗斯抢先的风险。随即我发表了我的演讲，展示了β受体基因序列，并讨论了它的一些令人惊讶的特征，引起众人的议论，并赢得了掌声。事实证明，我的抢先对我们来说是明智的选择，因为就在我之后，罗斯展示了一个非常相似的序列，也得出了许多与我们相同的结论。

我确实对更改发言顺序感到抱歉。但对待研究，我就是一个争强好胜的人，在这种情况下，我竞争的本能占了上风。同时，我也清楚地意识到，演讲的顺序只对当天有意义，从历史发展的角度看，真正重要的是我们的研究成果正式发表的日期。会议结束后，我向罗斯祝贺他的发现，并忐忑不安地询问他的成果在出版方面的进展。

“嗯，我们正在写稿子，希望能尽快提交。”他回答说，[3]“你们呢？”

“我们的论文今天将在《自然》上发表。”我实事求是地说道。罗斯的脸色一变，他握着我的手表示祝贺，一如既往的绅士，但仍无法掩饰他的失望。

会议结束之后，我告诉布莱恩：圣杯是我们的。

与其说是短跑，不如说是马拉松

当重大科学发现即将到来时，竞争会变得尤为激烈。确实，**重要的科学突破往往基于实验室之间的激烈竞争，这样的竞争将加速科学进步的步伐。**就我们的情况而言，如果没有像罗斯、乌尔里希和其他杰出科学家的竞争，我们几乎肯定不会在确定 β 受体基因序列方面进展得如此迅速。在整个科学史上还有许多其他值得注意的例子，其中最著名的可能是确定 DNA 双螺旋结构的竞争。这场竞争是詹姆斯 · 沃森和弗朗西斯・克里克与莱纳斯・鲍林（Linus Pauling）的对决，沃森在他的畅销书《双螺旋》(*The Double Helix*)[①]中兴致勃勃地讲述了这一点。许多此类竞争的结果是某一方最终获得了诺贝尔奖，在有些情况下伴随而来的是深深的敌意，以至于竞争者多年后仍然互不交谈。幸运的是，这并不是我们这场竞争的最终结果，因为我多年来一直与罗斯、乌尔里希以及其他参与β受体基因探索的人相互尊重。

应该强调的是，理解受体本质的竞争与其说是短跑，不如说是一场马拉松。确定β2受体具体序列的高潮是持续了几个月的最后冲刺，但我和我的同事已经为这个目标工作了15年以上。在20世纪七八十年代，还有两个实验室参与了这场漫长的竞争，分别是克雷格・文特尔（Craig Venter）[②]在美国国家卫生研究院的实验室和亚历山大・莱维斯基（Alexander Levitzki）在耶路撒冷希伯来大学的实验室。

---

①《双螺旋》(插图注释本）包含300余幅珍贵历史照片和信件，全景还原与展示了充满动人细节与张力、真实有血肉的发现DNA双螺旋结构的"新"故事。其中文简体字版已由湛庐引进、浙江教育出版社出版。——编者注

② 被誉为"人造生命之父"，通过合成第一个人造细胞为"生命是什么"的薛定谔之问给出了最完美的解答。他在《生命的未来》一书中展示了从解码生命和开创基因组测序开始，到最终合成第一个人造细胞的全过程。其中文简体字版已由湛庐引进、浙江人民出版社出版。——编者注

在文特尔职业生涯的后期，他将作为由个体发起人类基因组测序项目的领导者而名利双收，该项目与政府主导的人类基因组计划竞争，并与之打成平手。许多年后，在我参加的几次公开演讲中，文特尔开玩笑地把他后来的成功归功于我。按照他的说法，在过去 15 年的时间里，他的实验室一直与我的实验室竞争，但在每个重要的节点上都被我们抢先。确定 β 受体基因序列对他来说是最后一根稻草，在输掉这场比赛后，他意识到需要找一个不同的研究领域，于是开始对开发更快速的 DNA 测序技术感兴趣，并最终决定对人类基因组进行测序。余下的就都是历史了。

同样，莱维斯基在遭遇了竞争失败的命运后也离开了肾上腺素能受体领域，确定 β 受体基因序列同样是一个转折点。莱维斯基后来在生长因子受体领域取得了辉煌的成就，包括开发了许多抑制生长因子受体信号传导的药物，并在今天的研究中得到广泛使用。我经常开玩笑说，我应该因这些药物的开发和人类基因组的测序获得一定的荣誉，因为通过在与莱维斯基和文特尔的比赛中获胜，我把他们从肾上腺素能受体领域推向了其他科研领域，他们在这些领域中取得了辉煌成就。两人最终都当选为美国国家科学院院士，这是科学界的最高荣誉之一。

A Funny Thing Happened on the Way to Stockholm

第 14 章

不断追求新的高度，迎来我的奇迹之年

追逐圣杯的过程中最令人惊讶的是，当圣杯在眼前出现的那一刻，它神奇地变成了罗塞塔石碑[①]。

在我们对编码β受体的基因进行测序的那几周，杜克大学校园里到处流传我们即将有重大发现的消息。在校园里，无论我走到哪里，都会有同事问："测序进行得怎么样了？受体是什么样子？"

我的回答总是一样："这种受体不会像任何东西。它的类

① 世界级文物，不列颠博物馆镇馆三宝之一，本质上是一块在罗塞塔发现的残缺花岗岩，因石碑上同时刻有3种语言的古埃及国王登基诏书而揭开了埃及象形文字之谜，引申为从本质上意指或暗喻其他事物。——编者注

型有待识别，所以它看起来将完全独一无二。”

然而，当这个基因序列被确认时，我意识到自己错得离谱。β2-肾上腺素能受体确实看起来像别的东西：具体来说，它看起来像视紫红质，这是一种在眼睛里发现的光敏蛋白质。β2 受体和视紫红质的主要序列一致性不是很高，而且只限于一个区域，但两者都有 7 个预测跨膜区，它们显然是相关的。[1]

我惊呆了。参与该项目的每个人，包括布莱恩、卡伦、凯茜、迪克森和所有其他人也都完全惊呆了。我在冷泉港的演讲中透露这些发现时，听众们也都惊呆了。为什么心脏中对肾上腺素有反应的受体，看起来会像眼睛中对光有反应的蛋白质？这一令人震惊的发现有几个方面的含义。首先，视紫红质实际上应该被认为是光子的受体。其次，如果两个不同的受体，如视紫红质和 β2 受体在它们的序列上是相关的，那么大量的其他激素和神经递质受体也一定是密切相关的。可见，β2 受体的序列是一块罗塞塔石碑，可用于解码潜在的大量其他受体的序列。

我们与默克集团在《自然》上发表论文后，双方的合作就结束了。默克集团的研究团队决心走他们自己的方向，重点是辨别 β2 受体中对与肾上腺素和其他配体结合有重要作用的区域。我的实验室想走一个完全不同的方向，重点是利用 β2 受体作为罗塞塔石碑来寻找相关的受体，以测试我们关于存在一个结构相关的受体大家族的假设。布莱恩和实验室里的其他人利用 β2 受体序列设计探针，以获取类似的基因。我们假设布莱恩用 β2 受体序列获取的第一个 DNA 序列一定是 β1-肾上腺素能受体，这是与 β2 在功能上最密切相关的受体。令我们非常失望的是，这个在我们实验室内部称之为 G-21 的序列原来根本不是肾上腺素能受体的编码，因为其表达的受体并不能很好地与肾上腺素或任何其他肾上腺素配体结合。实验室里的博士后汤姆·弗列勒偶然间利用 G-21 序列获取到一个独特的序列，结果证明是 β1-肾上腺素能受体。

同时，我们在实验室中不断进行提纯工作，重点是提纯 α-肾上腺素能受体，因为我们正试图确定对肾上腺素有反应的全部受体。这些 α-肾上腺素能受体的提纯得益于我们新发现的罗塞塔石碑。约翰·里根多年来一直致力于提纯 α2- 肾上腺素能受体，希望能确定该受体的基因序列。他的样本来自人类血液样本中提取的大量血小板，通过早期努力产生了一个看起来完全不像 β2 受体的序列，我们都知道那肯定是错的。事实上，这个序列后来被证明来自人类免疫缺陷病毒，也就是说，这个血液样本一定是被污染了。那是在 20 世纪 80 年代中期，还没有任何办法检测血液样品中的人类免疫缺陷病毒。当里根告诉我这个不幸的事实后，他征求我的意见。我告诉他在处理这些样本时，绝对应该戴上手套。

最终，里根坚持不懈的努力带来了突破。利用他提纯出的受体制剂，他能够确定一个单一的肽序列，我们立即注意到它与 β2 受体的某个区域具有相似性。这给了我们信心，让我们相信他这次真的找到了受体的序列，而不是另一种病毒。根据这个序列，布莱恩设计了探针，并在很短的时间内就获取了完整的 α2 受体基因序列。事情进展得如此之快，令人猝不及防。在寻找 β2 基因序列的过程中，困扰我们的所有技术问题都已经解决，突然间，我们似乎成了不可阻挡的超人，正在以闪电般的速度发现新的受体。

多年来，我们一直在提纯的另一个受体是 α1-肾上腺素能受体。在确定了 β2 受体的基因序列后不久，苏珊娜·科泰基亚就致力于收集足够多的纯化 α1 受体样本来捕获基因。经过 9 个月的艰苦努力，苏珊娜收集到的 α1 受体样本刚好够尝试一次获得肽序列。当她准备将所有的珍贵样本注入液相色谱柱中时，我们几个人在实验室里围着她站了一圈，为她至关重要的注入提供精神支持。当苏珊娜注入样本时，她的手因焦虑而止不住颤抖；如果这时出现任何意外，9 个月的努力将付诸东流。幸运的是，色谱柱运行得很顺利。苏珊娜获得了肽序列，然后与布莱恩一起设计探针，以获取 α1 受体的基因序列。[2]

令人震惊的是，我们还发现了一些我们完全不知道它们存在的受体。当时，根据研究，我们只知道肾上腺素的 4 种受体：α1、α2、β1 和 β2。然而，当开始提取所有的基因时，我们惊讶地发现实际上有 3 种不同的 α1 受体亚型，以及 3 种不同的 α2 受体亚型。[3] 总的来说，我们发现了 8 种肾上腺素能受体亚型。随后法国的一个研究团队又发现了一种 β 受体亚型并将其命名为 β3，这使得肾上腺素能受体的总数达到了意想不到的 9 种。此外，我们甚至意外地发现了血清素受体大家族的第一个成员。我们在寻找 β1 受体时发现了神秘的 G-21 序列，随后实验室里的安妮克·法金（Annick Fargin）和约翰·雷蒙德发现它可以被血清素激活。[4]

把布莱恩·科比尔卡成功推销出去

在这个令人振奋的时期，我们的工作吸引了越来越多的关注，我想确保实验室里的年轻科学家们因他们的杰出工作而得到适当褒扬。我认为需要特别宣传布莱恩，因为他太谦虚低调了，从不宣传自己。在《自然》上发表关于 β2 受体基因序列的论文前后，布莱恩和我参加了美国临床研究协会（American Society or Clinical Investigation，ASCI）和美国内科医师协会（Association of American Physicians，AAP）的年度联合会议。布莱恩提交了一份关于他抗体开发工作的摘要海报，我告诉他，他绝对有必要在海报上展示 β2 受体基因序列。但布莱恩表示反对："不会有人知道这些发现会出现在我的海报上，因为大会手册上对我的介绍和摘要完全讲的是别的东西。"

“交给我好了。”我回答。

在布莱恩的海报贴出的那天，我在展厅像个狂欢节的小贩一样四处“兜售”布莱恩，吸引大量的人群，并把他们引向布莱恩的海报。每当我看到认识的人，就抓住他们，把他们带到海报前。当抓不到朋友和熟人时，我就在人群中穿梭并叫喊：“请来 283 号海报看看！那是真正的突破，你不会想错过的！”

布莱恩显然被我的推销热情与能力搞得惊慌失措。他身边密密麻麻围了 5 层人，不得不大声喊着以展示他的海报，以至于最后声嘶力竭。布莱恩在他参加的第一次大型全国性会议上就被迫接受了一次严峻的考验，但这对他来说是很好的曝光，很多知名科学家由此第一次认识了他。

两年后在同样的地方，我更加卖力地宣传布莱恩。这一次，他的摘要从数以千计的摘要中被选中，所以他需要在全体会议上做一个 12 分钟的演讲，这是会议的重头戏，届时将有几千名听众。布莱恩一想到要在这么多人面前发言就吓坏了，在会议召开前的几个星期里，他不遗余力地练习。我对他每张幻灯片和幻灯片之间的过渡都提供了反馈，并给了他一些技术提示。例如，他握着激光笔的手在紧张时容易发抖，所以我指导他如何用另一只手抓住自己的手腕做稳定。

在演讲到来的那一天，布莱恩看上去像是处于恐慌症发作的边缘。在全体会议之前，我花了整整一小时的时间给他打气，试图让他充满正能量。尽管如此，当布莱恩上台时，他还是明显在发抖。随着演讲的进行，他开始大汗淋漓，衬衫的好几处都出现了汗渍。他完全忘记了我教给他的稳住手腕的技巧，激光笔的光点到处乱飞，以至于观众不得不采取躲避措施，以免被照瞎。尽管很难挨，但布莱恩坚持了下来。当布莱恩终于完成了他的演讲，走下舞台，在我旁边坐下来时，他浑身湿透，看起来就像一个刚从战场上下来的士兵。我和他握了握手，他的手也是湿的。

“你觉得如何？”布莱恩问。我想鼓励他，但也不想对他撒谎。我搂过他，说道：“布莱恩，这是你能做的最好的演讲了。”布莱恩笑了，这句话也成为我们之间许多年来的笑谈。

我努力推举布莱恩和我实验室的其他成员的同时，也不断督促他们前行。我们发现了 β2 受体的基因序列，并意识到它可以作为解码其他受体序列的钥匙，这让我们在与其他实验室的竞争中获得了优势。然而，这种优势并不持久。许多实验室加入了竞争，利用我们发表的序列来寻找受体基因，所以我们必须在这个短暂的窗口期趁热打铁。在这段时间里，我把自己逼得很紧，工作到深夜，然后早起继续。长时间的工作给我的婚姻带来了压力，因为我根本没有办法像早些年那样，花很多时间与阿尔娜以及其他家人在一起。除了自己熬夜加班，我还告诫实验室的其他成员要全力以赴，实验室里每天的工作强度非常大。

当实验室里的事情进展不顺利时，我经常需要发泄一下。具体来说，就是我需要一个替罪羊，而我最喜欢的替罪羊就是亨里克·多尔曼，可能是因为他性格阳光。即使亨里克与所发生的问题毫不相干，但作为实验室经常发生的戏码，我都会把他叫到我的办公室，隆重地当场宣布解雇他。

“兔崽子，你被解雇了！”我大声喊着亨里克的绰号，让实验室里的每个人都能听到。“好的，老板！”他会尖叫，然后回到他的实验台前，做出开始收拾物品的样子。但一分钟后，我又会把他叫回我的办公室。“兔崽子，你被再次雇用了，”我说，“但别再出错了。”

在亨里克的研究生生涯中，我肯定已经解雇了他三四十次，而他总是兴高采烈地配合这场“表演”。不知道为什么，我发现这种反复解雇亨里克的做法具有神奇的治疗作用。亨里克后来的研究事业非常成功，包括在北卡罗来纳大学担任药理学系主任，他显然没有因为在研究生时经历了反复解雇而受伤。

职业生涯的小高潮

在那个时期，我对正在进行的项目感到非常紧张，对论文写作与发表也同样紧张。我觉得我们每个月都在争分夺秒地发表关于我们发现的所有新受体和新调节机制的论文，之所以要迅速发表，是因为害怕被竞争对手抢先。在写识别 β1 受体的初稿时，汤姆·弗列勒遇到了障碍，迟迟没有完成。在那年夏天的一次周会中，他战战兢兢地问我，是否可以请一个星期的假，因为他打算带他的妻子去海滩。

“哪个海滩？”我问道。“翡翠岛。”他回答，“我们正计划与布莱恩、孙彤，以及他们的孩子合租一个民宿。”“听起来蛮有趣，”我说，“听着，只要你能在离开之前给我一份识别 β1 受体的论文手稿，你就可以走。”

汤姆接受了这一条件，开始拼命工作，以期在那个星期六离开之前完成论文。在那一周，我与汤姆、布莱恩多聊了几句，了解到他们在翡翠岛的确切住处，以及他们从哪家租赁公司租的房。我没有告诉他们的是，那一周我也要去翡翠岛，带着我的家人去海滩度假，这是几个月前就已经预定了的。巧的是，我也是在星期六离开，并且碰巧与他们找了同一家租赁公司。

星期五时，汤姆如期给了我一份论文初稿。星期六，我开车带着我的家人去了翡翠岛。当我去服务台拿租来的民宿钥匙时，我问服务员："嘿，我的一些非常好的朋友这周末也要住在这里，他们的名字分别是汤姆和布莱恩。能否请你告诉我，他们入住了没有？我想去打个招呼。"

"是的，他们一小时前就入住了。"服务员说，"14 号别墅，就在海滩边上。"我向服务员表示感谢，然后开车把我的家人送到我们租的民宿。收拾好行李后，我告诉阿尔娜和孩子们，我有个简短的差事要办，然后开车去了 14 号别墅。

当快到他们的房子时，我猛按喇叭。布莱恩、汤姆和他们的妻子都走出房间，想看看外面的骚动是怎么回事。我跳下车，挥舞着汤姆前一天给我的手稿。其实我还没有修改稿子，但他们不知道。我朝他们喊道："伙计们，你们怎么样？我刚刚开车到这里，想给汤姆看最新的稿子。不过我马上就得回达勒姆了，所以我不能待太久。"

他们 4 个人看着我，都目瞪口呆。汤姆脸上的表情尤为好笑，混合着惊恐和难以置信。我猜他在想：这个神经病开了 3 小时的车，只是要把他修改过的、我昨天刚给他的稿子再交给我？自然，在几秒钟后，我让大家知道了这只是个玩笑，并告诉他们，我刚好和家人一起住在山脊那边的小屋里。我保证这一周不再打扰他们，并祝愿他们有一个轻松的假期。

在努力确定肾上腺素能受体和其他类型受体的基因序列的同时，我的实验室也在努力了解受体脱敏的特性。脱敏是指对肾上腺素等激素刺激的敏感性丧失。我在研究的早期就对脱敏感兴趣，因为这种现象与所有生理学中最基本的原则之一——平衡原则有关。如果你用肾上腺素或其他任何东西过度刺激一个细胞，那么该细胞将尽其所能恢复到它受刺激之前的状态。受体脱敏是所有细胞维持平衡的一个主要方式。

我们最早的脱敏研究显示，当细胞被肾上腺素或其他 β 受体激活剂过度刺激时，β 受体的体积有小幅增大，这个观察结果让我们感到困惑。20 世纪 80 年代初，我在霍华德·休斯医学研究所的一次工作中展示了这个发现。那天的听众中有一位名叫埃德温·克雷布斯（Edwin Krebs）的研究员，多年后他将因发现蛋白质可逆磷酸化，即在蛋白质上添加磷酸盐基团作为细胞调节的主要机制而获得诺贝尔生理学或医学奖。埃德温平时是非常低调的人，但当他看到我的数据时，突然变得非常活跃。我从来没有见过这个家伙如此兴奋，他从座位上跳了起来，大声说话。

“鲍勃，让我告诉你到底是什么导致了这种变化，”埃德温喘着粗气说，“你的受体正在磷酸化！”。他从自己实验室的研究中知道，当磷酸盐基团被添加到一个蛋白质上时，通常会有一个微小但可检测到的表观大小增加，类似于 β2 受体受到刺激后的表观大小增加。当时，没有人研究过受体的磷酸化，所以这个想法似乎很激进。然而，埃德温似乎对自己很有信心，所以我立即行动了起来。

会议结束后，我立即给杰夫·施塔德尔（Jeff Stadel）打电话，他是我实验室里负责脱敏工作的博士后。我告诉他，埃德温确信我们的受体正在以一种可能与脱敏相关的方式被磷酸化，我建议用一些放射性标记的磷酸盐来验证这个想法。施塔德尔和实验室的其他人实验后发现，β 受体确实被磷酸化了。随着庞纳尔·南比（Ponnal Nambi）、贝尔塔·斯特鲁洛维奇、大卫·西布利（David Sibley）和米歇尔·布维耶（Michel Bouvier）等人多年来持续研究推进这一项目，我们发现这种磷酸化不仅与脱敏相关，而且实际上是导致脱敏的机制之一。[5]

鉴于受体磷酸化的重要性，下一个紧迫任务就是弄清楚磷酸盐究竟是如何被添加到 β 受体中的。磷酸盐不会突然附着在细胞上，它们必须由一种叫作“激酶”的物质主动附着。20 世纪 80 年代中期，我实验室的研究生杰夫·贝诺维奇对试图提纯这种能强有力调节 β 受体的激酶产生了兴趣。他在我实验室的第一年就有一份摘要被接收，因此需要在一个大型全国性会议上展示他的摘要海报。随后他收到一封信，说由于他的摘要可能会引起公众的兴趣，因此他需要在会议上与记者交流。我开玩笑地给杰夫取了个绰号叫作“勺子”，①因为他是媒体的宠儿。不过在接下来的一周里，我实验室里每位向会议提交摘要的成员都陆续收到了同样的信。后来我们才了解到，会议上的每一位海报展示者都收到了与“勺子”一模一样的信，尽管如此，“勺子”这个绰号还是保留了下来。

经过几年的研究，“勺子”煞费苦心地找到了提纯将磷酸盐附着在 β 受体上以诱导脱敏的激酶的方法，[6] 我们最初将这种酶命名为 β-肾上腺素能受体激酶。这一突破使我们认识到，许多激素的受体被磷酸化是其脱敏过程中的一个关键步骤，这进一步证明了 β 受体基因序列作为罗塞塔石碑的力量。事实上，我们对 β 受体和视紫红质存在相似性的认识迅速引出了另一个关键发现。

1987 年，就在我们发现 β 受体和视紫红质相似性的一年后，一种叫作“拘留蛋白”的蛋白质被证明对视紫红质的脱敏很重要，但它只存在于视网膜中，所以我们推测，一定有类似的蛋白质在眼睛以外的其他受体中发挥类似的作用。我

① scoop，一般意为勺子，在这里表示抢先报道、独家新闻的意思。——编者注

们最终确定了两种所谓的“β-拘留蛋白”，这些非视觉拘留蛋白的基因序列由马丁·洛泽（Martin Lohse）、阿瓦尔·阿特拉马达尔（Håvard Attramadal）和贝诺维奇等人研究出来。[7]

爱因斯坦在 1905 年迎来了他的奇迹之年，当时他发表了 4 篇不同的论文，分别是关于布朗运动、狭义相对论、质能方程和光电效应的文章，每篇论文都是值得获得诺贝尔奖的突破性成果。我无法与爱因斯坦比肩，但当我回顾自己的职业生涯时，很明显，我的奇迹之年在 1986—1987 年。在这一年多一点的时间里，我们获取了 β2 受体的基因序列，发现了它与视觉信号分子视紫红质在结构上的相似性，还发现了使 β2 受体磷酸化的激酶和结合受体导致脱敏的 β-拘留蛋白。这些相互关联的发现，将我们实验室超过 15 年的工作推向高潮，完成了对最终被称为 G 蛋白偶联受体超家族的第一瞥，这是人类基因组中最大的基因家族，也是一组以保守原则运作的相关受体。

在那神奇的一年以及之后的几年时间里，我在职业上取得了前所未有的成功。我努力鞭策自己，也鞭策实验室成员不断追求新的高度。然而，高峰之后往往是深谷，事实证明，我即将跌入生命中黑暗的山谷。

A Funny Thing Happened on the Way to Stockholm

第 15 章

修补破碎的心，探索内在的灵魂

1989 年的一个晚上，我下班回到家，阿尔娜说："我们需要谈谈。"这 6 个字通常预示着一场艰难的谈话。事实上，几乎没做铺垫，阿尔娜就说她想分开。几年来，我们的婚姻一直摇摇欲坠，尽管很难说清楚到底哪儿不对。按理说问题一直存在，我本不该对阿尔娜的决定感到惊讶，但在那一刻，打击突如其来，我瞬间崩溃。

长久以来，我的生活一直围绕两个中心——家庭和工作。我对事业充满热情，我首先是一名医生，其次是一名科学家。毫无疑问，追求事业花掉了我大量的时间，影响到了我与家人的相处。阿尔娜从未直接指出这一点，但现在回想起来，这一定是问题的核心。人到中年，猛然发现自己正面临典型的"中年危机”。当这个词发生在别人身上时，它听起来就是陈词滥调，但发生在自己身上，就是个不折不扣的悲剧。我深感自己家庭生活的失败，在那次谈话后的几个月里，我都处在崩溃的边缘。

阿尔娜和我分居了，最终于一年后离婚。虽说情绪强烈，但我们也算是和平分手。尽管阿尔娜和我从高中起就是恋人，但很明显，我们现在想要不同的东西，并朝着不同的方向发展。除了当时 12 岁的乔希，我们的孩子都已独立离家。对怎样抚养乔希这一问题，我们达成了一致，其他孩子也对我们的决定表示理解。

在这段艰难时期，我非常依赖我的朋友，尤其是拉尔夫·斯奈德曼。我们每天一起跑步，他就像我的治疗师。拉尔夫的实验室与我的实验室相邻多年，前边我就提到过拉尔夫和我喜欢交流我们的故事，分享我们作为“黄色贝雷帽”在美国国家卫生研究院工作的经历。拉尔夫在离开杜克大学的几年中成为基因技术公司研究部门的副总裁，随后于 1989 年回到杜克大学，担任医学院院长和负责行政事务的校长。回到杜克大学后，他重新成为我主要的跑步搭档。拉尔夫始终陪着我，倾听我的情感吐槽。在经历离婚这样的变故时期，能有一位愿意耐心倾听我的亲密朋友对我而言至关重要。每天与拉尔夫交谈能帮助我保持理智。

我的心脏还是出现了问题

离婚后的那几年，我心脏开始出现问题。每天早上的情况都一样：我跑步的第一个 1 千米会有胸闷的感觉，但接着跑下去，这种感觉就会消失。在结束跑步前的慢跑期间，胸闷又会重新出现。我一直告诉自己，这不可能是心绞痛，因为它在跑步过程中会消失。作为一名心脏病学家，我本应该认识到，这实际上是运动诱发心绞痛的典型模式。事实证明，我在心脏病学方面接受的培训，在我惊人的自欺欺人能力面前无能为力。

几个月来，我跑步时都会出现心绞痛，而我的对策是加大锻炼强度。事后看来，这很疯狂。但不知为何，我认为自己能挺住，就好像我故意试图逃避自己的家族心脏病史。当时我 50 岁，这个年龄和我父亲第一次心脏病发作时的年龄一样，而这恰好是我非常在意的一个事实。1994 年春天，我终于向拉尔夫承认，在我们一起跑步时，我出现了胸闷现象。他考虑到我有可怕的家族病史，坚持要我去做检查。

我预约了我们的同事吉姆·莫里斯（Jim Morris）。莫里斯建议我做放射性核素测试，包括注射造影剂后在跑步机上跑步，以便在运动中对心脏进行成像。在测试过程中，还需要进行心电图监测。当从跑步机上下来时，我快速看了一下自己的心电图，发现我的心脏正经历严重缺血，这意味着部分心肌没有得到足够的氧气。测试结束后，我问莫里斯怎么看，他犹豫了一下，没有作答，只说他需要看一下全部结果才行。第二天早上，莫里斯把我叫到他的办公室，说事情看起来并不乐观。他建议进行心导管检查，以更好地了解情况。

与莫里斯交谈后，我感到非常沮丧。我一辈子都有疑病症，总是担心自己有什么可怕的毛病，但后来去检查，发现啥事都没有。因此，尽管持续了几个月的心绞痛，尽管我自己看了心电图，我仍希望莫里斯会说："嘿，鲍勃，我看了看，情况没那么糟糕，你一直在杞人忧天。"但事实正相反，他说："这看起来不妙。"那天我碰巧在接待瑞克·塞里昂，就是我实验室之前的博士后，现在是康奈尔大学的一名教员。当在研讨会上介绍他时，我试图装出一副开朗的样子，但我的同事们仍然可以看出事情不对劲：我对心导管检查可能发现的问题忧心忡忡。

心导管检查由我的朋友戴夫·孔（Dave Kong）进行。正如第一章开头所描述的那样，当麻醉药起作用时，我最后看到我的冠状动脉因钙质沉积而显影亮起，这通常伴随着严重的动脉粥样硬化。我叫了声"哦，该死"就昏了过去。我在观察室里醒来，如坐针毡，等待莫里斯走进房间，告诉我究竟发生了什么。终于，莫里斯进来了，但他不是一个人，他的身边还有另外 5 名同事，包括戴夫和整个心脏科的专家。我心想：这到底是怎么回事？这感觉像是要给我来一次会诊。

“鲍勃，你的冠状动脉问题不简单，”莫里斯说，“这是双血管疾病，你的左、右血管都有多个明显的病变。另外，你的左冠状动脉前降支的对角支百分之百堵塞了，没法儿做支架植入术，你需要做冠状动脉搭桥术。”

我思绪万千，脑海中瞬间冒出了一百个可能遇见的技术问题。这就是莫里斯和戴夫把整个专家团队带到房间的原因吧，他们认为我可能会试图争论，质疑莫里斯的治疗方案。然而，如果所有这些重量级人物都肩并肩地站在一起，推荐同样的治疗方案，我就很难拒绝了。最终，经过长时间的讨论，我屈服了，接受了搭桥术的方案。[1]

手术安排在两周后进行，这两周是我一生中最焦虑的两周。冠状动脉搭桥术相当复杂，很多地方都可能出错。为了缓解焦虑，我为手术做了严格的准备。例如，我与同事戴维·萨比斯顿（David Sabiston）进行了交谈，他当时是外科主任，也是世界上最传奇的心脏外科医生之一。我问戴维：如果是你在杜克大学接受搭桥术，你希望让谁来做？戴维推荐了彼得·范特里特（Peter Van Trigt），这是一位我不认识的心脏外科医生，但显然，他是杜克大学校园里最老到的冠状动脉搭桥专家。我邀请范特里特为我做手术，当我与他见面时，我发现他性格冷漠且内敛。我把对他的想法告诉了莫里斯，莫里斯笑了笑："鲍勃，我们不是因为他的个性而邀请他，我们邀请这家伙是因为他的手啊！"

在这两周的等待中，我还联系了杜克大学麻醉科主任杰里·里夫斯（Jerry Revess）。里夫斯是著名的麻醉医生，也是我的好友，我问他能否亲自给我做麻醉。他说，那一周他本来计划和妻子在南卡罗来纳州海岸的一个小岛上度假，但为了我，他会飞回杜克大学几天，给我做麻醉，并确保术后一切顺利。这就是友谊！在手术前的几天里，知道里夫斯会在手术室里一直陪着我，我感觉好多了。

重获新生，我的大脑又开始工作了

搭桥术前两周的漫长等待，对我来说是一段深刻反思时间。在之前的几年里，我生活中事务众多。在职业发展方面，我正处于世界之巅，我发表了重要的论文，赢得了奖项，并在全球巡回演讲。然而，就个人而言，这是一个动荡的时期。

与阿尔娜离婚后，我经历了一段强烈的自我反省期，我生平第一次开始写日记。这本日记的开头是这样写的：

我的整个人生被两个深刻的信念影响：一是我将

英年早逝，二是我将完成一些真正有意义的事情。

1994 年我被诊断出患有冠状动脉粥样硬化后，这篇日记似乎显示了其预见性。我想知道作为一名研究者，我的工作是否能因为是真正有意义的贡献而被历史记住，同时我也想知道，自己还能为这项工作贡献多久。

我很幸运，不必完全独自面对搭桥术。在此之前的几年里，琳恩·蒂利（Lynn Tilley）偶尔会加入我和拉尔夫等人组成的跑步小组，她多年前曾作为行政助理在杜克大学与我共事。琳恩于 1984 年离开杜克大学，在北卡罗来纳大学取得了心理学学位，然后继续从事她的事业。当她加入跑步小组后，我们建立起了深厚的友谊。多年前，当我们是同事时，我们一直相处得很好，而在一起跑步的许多个小时里，我们又以一种新的方式建立了联系。当我谈及我的担忧和磨难时，琳恩总是以一种非常有同情心的方式耐心倾听。此外，我作为一名神经质的纽约犹太人，我发现她随和的南方个性令人耳目一新。在我离婚后，与琳恩的友谊最终转化为爱情，几年后，我们结婚了。

在我被诊断出患有心脏病后，琳恩是我得以依赖的“磐石”。当那一大群同事告诉我这个坏消息时，她就陪着我。在所有的手术准备过程中，她都在我身边。作为一名医生，我清楚地意识到，像心脏搭桥这样的大手术，对配偶和患者本身来说都是很艰难的。我很幸运，在这件事发生的整个过程中，都有琳恩一直陪着我。

手术当天早上 5：30，护士把我从病床上叫醒，从头到脚刮干净了我的体毛。我被推入手术室，我的朋友里夫斯正在那里等着实施麻醉。我们简单聊了聊他的假期，然后麻醉开始起作用，接下来我就在病房里醒来了。我被告知手术很顺利，尽管后来了解到的一个细节把我吓了一跳。冠状动脉搭桥术需要让心脏停止跳动，这样外科医生就不必在一个跳动的心脏上进行手术。当心脏停止跳动时，患者使用心肺机维持生命，手术结束后再通过电击使心脏重新跳动。而在我的手术过程中，第 1 次电击并没有重新启动我的心脏，事实上，直到第 4 次电击时心脏才恢复跳动。当得知这一信息时，我感到很不安。[2] 如果我的心脏无法重新跳动，那该怎么办？所以那感觉就好像我死在手术台上，然后又复活了一样。

手术后醒来是一种超现实的体验。我身上的管子比我想象的要多：两条不同的静脉导管、连接心脏起搏器的导管、插在喉咙里的主管插管、4 根胸管、膀胱里的导尿管。为了慎重起见，我的胸口还完全覆盖着电极。我被注射了药物，迷迷糊糊间感觉到处都有灯光在闪烁，就像被困在一个疯狂的梦里。

在我醒来后不久，拉尔夫来看我。通常这个时候是不允许探视的，但是拉尔夫负责整个医疗中心，所以没有人可以阻止他。

“鲍勃，有什么是我可以为你做的吗？”拉尔夫问道。我不能说话，因为身上插满了管子。一名护士递给我一张纸，于是我在上面写道：“把这些烦人的管子拔掉！”拉尔夫笑了，说他会看看他能做什么。一段时间后，我能够平稳地自主呼吸了，于是医护人员拔掉了插管，把我转移到了重症监护室。

人们常说，医生是最差劲的患者，说的就是我。医生们习惯了掌控一切，因此很难任由别人发号施令。更糟的是，我从我的医生同事那里寻求过多种意见，而他们从来没有就最佳方案达成一致。事实上，病房里的护士们快被我源源不断的来访者逼疯了，因为这群同事们一个接一个地来看我，又对我的康复计划发表各种评论。最后，护士长说：“如果你再有一个访客，我不管是谁，我都要拎起他的脖子，把他扔出去。”就在这时，拉尔夫走了进来，我笑了起来，牵动胸口疼了起来。护士长最终没有实施她的威胁，没有拎起医学院院长的脖子，拉尔夫被允许留了下来。

尽管注射了止痛药，但我的胸口还是疼得厉害。在搭桥术开始前，要先做胸骨切开术，也就是将我的胸部完全切开，手术完成后再重新缝合。如今，有了微创搭桥术，不再需要切开胸骨，但这种技术在 1994 年还没有发展起来。因此，我需要大剂量的止痛药，也注定了有一段漫长的康复之路。

一个星期后，我终于可以出院了。琳恩带我回家，把我扶到床上，然后打开电视。因为我仍然在服用大剂量的止痛药，所以昏昏沉沉的，理解电视上看到的东西有些费劲。我看到一辆白色 SUV 沿着一条废弃高速公路行驶，后面跟着几十辆警车。这一幕似乎持续了很长时间，几乎没有什么情节发展，最后我很困惑地转向了琳恩。

"这是什么电影？"我问她。"这不是电影，"她回答，"这是警察在追捕辛普森。"

"什么？"我惊呼道，"我住院时错过了什么吗？"接着，琳恩耐心地和我说了那段时间社会上发生的事，包括辛普森杀妻案①。

在回到家的头几个星期，我出现了严重的焦虑和抑郁，这

① 这是 1994 年发生在美国的案件。当时的前美式橄榄球运动员辛普森被指控杀害自己的妻子，但由于缺少有力证据，最终无罪获释。该案件是当时美国最为轰动的、美国历史上疑罪从无的最大案件。——编者注

在经历了开胸术等重大手术后的患者中并不少见。我变得非常依赖琳恩，只要她一离开房间，我就感到焦虑。我的大脑无法正常运转，即使她只离开一分钟，我也会担心她不会回来了，并开始害怕自己随时会死去。琳恩对我很有耐心，给了我一个哨子，告诉我，如果她不在房间，无论我有什么问题，都可以吹哨子叫她。有了这个哨子在身边，我感觉好多了。

在琳恩不遗余力的帮助下，我逐渐克服了焦虑和抑郁，但我的认知仍然模糊不清。在做完心脏搭桥术等长时间的手术后，有些患者报告说认知上的迷糊会持续数周或数月，有时甚至会无限期地持续下去。我开始担心，自己可能就是那部分失去了理性认知能力的患者之一，而这些能力将永远无法恢复。

此外，我记得当我父亲开始出现心脏问题时，就在我现在这个年龄，他的身体和认知都变慢了，就好像他那颗出故障的心脏正在吸走他的生命力。我担心这种情况也会发生在我身上，这意味着我所经历的呆滞和模糊可能会永远持续下去。

尽管我的认知迟钝，但我开始让我的一些学生和博士后到家里来，与我讨论他们的研究项目。我正在进行数据提取，因为我不知道我不在的时候实验室里发生了什么，而这让我感到焦虑。此外，我对自己因病离开实验室里这 20 多位优秀的年轻科学家感到很难过。因此，尽管我仍然没有百分之百康复，不能亲自回到实验室，但我还是邀请实验室成员到我家里谈论他们的最新发现。

在一次这样的访问之后，琳恩把访客送出屋外，回到房间时，发现我在哭。“鲍勃，怎么了？”她关切地问。

“没什么，”我说，泪水顺着脸颊滚落，“一点儿事都没有。我只是意识到，我的大脑又开始工作了。”

在与我的实验室成员交谈的过程中，我感到头脑清醒，能够听懂他们说的每一句话。我还能对他们的项目提出重要的见解，甚至指导他们应该阅读哪些具体的科学论文以帮助他们理解数据。这是术后我第一次感觉到自己的大脑正在恢复正常，我被喜悦冲昏了头脑。我就这样坐在房间里，松了一口气，失控地抽泣起来。我的大脑恢复了，我已经准备好重返赛场。

A Funny Thing Happened on the Way to Stockholm

第 16 章

遗传不是命运，我决定战胜困难，尽可能长寿

当完全康复后，我变得比以往任何时候都更热衷于跑步，几个月的时间我就把跑步强度恢复到了术前水平。我的一些同事和熟人打趣我重燃的跑步热情。在我做完搭桥术回到工作岗位的初期，一位特别缺弦儿的同事嘲笑我对运动的执着："嘿，鲍勃，我想跑步对你没有任何好处。你还得做个冠状动脉搭桥术！"

对于这种评论，我想说，事实上，跑步救了我的命。在我做搭桥术之前，体检显示我冠状动脉的几个分支严重狭窄，其中一处主要分支完全堵塞。通常情况下，这种完全堵塞会导致心脏病发作。然而，病理检查还显示，我有强大的侧支循环，它在血管主干阻塞后，借由扩大的侧支将血液分流到周围堵塞的区域。这些区域的侧支循环几乎可以肯定是我坚持运动的结果：当心肌的某一个区域没有得到足够的氧气时，就像在剧烈运动时动脉狭窄的心脏可能发生的那样，心脏会通过建立额外的血管以提供额外的血流来恢复循环。就我而言，正是这些额外的血管防止了心脏病的发作。

我在做完手术后，增加了运动强度，这与我父亲在心脏病发作后采取的方法完全相反。他的医生命令他停止所有剧烈活动，以保护他的心脏。后来的研究证明，定期运动能有力地促进心脏健康。事实上，运动可以大大降低许多与年龄相关的疾病风险，包括冠状动脉疾病、高血压、糖尿病、痴呆和几种类型的癌症。如果有一种药能够代替运动给我们的健康带来益处，那么地球上的每一个人都会服用它。然而，没有这种药，所以我加大了跑步的强度。

我们曾经绕地球跑了两圈多

我的锻炼因为有出色的同伴而得到加强。我是非常善于交际的人，所以在锻炼期间，有同伴一起聊天总是让我更加愉快。我第一次开始跑步是在哥伦比亚大学任住院医师和在美国国家卫生研究院服务期间，说实话，那时的我并不怎么喜欢跑步。我在麻省总医院任高级住院医师和心脏病学研究员期间，才对跑步产生了真正的热情。当时我开始与一群志同道合的朋友相约，在波士顿的查尔斯河边每日晨跑。在搬到杜克大学后，我继续享受结伴跑步的乐趣。在做手术前后，我最稳定的同伴是拉尔夫。拉尔夫和我取消跑步的唯一可能是当天打雷或者是冰雪天，否则我们就不停歇。我们两人跑、加入团队跑，甚至在北卡罗来纳州历史上最冷的一天也一起跑步。那天是零下 22℃，这样的严寒天让我俩不得不穿戴上专门的滑雪装备，我只能向拉尔夫借，因为我压根儿不滑雪。拉尔夫曾经计算过，如果把当时我们所有的跑步里程数加起来，可以绕地球两圈多。

我和拉尔夫最长距离的一次跑步，是和我们的朋友诺姆·西尔弗曼（Norm Silverman）一起跑了 30 千米。跑步一开始，我们就被一只癞皮野狗盯上了。这条狗的意图不明，也许它打算缠上我们，耗到我们倒地，然后将我们大快朵颐。我们试图通过大喊大叫、疯狂比画和扔棍子来吓走它，但都无济于事。我们越跑越担心，一直警惕注视着这只狗同伴，即使话题转移到其他事上也不敢懈怠。

我们聊着与传奇人物斯图·米特尔曼（Stu Mittleman）最近的训练。斯图是有史以来最伟大的超级马拉松运动员之一，在距离 100—1000 千米的比赛中创造了数不清的世界纪录。他一直在罗利－达勒姆地区生活和训练，拉尔夫和我不知不觉中成了他庞大的训练伙伴队伍中的一员。斯图需要很多跑伴，因为他每天都要跑四五十千米。没有一个人可以一直跟上他，所以他要轮流与一些伙伴组队，陪他跑上十几二十千米的路程。上个星期，当拉尔夫、我和斯图一起跑完后，他甚至没有停下来说再见，他只是继续跑，因为下一拨训练伙伴已经加入。

在拉尔夫、诺姆和我的故事陪伴下，我们跑完了 30 千米，缓缓停了下来。我们完全累坏了，而那条狗还在我们身边，一直跟着我们。显然，它是友好的，现在就在我们面前喘着气，脸上挂着微笑。它看着我们，好像在说："你们这就跑完了？我可是刚热身呢！"然后，它就沿着小路飞奔而去，寻找下一组伙伴，似乎对这种自由感到满足与快乐。"那条狗让我想起了斯图·米特尔曼。"我说，拉尔夫和诺姆笑着表示同意。

拉尔夫和我是最好的朋友，但也相互竞争。当我们因旅行而分开时，我仍然会坚持每天的跑步训练，因为我想比拉尔夫的身材更好。他和我一起跑了很多公路赛，拉尔夫总是赢，所以我越来越渴望能击败拉尔夫一次。术后，我尽可能地努力恢复比赛状态，等待时机把拉尔夫拉下马。一天早上，在我们围绕杜克大学校园的 10 千米比赛中，我终于等到了机会。过了 8 千米后，我惊讶地看到拉尔夫趴在路边。当我走近时，我大声喊他："拉尔夫，怎么了？"

"我的钥匙丢了！"他一边在人行道上摸索，一边喊着。

也许我应该在朋友需要的时候停下来帮助他。然而，这是一个在比赛中击败拉尔夫的好机会，所以我加快速度，猛地超过了他。距离终点还有不到 1 千米的时候，我仍领先于他，感觉好极了。突然，拉尔夫不知从哪里冒了出来，以迅雷不及掩耳之势超过了我。赛后，我为把拉尔夫遗弃在路边而深感内疚，但他还是打败了我！拉尔夫说他理解，如果是他遇到这样的大好机会，他也会做同样的选择。没办法，我只能继续努力训练，目标是打败拉尔夫，尽管我知道这样的黄金机会可能再也不会出现了。

我一直喜欢人们在困难中奋斗的故事。小时候，我读过温斯顿·丘吉尔和亚伯拉罕·林肯的传记，为他们在一切看起来都很迷茫时的坚定而感动。我还喜欢登山者的故事，为他们在失去设备、受伤甚至失去同伴的情况下，仍然坚持登顶的精神而备受鼓舞。我喜欢像斯图·米特尔曼这样势不可挡的跑步者，因为他们是坚韧不拔的典范，瞄准目标，决不放弃。在做完手术后，我开始把自己看成一个逆袭的倒霉蛋，在为坚持下去而努力奋斗。从我父母遗传的心血管风险因素来看，我很不幸，但我决心挑战风险，打破命运的枷锁。

健康饮食，成为素食主义者

体育锻炼并不是我试图拆除定时炸弹的唯一方法。1965 年，我在戈德华特纪念医院规培期间，曾为一项关于血脂的研究献血，得知我的血液总胆固醇水平为 260 毫克 / 分升，而正常值应该低于 200 毫克 / 分升。这对当时的我来说并不成问题，因为血液中的胆固醇水平与动脉粥样硬化性血管疾病之间的明确联系还没有建立。20 世纪 80 年代初，在一次例行的年度体检中抽取血样后，我再次被告知胆固醇水平超过了 250 毫克 / 分升。那时，已经有多项研究表明，胆固醇水平高于 200 毫克 / 分升与患心血管疾病相关。因此，杜克大学的同事们对我的高胆固醇读数发出了警报。我的高胆固醇水平似乎部分是由于遗传，这可能是我心脏病发作和有心脏病家族史的主要因素。然而，饮食肯定也是一个因素，因为我吃的是那个时代的标准美国餐，包括和我的孩子们一起吃大量的汉堡炸鸡和其他快餐食品。

在做完手术后，我对自己的饮食产生了完全不同的看法。我深受心脏病学家迪恩·奥尼什（Dean Ornish）关于减少脂肪摄入益处的著作的影响。奥尼什写了一本名为《迪恩·奥尼什博士逆转心脏病计划》（*Dr. Dean Ornish's Program for Reversing Heart Disease*）的畅销书，其中建议采用严格的低脂肪饮食作为防治冠状动脉疾病和动脉硬化的手段。同时，我也受到这个时代的其他研究的影响，这些研究表明，脂肪的作用并不相同：饱和脂肪可以提高对人体有害的低密度脂蛋白胆固醇水平，而不饱和脂肪实际上可以帮助降低低密度脂蛋白胆固醇水平。因此，我开始了奥尼什式的饮食，随着时间的推移，几乎演变成了素食，就是以大量蔬菜、水果、全谷物、豆类、坚果和橄榄油为主。这一转变并不困难，因为琳恩是素食者，而我最终也成为素食者。像大多数素食者一样，我发现自己一点儿也不吃肉了。琳恩和我长期以来制订的饮食计划中，饱和脂肪的含量非常低，而总体脂肪含量并不会特别低。

一旦形成了这种饮食习惯，我就再未动摇过。即使因工作需要外出就餐时，我也会认真遵守。有时，同事们会故意说："鲍勃，你真的不想尝尝这个甜点吗？太美味了，你都不知道自己错过了什么！"

事实上，坚持新的饮食习惯一点儿都不困难，因为我不认为自己是在节食。我在一个犹太家庭中长大，即使我的家人在外面吃饭，我们也遵守犹太律法，这是一套关于犹太人可以吃的食物以及必须如何准备这些食物的饮食法则。在犹太律法面前，你要么遵守它，要么违背它，没有中间选择，你不能因为是特殊场合就偶尔吃一块猪排或火腿三明治[①]。当我在做完手术后决定要吃得更健康时，我把自己看作一个遵循犹太律法的正统犹太人：我不是在节食，我只是以不同于大多数人的方式进食。

① 犹太人信仰犹太教，犹太教的饮食法则明令禁止食用猪肉。——编者注

鉴于遗传的高胆固醇倾向，我的健康饮食只能将本就糟糕的胆固醇水平降低到一定水平。为了进一步降低胆固醇水平，我利用了当时最新开发的几种药物。自从 1987 年获得美国食品药品监督管理局批准以来，洛伐他汀就成为我一直服用的药物。这种药物是第一个被批准用于医疗用途的他汀类药品，它通过抑制 3- 羟基 -3- 甲基戊二酰辅酶 A 还原酶（HMGR）的活性来降低胆固醇水平，因为 HMGR 是合成胆碱脂所需的限速酶。后来，我开始服用其他药效更强的他汀类药物，如瑞舒伐他汀和依折麦布，后者能阻断小肠对胆固醇的吸收。我开始痴迷于记录我的胆固醇值，并发现看着自己的胆固醇数字下降到阈值以下是一件令人心情舒畅的事，这让我感到自己被赋予了力量，仿佛我正在以一种可以衡量的方式实时、积极地防治心血管疾病。此外，我当时是实验室的负责人，但在这段时间内不再亲自在工作台上做实验了，所以我更喜欢跟踪我的胆固醇数字，因为它提供了我自己能够产生的唯一数据。

我把我所有的胆固醇值都输入精心制作的电子表格里。每当我对运动方案、饮食计划或药物治疗做出改变时，都会细致地寻找胆固醇值的相应变化。这种自我实验的目的是帮助我尽可能地降低低密度脂蛋白胆固醇水平。有一天，我实验室的一位心脏病学研究员问我，他是否可以使用我完整的个人数据。因为在接下来的一周里，他要参加教学会议，在会议上向杜克大学的一群心脏病学研究员介绍高胆固醇血症。他向我保证，不会透露患者是谁。“当然，你可以使用我的数据，”我告诉他，“条件是我要作为讨论教员参加会议。”

在会议上，我实验室的心脏病学研究员夸大了这个患者对收集如此多详细数据的痴迷程度，其他研究员也对这个明显有些神经质的患者发表了极尽讽刺和挖苦的评论。我和大家一起大笑，这次会议内容丰富，富有教育意义，而且很愉快。会议结束后，研究员们问我，作为教员我能否提出一些最终的建议来结束这场讨论。关于高胆固醇血症在医学治疗上的细微差别，我提出了一些技术性建议，然后做了一个简短的总结发言，最后说道：“顺便说一句，这个患者就是我。”

房间陷入死寂，除了几声尴尬的笑。我必须承认，我很享受所有研究员在听到这句话之后的惶恐，也许将来他们在其他会议上开患者的玩笑之前会三思而行。

除了服用降胆固醇的药物，我还服用其他药物来控制从父母那里继承的另一个心血管风险因素——高血压。我同时服用了血管紧张素转换酶抑制剂依那普利和β受体阻滞剂阿普洛尔。我开始每天阻断我的β-肾上腺素能受体，使它们对我身体输出的肾上腺素不那么敏感。不得不说这有些讽刺意味，因为我的标志性研究就是显示肾上腺素如何通过β受体发挥作用。然而，我现在的目标是战胜遗传基因，尽可能活得更久，

而 β 受体阻滞剂正在帮助我实现这一目标。

值得注意的是，我所服用的降低胆固醇和血压的药物，部分是基于美国国家卫生研究院资助的研究而研发的，这些药物和其他许多拯救生命的药物的研发是我们纳税款项得到妥善使用的一个极好例子。他汀类药物、β 受体阻滞剂、血管紧张素转换酶抑制剂和胆固醇合成抑制剂，这些药物每年在世界各地共同拯救了数百万人的生命。20 世纪 50 年代，我父亲开始出现心脏问题，但当时不存在任何一种上述药物。如果这些药物在当时就存在，我父亲很有可能会多活几十年。

我把自己看作“遗传不是命运”的活证据。通过运动、饮食和药物的结合，我决心控制从父母那里继承的多种心血管风险因素，尽我所能战胜困难，尽可能长寿。稳健的生活是可能的，我还有很多事情要做。我想见见我的孙子孙女，和琳恩共度更多的岁月，我想有更多的时间去创造我实验室里正在发生的令人兴奋的研究故事。我为翻开生命中即将到来的新篇章而激动不已。当时的我还不知道，我生命中更多的风云岁月还在路上。

A Funny Thing Happened on the Way to Stockholm

第 17 章

嗯，但这还不是诺贝尔奖

在凌晨的黑暗中，卧室的电话响了。我记得那天是 1994 年 10 月 10 日，我还躺在床上，嘟囔着谁会在这个时间点给我打电话。在摸索了几秒钟后，我拿起电话，含糊不清地说道："喂？"

"是莱夫科维茨博士吗？"一个男声问道。"是的。"我迷迷糊糊地回答道。

"莱夫科维茨博士，我希望您能对今天上午的诺贝尔奖结果发表您的看法。"

我停顿了几秒钟，好消化这句话，然后我提了一个显而易见的问题："是我赢了吗？"

电话那头有长时间的停顿。最后，那个声音再次开口："不，对不起，但是……呃……不是的。今天早上刚刚宣布，艾尔佛列·G. 吉尔曼和马丁·罗德贝尔因发现 G 蛋白而获得诺贝尔生理学或医学奖。我是美联社的一名记者，鉴于您在这一领域的权威地位，我希望您能为我提供一些对获奖科学家本人和他们工作的看法或评价。"

我必须承认，听到这个消息时，我有点沮丧，但我努力向记者隐瞒了这点，接着向他介绍了几篇文献，说明了 G 蛋白为什么重要。当天晚些时候，我向其他给我办公室打电话的记者提供了类似的信息。这是混乱的一天，我努力保持平和，尽管我的内心早已翻江倒海。

假装诺贝尔奖的事情并不重要

像许多被提名诺贝尔奖的人一样，我有听说我的名字也在考虑之列，但我试图表现出是否得诺贝尔奖无关紧要。不过，我不是一名好演员，所以很可能并没有骗过多少人，包括我自己。我也很清楚，根据诺贝尔委员会的铁律，每个诺贝尔奖最多只能授予 3 个人。因此，除了吉尔曼和罗德贝尔共享的诺贝尔奖，还有一个额外的名额。在我看来，我共享这个奖项是合乎逻辑的，因为G蛋白和它们的受体就像手和手套一样紧密相连。到1994年，我的实验室已经提纯了第一个通过G蛋白发挥作用的激素受体，也就是β2-肾上腺素能受体。我们还在吉尔曼之前就进行了第一个完整的重组实验，表明提纯的受体、G蛋白和环化酶组成的系统可以介导激素信号。此外，我们还获取了β2受体和许多其他受体的基因序列，发现了它们之间的结构关系，包括它们与视紫红质的结构关系，以及它们共同的脱敏机制，从而确立了G蛋白偶联受体家族的概念。鉴于这一系列的工作，我觉得我的实验室在这一领域的贡献是毋庸置疑的。

我想，也许有一天诺贝尔奖会为G蛋白偶联受体的特性单独设立奖项，也许不会有这一天。诺贝尔委员会在考虑与评估来自不同子领域如此多的重要发现时，总是显得力不从心，他们不可能认同每一位有价值的提名者。考虑到这个原因，我沮丧地觉得，我获得诺贝尔奖的机会，大概已经被否决了吧。

巧合的是，在一年前我50岁的生日聚会上，我差点儿被一群实验室成员和校友们放在火上烤，他们热烈地讨论我能否获得诺贝尔奖。实验室的临床研究员约翰·雷蒙德还制作了一张假报纸，标题是《杜克大学教授获得诺贝尔奖》，文章内容是吉尔曼赢得诺贝尔奖，却被我偷走的故事，在故事的结尾，我被逮捕了。文章的最后一行写道："当莱夫科维茨被戴上手铐带走时，有人听到他喃喃自语，说着一些关于男性更年期的话。”约翰编造的这份假报纸很有先见之明，因为吉尔曼的确在第二年获得了诺贝尔奖，这真心让我有点儿失落。不过，值得庆幸的是，我并未因此犯下盗窃罪。

为什么诺贝尔奖对科学家以及广大公众来说如此重要？如今，有大量的科学奖项，其中有一些奖项的奖金额度比诺贝尔奖高得多。然而，诺贝尔奖仍然保持着其他奖项无法比拟的神圣地位。这其中的部分原因无疑是历史性的：当诺贝尔奖于1901 年在瑞典斯德哥尔摩设立时，它是第一个为科学研究颁发的重要国际奖项。无论像科学突破奖①这样的新奖项能提供多少钱，比如它目前的奖金额度为 300 万美元，阿尔伯特·爱因斯坦永远不会赢得突破奖，玛丽·居里也永远不会。像爱因斯坦和居里夫人这样的传奇人物赢得了诺贝尔奖，这一事实为诺贝尔奖增添了其他奖项所缺乏的光彩。当诺贝尔委员会在每年 10 月宣布新的获奖者时，这些获奖者将与历史上最伟大的天才列在同一个名单上。

---

① 科学突破奖在 2012 年由俄罗斯亿万富翁尤里·米尔纳（Yuri Milner）夫妇设立，被誉为“科学界的奥斯卡”，旨在表彰全球顶尖物理、数学和生命科学家的研究成果。目前，单项奖金高达 300 万美元，远超诺贝尔奖，堪称科学界“第一巨奖”。——编者注

诺贝尔奖高居其他科学奖项之上的另一个原因是，诺贝尔奖不仅仅为科学研究而颁发，它也授予经济学、文学和和平事业。因此，所有科学领域的诺贝尔奖得主都能与杰出的作家和领袖同台，比如温斯顿·丘吉尔、欧内斯特·海明威、马丁·路德·金和特蕾莎修女等历史上赫赫有名的人物。诺贝尔奖覆盖如此多不同类别，有助于吸引更广泛的公众目光，这也是其他严格意义上的科学奖项所不能比拟的。

诺贝尔奖的名声如此之大，甚至连一个对科学或任何形式的学术活动知之甚少的女人，也就是我的母亲都对诺贝尔奖崇敬有加。在我的职业生涯中，每当我获得任何科学奖项时，我母亲的反应总是一样的："嗯，但这还不是诺贝尔奖。"

我一次又一次地听到这句话。1978 年，当我获得了挪威设立的国际数学界年度奖项之一的阿贝尔奖时，我记得母亲的回答就是："嗯，这很好，鲍比，但这不是诺贝尔奖。"后来，当被告知我获得其他奖项时，她总会在许多场合重复这句话。显然，对我母亲而言，要么得诺贝尔奖，要么什么都不是。这也是 1994 年我没有得到诺贝尔奖会如此沮丧的一个原因：当时我母亲的健康状况不断恶化，我担心她活不了多久了。如果在她临终之前，我能带她去斯德哥尔摩，向她展示我终于得到了她心目中认可的诺贝尔奖，那将是她，也是我人生莫大的满足。

多年来，我母亲的健康状况一直在恶化。1986 年，她仍然住在我长大的布朗克斯区的那套公寓里。一天晚上，我接到波利娜姨妈的电话，说我母亲因呼吸困难被紧急送往医院。母亲一直有一些心脏问题，并已出现急性心力衰竭和肺水肿，这些也是造成她呼吸问题的主要原因。当我听到这个消息时，我立刻收拾好听诊器，前往机场，搭乘第一班飞往纽约的飞机。

第二天，我亲自为母亲做了检查，并咨询了她所在的阿尔伯特·爱因斯坦医疗中心的医生。诊断结果是主动脉瓣狭窄，这种状况如果不加以治疗，她可能在一两年内就会死亡。所幸，更换主动脉瓣的手术能使她的生命延长 10 年或更长。我曾在城市另一头的哥伦比亚大学长老会医院当过住院医师，认识那里的很多医生，也知道哥伦比亚大学有一个很好的团队在做主动脉瓣置换术。因此，我安排母亲转到哥伦比亚大学做手术，除了三支冠状动脉搭桥术，她还将接受主动脉瓣置换术。她接受的主动脉瓣移植来自一头猪。当她从手术中醒来时，她用严肃的目光看着我，说道："鲍比，我再也不能说自己是犹太教徒了。"

出院后，母亲的健康状况稳定了近 10 年，但在 1995 年，也就是我自己做完搭桥术后的一年，她的健康状况又出现了恶化。我把母亲从佛罗里达接到了达勒姆的一家疗养院，在那里她一直和我姨妈波利娜住在一起，离杜克大学校园只有不到 2

千米。我感觉到母亲剩下的时间不多了，所以我想多一些时间陪陪她。

母亲搬到达勒姆后，我每天都去看她。我每天晚上 6 点离开办公室，在 6 点 10 分准时到达疗养院。当我走进母亲的房间时，她会看着她那块硕大的手表，手表上有超大的数字，因为她的视力正在下降。然后，她会抬头看着我说："时间到了！"

"妈，我每天都在同一时间来！"我很无奈，而她只是耸耸肩。我们在一起闲聊一会儿，然后看晚间新闻。我母亲的心脏、肝脏和肾脏正在衰竭，但她的头脑仍然很清醒。她每天都做《纽约时报》上的填字游戏，所以我们会讨论当天的谜题，也会讨论晚间新闻，以及有关她孙子的任何消息。

晚上 7 点 10 分左右，我会说："好了，我也该回家吃晚饭了。""你这就要走了？"她会问我，用她已经委婉的语气来引起我最大程度的内疚。

"妈，我每天晚上都是在同一时间离开的。"我无可奈何地回答，而她还只是耸了耸肩。

1996 年 4 月，母亲去世的时候，我正在华盛顿，在美国实验生物学会联合会的年度会议上做演讲。琳恩和我在一起，她在我上台前就接到了疗养院的电话。我做完演讲后，琳恩告诉我母亲已经去世了。我们飞回达勒姆，为母亲举行了葬礼，然后一起飞往纽约，将她埋葬在父亲身边。

以我自己的方式对心脏病反击

随着我母亲死于心脏病并发症，以及我自己正在从搭桥术中恢复，我的家族心脏病史在 20 世纪 90 年代中期成为我脑海中的焦点。说来也巧，我的实验室在当时的研究正趋向于构建心脏病的动物模型。在我那时的职业生涯中，我主要关注的是基础研究问题：受体是否存在？受体是如何工作的？这些类型的研究与人类疾病有切身的联系，因为受体是重要的药物靶点，但研究本身仍停留在基础发现。不过，当卡梅洛·米拉诺（Carmelo Milano）加入我的实验室后，这种对基础研究的单一关注发生了变化。

卡梅洛是戴维·萨比斯顿在杜克大学开设的心胸外科住院医师项目中的一员。如前文所述，萨比斯顿是当时世界上最杰出的心脏外科医生之一，他成立的住院医师培训项目被称为“戴维的十年”。在这个为期十年的培训项目中，住院医师每年都要参加一次考试，以测试他们是否掌握了与外科相关的一切知识。通常情况下，随着住院医师在该项目中的成长，他们的考试成绩会逐年提升：第一年得分会比较低，第四年得分进步很多，到第十年时的得分最高。然而，在卡梅洛进入该项目的第一年，他的考试成绩就比所有十年级的住院医师都要高，事实上，他的考试成绩比该项目历史上任何住院医师的成绩都要高。卡梅洛从一开始就表现出外科医生的风范，他自信，而且稳如泰山。萨比斯顿确信他将是杜克大学有史以来最出色的外科住院医师之一。

萨比斯顿对卡梅洛的能力评价很高，他想推动卡梅洛扩展自己的视野。在项目开展期间，住院医师通常要进行两年的研究。大多数住院医师会选择在心脏电生理实验室做研究，因为这贴近他们的临床方向。然而，萨比斯顿督促卡梅洛跳出他的舒适区，加入我的实验室，在两年研究期内迅速成长。

一开始，卡梅洛对分子生物学一无所知。我最初给他分配了一个小项目，看他是否能制备一只在某些组织中过度表达 α1-肾上腺素能受体的转基因小鼠，目的是研究这种过度表达是否会导致癌症。几个月后，卡梅洛要求与我见面，并委婉承认，如果能从事与心脏更直接相关的工作，他会更高兴。我告诉他，实验室里的其他一些人意外地发现了一种方法，可以在即使没有肾上腺素的情况下，也能使肾上腺素能受体高度活跃，这种受体被我们命名为“组成型活性受体”，[1] 我很想知道，如果我们在心脏中表达这种组成型活性 β 受体会发生什么，这就是让卡梅洛参与这个项目的原因。

当时我对最近开发的转基因技术知之甚少，而这种技术是在小鼠心脏中表达一种非自然受体所必需的。除了对我们希望实现的目标有一个模糊的认识，我对这个项目真的没什么建议可以给卡梅洛。然而，卡梅洛没有因实验室缺乏这一领域的专业知识而吓倒。他阅读了好几天的文献，又与校园里的一些专家交谈，并制订了计划。令人惊讶的是，在短短几个月内，卡梅洛成功地制备了一个能在心脏中表达过度活跃的 β 受体的小鼠品系。

在卡梅洛的技术成功之后，我们的下一个问题是如何实际对这些小鼠展开研究。作为一名临床医生，我在人类身上进行了大量的心脏研究，但对如何研究小鼠的心脏生理学一无所知。卡梅洛查阅了文献，告诉我在加州大学圣地亚哥分校有一个团队，他们已经开发了在小鼠身上进行心脏研究的尖端技术。这个团队由一位著名的高级心脏生理学家约翰·罗斯（John Ross）领导，但其中的关键人物是一位名叫霍华德·罗克曼（Howard Rockman）的初级教员。有一天，我打电话给罗克曼，问他是否有兴趣与我们合作。他接了电话，我做了自我介绍。

“你好，是罗克曼博士吗？我是罗伯特·莱夫科维茨。”接下来我听到的是一声巨响。几秒钟后，罗克曼重新接通了电话，说道："对不起，莱夫科维茨博士！"罗克曼后来告诉我，当他听到是我时，非常兴奋，以至于把电话掉了。这次合作是双赢：我们很高兴与罗克曼合作，因为他在小鼠心脏研究方面有专长；而他也很高兴与我们合作，因为我们在受体方面有专长。

我们把卡梅洛制备出的小鼠送到罗克曼的实验室，马上就有了惊人的发现：转基因小鼠的心输出量，即每分钟由一侧心室输出的血量令人瞠目结舌，它们的心脏比正常小鼠的心脏跳动得更快、更猛。这是有道理的，因为这些转基因小鼠的心脏现在充满了不再需要肾上腺素刺激的受体，所以它们的心脏就像一直浸泡在肾上腺素中一样。然而，随后的研究产生了一个谜团：这些转基因小鼠所表达的受体并没有表现出我们所期望的过度活跃的β2-肾上腺素能受体的特性。进一步的分析显示，这些转基因小鼠实际上表达了正常的β2 受体。我们最终发现，卡梅洛在第一次制备转基因动物时，实验室里有人不小心给了他正常的β2 受体 DNA，而不是突变的受体 DNA。因此，卡梅洛最终制备出了心脏中具有正常的β2 受体的小鼠，但这些小鼠身体中的受体密度是正常小鼠的 300 倍，这导致了心输出量的大量增加。

在这些小鼠身上的有趣发现显得越来越凭运气，因为当卡梅洛随后制备出一个确实在心脏中表达过度活跃的突变 β2 受体的小鼠品系时，结果反而不那么令人兴奋了。事实上，这些小鼠似乎在所有方面都完全正常，其心脏组织中的 β 受体水平几乎与普通小鼠完全相同。我们最终发现，心脏细胞将过度活跃的受体感知为异常，并抑制其表达，这可能是一种保护机制。事实上，我们发现，检测过度活跃的受体表达的唯一方法是对小鼠使用 β 受体阻滞剂，使过度活跃的受体镇静下来，并最终被观察到。[2]

在随后的研究中，卡梅洛又制备了一个新的小鼠品系，该品系在心脏中过度压迫具有活性的 α1B–肾上腺素能受体，这些小鼠表现出许多在人类心脏肥大患者身上看到的特征，是一种病理性心脏组织过度增生导致了心脏体积大于正常心脏。通过这种方式，我们意外地创造了一个研究心脏肥大的有用模型。在相关研究中，我实验室的博士后沃利·科克（Wally Koch）与卡梅洛合作，创造了以心脏表达 β–肾上腺素能受体激酶或该激酶片段为标志的小鼠品系，这种激酶能够使身体发生磷酸化，调节 β 受体。其中一些品系的小鼠表现出患有慢性心力衰竭的人类患者的特征，因此这些小鼠也被证明是有用的心脏病模型。[3]

心脏病夺走了我父亲和母亲的生命，在我有机会见到我的第一个孙子之前，也几乎杀死了我。我的实验室在 20 世纪 90

年代进行的这些跨学科研究令人满意，我把它看作以我自己的方式对心脏病的反击，而且，我们还创建了可能带来新的心脏疗法的模型，这感觉好极了。我仍然认为自己是一名基础研究人员，但能在反击多年来对我的家庭造成如此巨大破坏的疾病方面取得突破，我感到很兴奋，也很欣慰。

A Funny Thing Happened on the Way to Stockholm

第 18 章

当你的名字出现在《危险边缘》，你就离诺贝尔奖不远了

当我和妻子琳恩正一起吃晚餐时，亨利叔叔打来了电话，兴奋得有些喘不过气来。“鲍比！鲍比，你太让我骄傲了。简直不敢相信，你的名字成了《危险边缘》（*Jeopardy!*）节目的答案！”

我试着插话，但亨利叔叔滔滔不绝：“是关于精子的问题！比如，精子是如何感知到卵子的？哦，鲍比，我真为你骄傲。你要去苏格兰，我就和你一起去。”

“苏格兰？我干吗要去苏格兰？”我问。

“你知道的，当你赢得那个大奖的时候就要去。”他回答。

“你是说斯德哥尔摩吗？”我一头雾水。

“苏格兰还是斯德哥尔摩，有什么区别吗？我知道你很快就会赢的。假如你的名字出现在《危险边缘》，你铁定离胜利不远了。”

亨利叔叔从纽约打来电话，他每天晚上 6 点都会准时收看电视游戏节目《危险边缘》。而在北卡罗来纳州的达勒姆，《危险边缘》晚上 6 点半才播出，所以琳恩和我此时打开电视的时间正好。果然，第一轮比赛进行到一半时，《科学新闻》栏目中的 200 美元档问题是：“1995 年，罗伯特·莱夫科维茨博士发现精子利用什么来追踪卵子？”参赛者给出了正确答案：“气味。”

鉴于《危险边缘》作为美国最重要的电视游戏节目的地位，许多人都把在节目中出现自己的名字看作毕生梦想之巅。我终于也登上了《危险边缘》，但颇具讽刺意味的是，我的名字却与一个实际上并非属于我的发现相挂钩。

莫名地成为精子专家和白发神医

我从未做过有关精子活力的研究。事实上，尽管我是 5 个孩子的父亲，但我必须承认，我对精子知之甚少。那么，我的名字怎么会和 1996 年 10 月 7 日播出的《危险边缘》节目中精子的问题联系在一起呢？这个问题的答案需要回溯到一年半以前。

1995 年初，杜克大学举行了一次科学作家会议。这个年度活动每年都会改变地点，但形式是一样的：几十位知名的科学作家聚在一起，听取知名科学家的讲座，了解不同领域的最新前沿研究。鉴于 1995 年的这个活动是在杜克大学举行的，因此我受邀参加并分享我的实验室在 G 蛋白偶联受体方面的基础生物学研究工作。在我发言后，一位记者问道："在您的领域还有什么其他事情是我们应该知道的吗？"我回答说："G 蛋白偶联受体的作用远不止介导对肾上腺素和其他激素的反应。例如，在鼻子里有专门的气味受体介导嗅觉。最近一份来自比利时研究团队的报告甚至表明，在精子中发现了一些这样的气味受体，它们可能在帮助精子寻找卵子方面发挥了作用。"

在这次科学作家会议后的第二天早上，我接到了儿子大卫从旧金山打来的电话，他说："嘿，爸爸，我不知道你在研究精子。"

"你在说什么？"我问道。"今天早上《旧金山纪事报》上有一篇文章，讲的是你发现精子是如何利用它们的嗅觉来寻找卵子的，"大卫继续说，"这听起来真的很有趣。"

我感谢大卫让我知道这件事，并告诉他，我需要纠正他的一个错误。无奈的是，我一挂断与大卫的通话，就开始接到来自不同朋友和同事的电话，他们都在询问我对精子的新研究。原来，大卫在报纸上看到的那篇文章是由美联社的一名记者写的，这篇文章除了在《旧金山纪事报》上发表，还在世界各地的数百家报纸上发表了。

当我同意在科学作家会议上发言时，工作人员告诉我，未经演讲人批准，任何故事都不会被发表。然而，在发表关于精子的那篇文章之前，美联社的记者并没有与我联系。这篇文章已经上报了，并将精子中气味受体的发现归功于我。

不用说，我对此很羞愧。我不想让比利时研究人员认为我在试图抢夺他们的研究成果。我做的第一件事是给美联社打电话，以澄清事实。他们发表了一份澄清声明，但与大多数澄清声明一样，很少有人看到它。很多人阅读了原始文章，这篇文章受到了难以置信的媒体关注，却很少有人阅读随后的澄清声明，而我在澄清声明中明确表示我是在谈论别人的工作。我做的第二件事是给吉尔贝・瓦萨尔（Gilbert Vassart）打电话，他是发表了关于精子中存在气味受体的论文的第一作者。[1] 我告诉瓦萨尔科学作家会议上发生的事情，向他解释我是如何引用他们团队的发现，但不知何故，记者却弄错了。瓦萨尔表示非常理解，并认为这真是个很有趣的故事。

在与美联社和比利时团队联系后，我以为故事已经结束了。然而，事实证明，这个故事才刚刚开始。《危险边缘》节目的策划团队在文章发表一年后找到了原始文章，但没有找到澄清声明。就这样，我的名字出现在了这档节目关于精子的问题中。

1996 年 10 月的那个晚上，不仅仅是我的叔叔亨利在节目上看到了我的名字，在随后的日子里，我收到了许多来自不同亲友与同事的电话和电子邮件，他们要么看了《危险边缘》，要么听说过。对于最初的几位来电者，我还试图解释整个故事，包括科学作家会议、我对比利时团队工作的评论所造成的误会等。然而，要向每一个打电话的人反复讲述这个故事，需要耗费巨大的精力。因此，在几个电话之后，我就开始接受所有的祝贺，并不再试图解释："是的，确实，看到我的名字出现在《危险边缘》中，我很兴奋！是的，我知道问题是关于精子的，这看起来令人惊讶，但研究总是能把你带到意想不到的方向。"

在《危险边缘》带来的喧嚣平息后，我想我作为精子专家的职业生涯终于结束了。可惜我错了。在随后的几年里，我收到了无数与这一事件有关的随机电话和电子邮件。其中一个令人难忘的电话是在《危险边缘》节目播出几年后打来的，来自一位年轻女士，她是加拿大女性时尚杂志《闪耀》的记者，这本杂志就像加拿大版的《大都会》。“莱夫科维茨博士，我们正在编写年度妇科最新期刊。”这位女士说，“我们希望您能就精子和男性避孕药的开发研究发表您的看法。”

我很想说些疯狂的话，只是为了让这位记者发表一篇夺人眼球的报道，让我作为精子专家的传说再延续几十年。然而我很清楚，如果想了解关于精子和卵子之间化学感应的最新研究情况，她应该和比利时的瓦萨尔谈谈。

我十分尊重记者，他们承担着向公众传达复杂信息的艰巨任务。同时，我也发现，作为一名科学家，与记者交流可能是危险的。像大多数科学家一样，我在撰写资助申请时，努力使我的研究听起来尽可能有趣，目的是说服资助方，使他们相信这项工作足够重要，并以此获得资助。但是，当我与记者交流时，我发现我需要采取相反的方法，与其宣传我的研究，不如贬低和淡化它，否则记者总是会夸大我的言论，他们的宣传远远超出了研究的实际情况。

另一个过度热心的新闻报道例子是，人们认为我解开了头发变白的谜团。我的实验室在《自然》上发表了一篇关于 β2-肾上腺素能受体如何介导导致 DNA 损伤的应激反应的论文。[2] 应杂志的要求，我与一小群记者交谈，解释这项工作，并试图举例说明压力的有害影响，这里我简要地提到了头发变白。我的实验室在《自然》上发表的文章与白发毫不相干，而是专注于细胞对压力的基本反应。然而，在我向记者提到白发后，媒体对这项研究的报道莫名其妙地全部集中在我的实验室如何研究对抗白发上。

意外成为科学家

鉴于媒体以讹传讹，将我描述为精子专家和白发神医，你可能认为我会停止与记者交谈。但事实上，我认为科学家向公众传达其研究成果是非常必要的，因为很多研究都是由纳税人的钱资助完成的，公众需要知道他们的税款如何被使用，所以科学家花时间解释这一点至关重要。但是，科学家应该避免过度夸大他们的工作或过度宣传其研究成果对公众的潜在好处。这一点尤其关键，可以避免反科学行为的发生，避免让公开的过度承诺成为打击科学和科学家的筹码。因此，考虑到记者过度宣传的职业天性，科学家在与他们交谈时，实际上需要尽可能地淡化自己的研究，并尽可能指出所有的注意事项，尽管这种低调往往会让人感觉反常。

我与媒体有广泛互动的另一个机会是作为学术组织的领导人。我曾有幸当选为美国临床研究协会和美国内科医师协会的主席。1988 年，当我发表前者的主席演讲时，我把重点放在科研伦理上，这是一个应时的话题，因为在那几年里，社会上出了几个有新闻价值的科研欺诈案件。在演讲中，我谈到了科学家欺骗自己的各种方式，引用了哈里·G. 法兰克福的经典著作《论扯淡》(*On Bulshit*)，提出了科学家需要警惕自欺欺人的观点。[3] 当我讲完后，我坐到了约瑟夫·戈尔茨坦（Joseph Goldstein）旁边。他是前主席，也是我的好朋友，因为我们在美国国家卫生研究院时曾一起戴过“黄色贝雷帽”。“讲得不错，”约瑟夫说，“但你为什么说了这么多次‘扯淡’呢？”

“我说了多少次？”我问道。约瑟夫直视着我的眼睛，说道：“10 次。”

当天晚上回到酒店房间后，我检查了发言稿，并数了数我说“扯淡”的次数，正好是 10 次。我的朋友约瑟夫是一位绅士，他显然不喜欢在公共场合骂人，我想象着他紧张地数着我在演讲中说的每一次“扯淡”。我还是希望我反对“扯淡”的信息能被理解与传达，即使我的语言在那次演讲中冒犯到了大家。

几年后，也就是 2001 年，我在一个非常具有挑战性的时期担任了美国内科医师协会的主席。整个 20 世纪 90 年代，该协会的会员人数一直在下降，部分原因是很多医生不再从事研究工作。我和我的朋友、上一年担任协会主席的“黄色贝雷帽”同伴托尼·福奇（Tony Fauci）一样，对这一趋势忧心忡忡。10 年前，托尼和我连续几年入选协会的理事会，知道我们将分别于 2000 年和 2001 年担任主席。在 20 世纪 90 年代中期，我们曾对出席协会年会的人数下降情况做过统计，数据显示，人数可能会在 2000 年前后达到零。托尼和我互相开玩笑，打赌我们中的哪一位会成为第一位主持没人出席的年会的主席。好在我们采取了措施，增加了会员人数并保持了协会的活力，这意味着我们都不必对着一个空荡荡的房间发表主席演讲。

2001 年，我与视效团队安排了一个充满戏剧性的开场方式。在我上台演讲时，会场完全变暗，电影《2001 太空漫游》（*2001: A Space Odyssey*）的主题曲开始响起。然后大屏幕上出现了我戴着宇航员头盔飘浮在太空中的影像。一分钟后，音乐停止，灯光重新亮起，观众们齐刷刷地站起来，为这一新颖的开场鼓掌。“好吧，也许我现在该坐下来，我已经得到了我的开场掌声了。”我在开始发言之前说。

我在这次演讲中着重强调了让医生接触研究的重要性。[4] 我讲述了我在杜克大学的同事比尔·霍尔（Bill Hall）的故事，他在 30 多岁时为了戒烟开始长跑。大家很快发现，比尔在长跑方面有一种不寻常的天赋。在有限的训练下，他迅速变得比他所有更有经验的训练伙伴跑得更快，并开始赢得当地的比赛。经过短短几年的训练，他在 40 岁时以 2 小时 21 分的成绩赢得了美国男子马拉松赛的冠军，这使他有资格参加美国奥运会马拉松选拔赛。显然，如果比尔在 30 多岁时没有接触长跑，就无法知道他拥有这种不可思议的天赋，那么这一切都不会发生。

我在演讲中讲这个故事，因为我相信有很多医生都可以成为出色的科研人员，但除非他们接触研究，否则永远不会意识到这个事实。以我自己的职业生涯为例，我之前并没有接触过研究，直到我为了履行征兵义务，偶然来到了美国国家卫生研究院。当我开始做研究时，我就爱上了它，并意识到我在这个领域拥有一些天赋，由此意外地成了科学家。确实很意外，是因为公共卫生服务外包团队精心设计的、由纳税人资助的一个项目，我才开始接触到研究。

在杜克大学，我们要求所有三年级的医学生进行一年的研究，而且几乎所有的研究员和住院医师项目也要求进行一到两年的研究。然而，许多医学院并不要求学生接触研究。在我看来，这是一种极大的浪费。谁知道有多少医生具备未被开发的潜力，能做出改变游戏规则的发现来促进人类健康？正是由于这个原因，我把让医生接触研究作为我担任美国内科医师协会主席期间的一个核心任务。**我想说的是，如果有机会体验研究和发现所带来的快乐，有许多现在和未来的医生可以像我一样，意外成为科学家。**

尽管我研究生涯的开启具有偶然性，尽管我有时发现自己在试图向公众传达我实验室研究的重要性时处于“危险边缘”，但我的实验室对理解受体的贡献最终还是传开了，我开始赢得一些重要的奖项。正如我母亲所说，它们不是诺贝尔奖，尽管如此，但我对获得这样的认可同样感到非常荣幸。此外，为了获得这些奖项而周游世界，由此展开的一系列冒险，让我的肾上腺素不断飙升。

A Funny Thing Happened on the Way to Stockholm

第 19 章

国际科学奖巡回之旅，我对科学依旧好奇

广播里传出了我的名字，声音回荡在整个礼堂。我从一个戴耳机的工作人员那里得到提示，走上了我的红毯之旅。

我将获得号称“东方诺贝尔”的邵逸夫奖，该奖项由开创了中国电影史上有声电影新纪元的企业家邵逸夫资助。颁奖典礼设在香港会议展览中心的大礼堂，我沿着红毯走向舞台，经过了一大群欢呼的与会者。走完这一段路似乎花了很长时间。

舞台两侧有两个巨大的屏幕，我可以看到自己走路的样子。当看着自己的影像时，我注意到我的右肩看起来比左肩低。我一直对自己的体态有自知之明，因为在我的成长过程中，母亲一直责备我体态不端正，说我高低肩，而这一定是因为我只把书包背在一边。当在大屏幕上看到自己一边高一边低的肩膀时，我试图调整一下，但最后还是矫枉过正。我不仅看起来笨手笨脚，而且现在左肩又比右肩低了很多。我不得不重新纠正，但当我走上台时，仍然显得很不对劲。稍后，我在琳恩身边坐下，她俯身低声问我："你的肩膀到底怎么回事？"

主持典礼的是邵逸夫本人，从临床医生的角度，他看起来似乎缺乏生气。当时他已经 100 岁了。在整个颁奖典礼上，他坐着一动不动。大会宣读了我在生命科学和医学方面的研究以及其他邵逸夫奖得主在天文学和数学科学方面的成就。颁奖典礼结束后，我们作为获奖者受邀与邵逸夫先生合影，而邵先生仍然像蜡像一样一动不动。我开始感到有些担心，因为在整个过程中我根本没有看到他动过。作为一名临床医生，我仔细观察了他几分钟，以确定他是否在呼吸。最后，邵先生以一种平缓的方式，慢慢地转过头与我对视，露出一个笑容。我回以微笑，松了一口气，心想：我要是在 100 岁时还能主持类似的盛大活动就好了。

邵逸夫奖为获奖者颁发 100 万美元的奖金，我们得知这笔钱将在颁奖典礼结束后的第二天早上转成港币汇入银行账户。琳恩和我都很好奇，想知道汇款是否真的会如期而至。此外，我们还想看看转账后的银行账户会是什么样子。以当时的汇率 8∶1 计算，到时候我们的账户上应该会有 800 万（港币），无论如何，这都是一个令人瞠目结舌的数字。事实上，当我们在酒店的自动取款机上查看余额时，显示数额的确超过了800万。琳恩坚持要我给自动取款机的屏幕拍照，毕竟这个数字看起来如此令人印象深刻。

那一天，我们在香港四处观光，然后第二天就回到了美国。我们降落在华盛顿，在那里还有一个活动要参加：我被授予美国心力衰竭协会的荣誉奖。在一家酒店过夜后，第二天早上起来，我很好奇地想知道，从美国本土看，银行账户现在会是什么情况。当我们漫步到酒店餐厅吃早餐时，我们停下来在大厅的自动取款机上查看余额，看到数字为8 950美元。我蒙了，拿出卡，按了“重置”键，又试了一次，但得到了同样的结果：8 950美元。那一百万美元怎么了？突然间，我陷入了恐慌。我告诉琳恩，我们需要给银行的客服打电话，以弄清问题所在。

“好吧，我们早餐后给他们打电话。”琳恩建议，她总是冷静和理智。“让早餐见鬼去吧。”我回答，“我们刚刚损失了100万美元。我想知道到底发生了什么事。”

我们直接回到房间，我给银行打了电话。在向几个不同的人解释了情况后，我终于被转到一个主管那里，他说：“啊，莱夫科维茨博士，应该有人告诉您，我们的自动取款机无法显示超过 6 位数的数字。因此，您账户中的实际余额是 1 008 950 美元，它只是没有显示在机器上。”我松了一口气，和琳恩一起回到楼下，终于可以安心享受早餐了。

别错过与米克·贾格尔一起挤电梯的机会

在获得邵逸夫奖的几个月后，我在办公室接到一个自称是美国总统科学顾问打来的电话。起初我很怀疑，但这个人听起来很靠谱，所以我们一直在交谈。他说我将在白宫与总统举行的特别仪式上接受国家科学奖章，这是美国政府授予科学家的最高荣誉。

我在指定日期出现在白宫，随行人员包括琳恩、我的孩子、其他几位家庭成员、我实验室的部分工作人员，以及时任杜克大学校长迪克·布罗德黑德（Dick Brodhend）。我们通过了严格的安检，被带到东厅，那里有一个简短的仪式。那年生物学的另一位获奖者是来自贝勒大学的伯特·奥马利（Bert O'Malley），他因研究在细胞核中发现的核受体而闻名。当时的美国总统布什有一个众所周知的怪癖，他会把 nuclear 这个词念成 nu-cu-lar，我很期待听到他在读奥马利的颁奖词时反复念错这个词，我只是觉得有些好玩。然而，结果是由总统发言人为每位获奖者宣读颁奖词，而总统的唯一工作是将奖章戴在我们的脖子上。我怀疑是工作人员不想冒险让美国总统磕磕绊绊地读完颁奖词中所有的科学词汇。

仪式结束后，获奖者有 15 分钟左右的时间与总统进行小范围交谈。我必须承认，布什总统令人非常愉快。他很有魅力、很幽默，和他在一起绝对是一种享受。不知怎的，我们最后谈到了配偶，他对他的妻子表达的爱非常感人。在考虑到总统任期内发生的所有事情，包括崩溃的经济和不受欢迎的战争时，我对他能让屋里每个人感到愉悦的能力印象深刻。

大约在同一时期，我很幸运地赢得了几个欧洲科学奖。第一个是勒富隆·德拉兰德基金会科学大奖，这是一个法国奖项，附带 50 万欧元的现金奖励。我在最好的时机赢得了这个奖项，也就是美元兑欧元的汇率暴跌之际。在得知成为获奖者之后，我需要等待几个月，然后才能在巴黎的最终仪式上真正接受这个奖项和奖金。在那段时间里，以美元计算的奖金价值不断上升。我通常不关心汇率，但在这几个月里，我时常会在看到新闻里美元兑欧元的汇率又一次下跌的报道时欢呼雀跃。

在巴黎参加仪式时，琳恩和我入住乔治五世四季酒店。一天晚上，我们准备出去吃晚餐，从酒店那部小得离谱的电梯下到大厅，向前门走去。就在我们准备出去的时候，我看到了米克·贾格尔（Mick Jagger）正和一名高大且优雅的女人大步走来，他们正走向我们一分钟前出来的那部电梯。在他们走过之后，我对琳恩低声说：“转身！”

“干吗？”她小声问道。“别错过与米克·贾格尔一起挤电梯的机会！”我回答说。我从 20 世纪 60 年代起就是滚石乐队的粉丝，现在总算有机会与滚石乐队的传奇人物近距离接触了！琳恩反应灵敏，立刻和我一起转过身。我们假装随意地走到电梯旁，在米克和他的同伴旁边等待。

当电梯到达时，我们一起走进去，我和米克肩并肩地挤在一起。我试图表现得很冷静，好像根本不知道他是谁。从他和女伴的谈话中可以了解到，他们把车钥匙忘在了房间里，正准备回去取。我按下了我们楼层的按钮，结果发现他们要去同一层楼。电梯到达楼层，门打开了，他们去了一个方向，而我们去了另一个方向。他们一转弯，我和琳恩就转身跳回了电梯，立即像少年一样大笑起来。

我在这个时期获得的另一个欧洲奖项是 BBVA 知识前沿奖，这是由世界最大的金融机构之一，即西班牙对外银行基金会与西班牙国家研究委员会共同颁发的年度奖。为了领取这个奖，我和琳恩在 2010 年飞往马德里。女儿玛拉与我们同行，她热衷于环游世界，能说一口流利的西班牙语。我请玛拉教我一些西班牙语，以便我能够像当地人一样融入其中。我唯一能记住的短语是“Dónde estáel baño?”，意思是“卫生间在哪儿？”我决心在旅行中的某个时刻使用这句话。

当我们在位于马德里市中心的传奇博物馆普拉多时，我感觉机会到了，于是走到一个咨询台前，问道：“Dónde estáel baño？”我的口音一定很有说服力，因为服务员用西班牙语给了我一个又长又乱的回答。我不好意思告诉他，说：“哦，我其实不会说西班牙语，我只是想炫耀一下我知道的这句话。”所以，我只是点了点头，然后就走了。我走了一段路，找到了另一个咨询台并再次询问了卫生间的位置，这次用的是英语。

为了更好地融入当地人的生活，我还买了几件新衣服。西班牙男人穿着大胆，所以我为这次旅行买的新衣服是一件款式新颖的亮黄色衬衫。说实话，我认为自己穿这件衬衫看起来棒极了，所以当我们到达马德里的第一个晚上，准备出去吃饭时，我很兴奋地穿上了它。在我穿衣服的时候，当时的流行音乐偶像多诺万的《我爱我的衬衫》（*I Love My Shirt*）这首歌一直在我脑海中循环播放。

当我们仨离开酒店时，我注意到有一大群鸽子聚集在酒店的窗台上。我们走到街上后不久，这些鸽子集体行动，像轰炸机一样，径直向我们飞来。当鸽子向我们俯冲而来时，我们纷纷躲避，四散而逃。鸽子呼啸而过，我感觉自己的身体被一个又一个的子弹击中。当尘埃落定，鸽群消失后，我看了看自己，发现我从头到脚布满了厚厚的鸽子粪便。令人诧异的是，琳恩和玛拉身上一点儿都没有，鸽子只把我当作了靶子。我那件颜色鲜艳的黄衬衫已然淹没在粪便之下，所以我猜想是我的衬衫把鸽子引来的。当回到酒店房间快速冲澡换衣服时，我想，我大概是无法融入马德里那些穿着大胆的人之中了。

鸽子事件中最糟糕的部分不是鸽子弄脏了我的衬衫，而是它们对我的不尊重：我受邀到它们国家接受一个著名的奖项，而它们没有尊重我，反而在我身上拉屎。这让我想起了几年前我不受当地人尊重的另一次遭遇。当时我受邀在意大利罗马的一个会议上做主题演讲。演讲结束后的第二天，我和琳恩在市中心的一条拥挤街道上观光。突然，我感到我的右边有动静。琳恩抓住了一个十几岁男孩的手腕，从他的手里扯出了什么东西。那孩子挣脱了琳恩，跑开了。

“怎么回事？”我问道。“你没有看到吗？”琳恩回答说，“那孩子偷东西。他把手伸进你的外套，掏出了咱们的护照和机票。我抢回了护照和一张机票，但他拿走了另一张机票。”

那时候还没有电子票，纸质票就是登机的凭证，所以我们需要以某种方式将票拿回来。琳恩和我正在考虑是否应该去找警察，但我们马上看到那个孩子和他的几个朋友站在一个街区远的街上。他举着机票，向我们挥舞着。我走到他的喊话范围内，尽管他的英语很蹩脚，但显然他想把票卖给我。随后我们进行了简短的谈判，我最终以大约 15 美元的价格买回了我的票。街上的人只是看着这一幕发生，但什么也没做，就好像被抢劫和勒索只是罗马正常生活的一部分。

而在这个阶段的其他旅行中，我遇到的大多数问题不是因为当地人给予的尊重太少，而是太多。例如，我受邀到东京，在一所大学做一场讲座，东道主准备了一份详细的行程，几乎涵盖了我来访的每一分钟。整整一个星期，琳恩和我被带到各个地方，没有一刻闲着。有时在旅途中，你会想有一点属于自己的时间来放松，但在这次旅行中，我们每时每刻都有人员陪护在身边。

在东京的最后一天，一位年轻的助理教授陪同我们去火车站。可是我们打算在回家之前，去京都玩一下。我们想在火车站外与陪同人员告别，但他用不流利的英语明确表示，他的任务是在接下来的几个小时内与我们待在一起，以确保我们坐上正确的火车。然后我们直截了当地告诉他，我们很感谢他的帮助，但更希望有自由行动的时间。他再次坚持说他必须陪着我们直到我们上了火车。那时，我们已经在这种相处模式中精疲力竭，极度希望有一些独处的时间。因此，当我们的陪同人员背对着我们，与汽车司机交谈时，我在琳恩的耳边说："啥也别问，跟着我就行。"

就这样，我拿起我的行李箱，飞奔进火车站，琳恩紧跟在我后面。一进站，我们就看到一个下行的自动扶梯，于是我们跳了上去，接着向右转，再向左转，接着又是一个下行扶梯。我想我们一定已经甩掉了那位陪同人员，但是当我转身回头看时，我看到他匆匆忙忙地从第一个扶梯上跑下来，追赶我们。

在接下来的 10 分钟里，我们一直在奔跑。琳恩和我在火车站里冲刺，随机应变，试图消失在人群中，然后再折回来，把我们的“追兵”甩掉。最后，我们躲进一家人来人往的礼品店里，看着我们的“追兵”从外面走过，疑惑地在站台上四处搜寻。最后，他放弃了，向火车站外走去。

我必须承认，我对甩掉我们的陪同人员感到内疚，他看起来是非常好的年轻人。然而，在将近一周的时间里，不断有人在我们身边徘徊，琳恩和我只是需要一些时间独处。事实证明，受到过多尊重也不是一件好事。

我对科学的好奇心依然强烈燃烧着

我在杜克大学工作期间去过的所有国际城市中，到斯德哥尔摩的次数最多，至少有十几次。对知名科学家来说，经常访问斯德哥尔摩并不罕见，因为各个诺贝尔委员会的成员都喜欢邀请潜在的诺贝尔奖获得者到这里来，以便亲自与他们见面，看看他们是否适配。不用说，在斯德哥尔摩做科学讲座的邀请很少被拒绝。

我第一次去斯德哥尔摩是在 1976 年，当时我应邀在卡罗林斯卡学院做演讲，并与乌尔夫·冯·奥伊勒（Ulf von Euler）共进晚餐。他是一位充满传奇色彩的瑞典科学家，多年前曾发现了去甲肾上腺素。而在十几年后，即 1992 年，我受邀回到卡罗林斯卡学院参加乌尔夫·冯·奥伊勒讲座，该讲座在奥伊勒 1983 年去世后就以他的名字命名。收到邀请，我感到很荣幸。我在卡罗林斯卡学院受到了一位著名生理学家的接待，他的办公室里有以前所有被邀请参加乌尔夫·冯·奥伊勒讲座的科学家的照片。我注意到，这些演讲者中超过一半的人后来都获得了诺贝尔奖。

这位生理学家带我浏览了这些照片。“这个人，如你所知，5 年前获得了诺贝尔奖……这个人是去年得奖的。而这里的这个家伙，”他指着墙上我的照片说，“这个叫莱夫科维茨的家伙，我们只能拭目以待。”他的话音刚落，我紧张地笑了笑。我正在接受诺贝尔奖委员会的审查，这一事实似乎已经显而易见了。

1996 年，我受邀到斯德哥尔摩参加一个诺贝尔研讨会。所有的发言者都有 30 分钟的发言时间。我做了常规演讲，重点讲述我实验室当时正在进行的研究。然而，其他两位发言人，即埃里克·坎德尔（Eric Kandel）和保罗·格林加德（Paul Greengard），做了与我非常不相同的发言。两人都对他们的整个职业生涯进行了全面的介绍，并将他们的工作作为其领域历史的核心进行了广泛且深刻的阐述。事实证明，坎德尔、格林加德和阿尔维德·卡尔松（Arvid Carlsson）几年后将共同获得诺贝尔奖。因此我学到了一个教训：诺贝尔研讨会不只是谈论现有研究的常规会议，而且是论证一个人的工作为什么具有诺贝尔奖价值的试验场。

从 2000 年到 2012 年，我受邀到斯德哥尔摩 10 次，参加了好几次诺贝尔研讨会。在许多这样的讲座之后，我总能得到来自各位诺贝尔委员会成员的高度鼓励与赞赏。每次收到这样的反馈时，我都会自然而然地想：这一年我是否会获得诺贝尔奖呢？然而，年复一年，诺贝尔奖的公告来了又去，我却始终没有接到来自斯德哥尔摩的期盼中的消息。2004 年 10 月，琳达·巴克（Linda Buck）和理查德·阿克塞尔（Richard Axel）成为诺贝尔生理学或医学奖得主，因为他们发现了介导嗅觉的受体大家族。他们识别这些受体的方法受到了我实验室中识别肾上腺素能受体工作的启发。事实上，我们公布的 β2-肾上腺素能受体和其他几个受体的基因序列就像揭示了许多其他类型的受体一样，已经成为揭开嗅觉受体的罗塞塔石碑。在巴克和阿克塞尔获奖后，我想这可能是我获得诺贝尔奖希望的终点，因为一旦人们开始基于你的研究成果而获得诺贝尔奖，你就会有强烈的被忽略的感觉。

加上邵逸夫奖、法国的奖项、西班牙的奖项等，我一生中已经获得了很多奖项，再多一个奖也不会使我的职业生涯更加成功或失败。此外，没有哪位真正的科学家是因为获奖的愿望而备受激励的，他们的动机是对大自然如何运作的好奇心。**随着 21 世纪的到来，我感到自己的科学好奇心仍然像以前一样强烈地燃烧着。**我认识的一些科学家将很多时间花在了环球旅行上，而我的旅行只占据了我一小部分时间，尽管这些旅行经历都很有趣。我的大部分时间还是在杜克大学的实验室里度过的，我常常与我的学生交谈，并将实验室的研究推向新的方向。我最兴奋的一些故事涉及对作为信号分子的 β-拘留蛋白的研究，此外，我与学生们还进行了深入合作，以确定受体的三维结构。

A Funny Thing Happened on the Way to Stockholm

第 20 章

世界上还有谁会因为没有获得诺贝尔奖而上头条呢

办公室的电话响了，我从电话里听到一个令人震惊的消息：我的合作者，具有传奇色彩的哈佛大学结构生物学家唐·威利（Don Wiley）失踪了。

唐和我正在合作，试图确定β2-肾上腺素能受体的三维结构。在20世纪70年代，我的实验室开创了提纯受体的先河；在20世纪80年代，我们发现了受体的基因序列；现在，在21世纪初，我们与唐的团队合作，对提纯的β2受体进行X射线晶体学研究，以便观察受体的结构并准确了解肾上腺素等分子如何与之结合。我的实验室擅长提纯受体，而唐是世界上最好的X射线晶体学家之一，所以我对我们合作将取得的成功充满信心。而现在，唐人间蒸发了！

唐是一位了不起的科学家，他才华横溢，仿佛能点亮他进入的每一个房间。即便是以诸如蛋白质的结构这种枯燥的话题发表演讲，他也能讲出引人入胜的故事，让听众对他说的每一个字都充满期待。同为喜欢且擅长讲故事的人，我知道唐是我的同道中人，我很高兴与他成为合作伙伴。我对唐既喜爱又钦佩，因此，他失踪的消息让我难以接受。

唐的失踪成了全国性新闻，因此通过新闻和找认识唐的同事询问，我了解到这个案件的所有细节。唐在孟菲斯参加了圣裘德医院的一个会议，他在那里担任研究咨询委员会成员。他与一些同事共进晚餐，同桌的人都说唐保持了一贯的乐观和欢快。唐在晚餐后开一辆租来的车去看望住在该地区的父亲，但后来没有出现在他父亲家里。警方发现唐的车停在赫尔南多·德·索托大桥上，这是一座横跨密西西比河的巨型立交桥。一个明显猜测是，唐可能在桥上停车并跳桥自杀。然而，唐并未表现出丝毫的沮丧，从各方面来看，那天晚上他的精神状态很好。

几周过去了，案件没有任何突破，阴谋论开始出现。唐是世界上研究如埃博拉病毒之类的危险病毒结构的顶级专家之一，这使得一些人猜测，他可能是被想要开发生化武器的恐怖分子绑架了。这件事发生在“9·11”恐怖袭击事件后不久，大家的脑海中不免联想到恐怖主义。还有人猜测，也许唐知道了太多秘密，所以被谋杀了。在同一时期，其他几位病毒学家也神秘死亡，这助长了对唐案件的猜测。

唐失踪大约一个月后，他的尸体在孟菲斯以南约 5 千米的密西西比河被发现。联邦调查局和当地执法人员检查了尸体和汽车，发现汽车的右车头有损伤。谢尔比县法医对唐的死亡给出的官方结论是，他的车碰到桥上的一根柱子，导致他下车检查损坏情况。不知何故，他不小心从桥上掉了下来，摔死了。也可能当时有一辆大卡车驶过，带起一股强风，将唐刮下桥。另外，由于唐患有癫痫，偶尔会发作，所以也可能是他经历了一次癫痫发作，而这也许与撞到柱子的冲力有关，然后他就从栏杆上摔下桥了。无论唐的死亡以何种方式发生，对于科学界来说，失去一个许多人认为可能在未来几年获得诺贝尔奖的人是一个重大损失，这个不幸对我来说尤为震惊和惋惜，因为那时我们正在积极合作。

唐的死亡最令人毛骨悚然的一个方面是，他实际上是我们在 X 射线晶体学项目上第 3 名意外死亡的合作者。在与唐合作这个项目之前，我们一直与耶鲁大学的保罗 · 西格勒（Paul Sigler）保持合作。在合作开始后不久，领导该项目的天才博士后瑟奇 · 佩尔斯（Serge Pares）在环球航空公司 800 号航班上与他怀孕的妻子一起不幸去世。1996 年，该航班在起飞后不久就发生爆炸，最终坠入大西洋。该项目在西格勒实验室继续进行，也得到了其他几位博士后的帮助。2000 年初的一天，西格勒在耶鲁大学校园附近散步时，突然心脏病发作，不治身亡。西格勒是很好的人，也是一名优秀的科学家，所以这对所有认识他的人来说都是一个巨大的打击。在西格勒的实验室中，有一位正在从事这个项目的博士后本·斯皮勒（Ben Spiller），后来转到了哈佛大学唐·威利的实验室，唐表示有兴趣继续与我的实验室合作。因此，当唐的尸体于 2001 年 12 月 20 日从密西西比河中被打捞出来时，这已经是 6 年来与这个项目相关的意外死亡的第 3 位合作伙伴了。在我的实验室里，大家神神秘秘地谈起 X 射线晶体学研究是“死亡项目”，有人担心任何从事这个项目的人都可能会被诅咒。

X 射线晶体学研究的“死亡项目”

尽管本感到震惊，但他并不畏惧诅咒的说法。在经历了连续两位导师的死亡后，本转入了另一位著名的结构生物学家、哈佛大学的斯蒂芬·哈里森（Stephen Harrison）的实验室，并告诉我他想继续做这个项目。令人惊讶的是，斯蒂芬也同意了这个想法。实际上，斯蒂芬已经从唐的实验室里收留了不少没了导师的年轻科学家，并试图帮助他们继续工作。我打电话给斯蒂芬，告诉他也许可以拒绝这个特殊的项目，毕竟前几位合作伙伴现在都已经去世了。斯蒂芬向来无畏，又带着反叛精神，他说他不相信诅咒，并对这个项目感到兴奋，坚持要与本继续合作，并以本为主导。

在我的实验室进行 X 射线晶体学研究的同时，我们也有一些其他的项目，这些项目带来了令人惊奇的发现。例如，我们发现了与 β-肾上腺素能受体相关的新型细胞蛋白。我们为 β1 和 β2-肾上腺素能受体发现了不同的结合伴侣，这有助于解释这两种受体之间长期以来一直很神秘的某些功能差异。[1] 使用类似的技术，我们发现了许多 β-拘留蛋白的细胞结合伴侣。几年前，我们发现 β-拘留蛋白可以阻止肾上腺素能受体和许多其他受体的 G 蛋白信号传导，随后卡伦的实验室出色的研究证明，β-拘留蛋白可以介导受体从细胞表面移除以应对过度刺激。[2] 然而，在筛查 β-拘留蛋白结合伴侣的过程中，我们不断发现已知的介导细胞信号传导的蛋白质，但这没有任何意义，因为我们认为 β-拘留蛋白的作用是阻止细胞信号传导。同时期，我们还找到了令人惊讶的证据，即 β-拘留蛋白介导受体从细胞表面移除对受体信号传导的某些方面很重要，[3] 但这也是没有意义的，因为标准模型认为受体从细胞表面移除应该只损害信号传导。

最终，我们有了一个概念上的突破。我们意识到，除抑制 G 蛋白信号传导外，β-拘留蛋白还必须启动来自受体的第二拨不同的信号传导。[4] 当时，已经有少量关于 G 蛋白偶联受体的偏向性信号传导的文献，[5] 也就是说，一些药物能够激活受体下游的某些途径，但不能激活其他途径。然而，这主要是从受体能够不同程度地激活不同的 G 蛋白的角度来讨论的。我爱上了这样一种观点，即 G 蛋白与 β-拘留蛋白不同的信号激活可能是一种特定的机制，通过这种机制发出偏向性信号。

我们在对 β-肾上腺素能受体和血管紧张素受体的研究中探索了这一想法，发现不同的配体确实可以不同程度地刺激由 G 蛋白和 β-拘留蛋白介导的信号传导。[6] 对我来说，这些关于偏向性配体的发现是令人兴奋的，因为它们表明有可能开发出作用更具体、副作用更小的药物。现在似乎可以有选择地激活受体下游，以提供临床益处，同时避免引起副作用。

我着迷于这些发现，以至于我有生以来第一次协助成立了一家名为特雷维纳（Trevena）的公司，该公司专注于筛选和开发偏向性配体。我实验室的 3 位博士后研究员，他们分别是斯科特·德沃（Scott Dewire）、乔纳森·维奥林（Jonathan Violin）和埃琳·惠伦（Erin Whalen），3 人都是这家公司的创始科学家。与许多创业公司一样，特雷维纳公司在第一个 10 年中经历了风风雨雨，充满了许多起起落落和成长的痛苦。现在我与该公司没有太多联系，但特雷维纳仍在积极开发治疗药物。最近有一种药物获得美国食品药品监督管理局批准，可用于临床。这种药物可以激活 μ 阿片受体以减轻严重疼痛，但是，与吗啡和其他传统的 μ 阿片激活蛋白不同，这种新药偏向于 G 蛋白信号，而不是 β-拘留蛋白信号，这样可以帮助减轻副作用。看着特雷维纳努力将有关偏向性信号的基础研究结果转化为能够实际帮助患者的新药，这实在令人欣慰。

当我的实验室对偏向信号的研究进行得如火如荼时，我们每周依然在提纯大量的 β2-肾上腺素能受体，并将这些样品送到哈佛大学斯蒂芬·哈里森实验室的本·斯皮勒那里。当时的本正面临着一个艰难的局面：他失去了两位导师，现在正顽强地试图继续解释 β2 受体的晶体结构。从技术上讲，这个项目要求非常高，因为受体是蠕动的蛋白质，容易迅速改变构象。但这就是它的生存方式：迅速改变构象以响应配体。因此，要让一个受体保持静止并接受拍摄非常具有挑战性。在这个项目上工作了几年后，本终于放弃了。我的实验室也完全放弃了 X 射线晶体研究，转而专注于其他有趣的项目，如偏向信号的相关研究工作。因此，X 射线晶体学研究确实是“死亡项目”，我们无法解释 β2-肾上腺素能受体的晶体结构。不过，好消息是没有更多的死亡与该项目有关。本、斯蒂芬和我实验室里从事过这项研究的人都活了下来，讲述着这个故事。

依然没有接到来自斯德哥尔摩的电话

几年后，也就是 2006 年，布莱恩和我在伊利诺伊大学厄巴纳-香槟分校共同担任讲师，这些联合讲座为我和布莱恩提供了一些相互交流的宝贵时间。当时布莱恩已经在斯坦福大学任教 16 年，取得了相当大的成就，虽然还未达到我和许多其他同事在他 1990 年离开我的实验室时预测的那种超越性的成功。

在我们访问伊利诺伊州期间的一次晚餐上，布莱恩向我透露，他的实验室一直将大部分精力放在解决 β2-肾上腺素能受体的晶体结构上。我告诉他，我们也曾在这一领域努力过，但几年前放弃了这一项目，因为担心以目前的技术水平不可能取得成功。布莱恩说他也遇到了很多技术上的困难，他只是希望在他退休前看到一个晶体结构，也许是在未来 20 年的某个时刻。布莱恩这样说的时候，我想，放弃 X 射线晶体学而专注于其他研究领域也许是对的，为了实现一个最终可能只是空想的目标而努力工作 20 年，这听上去实在是太疯狂了！

大约一年后，也就是 2007 年的春天，我接到了布莱恩的电话，他告诉了我一些惊人的消息。他说，目前实验室取得了一些技术突破，现在已经有了一个 β2-肾上腺素能受体的晶体结构了！但是有一个麻烦：他和他的合作者雷 · 史蒂文斯（Ray Stevens）陷入了作者身份的问题，他们无法就描述新晶体结构的第一篇论文的作者顺序达成一致。多年来，我一直会收到许多此类电话，多数来自曾经的实验室伙伴，询问如何确定作者身份，所以我仔细聆听了布莱恩的具体情况。

科学论文的作者名单通常很长，第一位和最后一位作者的地位最高。第一作者通常是进行大部分实验的初级科学家，而最后一位作者通常是为项目提供总体指导的高级科学家。当两个或更多的实验室合作进行一个大型项目时，在谁应该是第一作者，谁又是最后一位作者的问题上可能会产生冲突。对于β2受体结构这一成果，布莱恩告诉我，他正在考虑将研究结果分成两份论文，他的实验室在其中一篇论文中拥有第一个和最后一个作者署名资格，而史蒂文斯的实验室则在另一篇论文中占据前几位作者的位置。我告诉布莱恩，我认为这是一个坏主意，因为相比较两篇分散的论文，一篇结合性论文将具有更大的影响力。结果，布莱恩没有理会我的建议，写了两篇论文，分散了作者的位置，结果一切都很顺利。后来，我跟布莱恩开玩笑说，这个策略可能是他事业成功的一个关键：他征求我的意见，然后做相反的事情。

2007 年 11 月，布莱恩和他的合作者在《科学》上连续发表了他们的论文，描述了β2-肾上腺素能受体的晶体结构。[7] 布莱恩的实验室对这个过程的每一步都进行了创新：改进了提纯过程以获得比以前更多的纯化受体，设计受体以使其比通常情况下更稳定，以及其他十几个其他科学家连想都不敢想、更不用说实际尝试的技术转折。这一突破对该领域产生了巨大的影响，因为现在每个人都能看到解决人类基因组编码的数百个其他 G 蛋白偶联受体的晶体结构的道路。这一技术能力上的巨大飞跃让我眼花缭乱，但我绝对为布莱恩感到兴奋。他在从事晶体结构研究方面下了很大功夫，现在是收获的时候了。然而，我当时不知道的是，一个更加戏剧性的突破正在到来。

2011 年春天，我参加了美国国家科学院年会，会上即将宣布新当选成员的名单。当选科学院院士是授予美国科学家的最高荣誉之一，几年前我就提名了布莱恩，每年都在为他的当选做宣传。2011 年，布莱恩终于获得了足够的选票，在投票结束后，我给他打电话，告诉他这个好消息。我走到位于华盛顿的美国国家科学院总部外，用我的手机给布莱恩打电话。当时是华盛顿时间上午 9 点，这意味着是加州时间的上午 6 点。布莱恩的妻子孙彤接了他的电话。

“嘿，孙彤，我是罗伯特·莱夫科维茨。我打电话来祝贺布莱恩。”“哦，你听说了？”孙彤回答。

我很惊讶，因为布莱恩不可能已经知道他当选科学院院士这件事，这事就发生在我给他打电话的几分钟前。“听说什么了？”我问道。

“关于结构。”孙彤回答。我哑然失笑，这次谈话感觉就像阿博特和科斯特洛①的例行公事："什么结构？"

"受体与G蛋白的结构，"孙彤说，"他们上周解决了这个问题，我想这就是你要祝贺他的原因。""嗯，这是个好消息，"我说，"但这不是我打电话的原因。所以请让布莱恩接电话。"

"他还在睡觉。"孙彤说。"好吧，去叫醒他！"我兴奋地吼道。我知道布莱恩不会介意被叫醒来接受这样的好消息。此外，我也知道他已经解决了受体和G蛋白复合物的结构，我想和他谈谈这件事。

几个月后，即2011年7月，布莱恩研究团队在《自然》上发表了一篇文章，展示了β2-肾上腺素能受体与G蛋白复合物的晶体结构。[8]这项工作是与其他几个实验室合作完成的，包括提供了用于实现对接结构的纯化G蛋白的罗杰·砂原（Roger Sunahara）实验室，以及进行非常关键的电子显微镜工作的伊奥戈·斯基尼奥蒂斯（Yiorgo Skiniotis）实验室。

---

① 指喜剧演员巴德·阿博特（Bud Abbott）和路·科斯特洛（Lou Costello），他们联袂出演了号称美国史上最著名的一个喜剧片段《谁在一垒》。内容围绕球员绰号与对应位置的对话展开："'谁'在一垒，'什么'在二垒，'我不知道'在三垒。"对话持续了六分半钟，一方弄不明白"谁""什么""我不知道"是球员绰号，另一方也没意识到对方根本不理解。作者借此表示自己与孙彤的对话，其实答非所问。——编者注

这项工作甚至比 2007 年展示 β2 受体的第一个晶体结构的论文更有说服力——如果你认为让一个蠕动的蛋白质静静地坐着很困难，那就试试让两个过度运动的蛋白质坐在一起，相对静止足够长的时间来完成一张完美照片的拍摄。布莱恩 2011 年发表的论文中展示出的技术进步惊人，获得的结构也绝对漂亮，从这个结构中可以得到许多关于受体如何工作的新见解。布莱恩进行了一次全国巡回演讲，描述他实验室的最新发现。

那年夏天，我在斯德哥尔摩的一个诺贝尔研讨会上发言。这是我 11 年来对斯德哥尔摩的第 10 次访问。布莱恩并没有在会上发表演讲，但人们在谈论他。他刚刚在一个欧洲生物物理学会议上展示了他的最新成果，诺贝尔化学委员会成员贡纳尔·冯·海涅（Gunnar von Heijne）见证了这次展示。然后，海涅回到斯德哥尔摩参加诺贝尔研讨会，我在中场休息时与他聊天，我可以看出他对布莱恩的最新突破感到非常高兴，参加会议的其他几位诺贝尔化学委员会的成员也对布莱恩赞誉有加。当然，我早就放弃了对诺贝尔委员会成员态度的解读，因为多年来，我收到了太多来自诺贝尔委员会成员的热情赞誉，却从未被选为诺贝尔奖候选人。

那年 10 月，诺贝尔奖的公告来了又去，我和布莱恩都没有收到来自斯德哥尔摩的电话。像往常一样，无数人问我是否会获奖。我一直在想吉尔曼在获得诺贝尔奖后说的话："获得诺贝尔奖最棒的就是，再也不用回答‘你什么时候能获得诺贝尔奖’这种问题。”诚然，我在2011年的情况并不像2003年那样糟糕。2003年，达勒姆的《先驱太阳报》在头版刊登了我的照片，标题是《诺贝尔奖在召唤？唉，今年不行》。当时，我在想：世界上还有谁会因为没有获得诺贝尔奖而上头条呢？这个标题曾让那时的我有点儿困扰，而到了2011年，我只是在享受我作为科学家和导师的日常工作，绝对不会再为奖项烦心了。

A Funny Thing Happened on the Way to Stockholm

第 21 章

多吃巧克力，多拿诺贝尔奖

琳恩用手肘碰了碰我，把我弄醒了，我眯着眼看了一下时钟：凌晨5点。房间里一片漆黑，我把耳塞从耳朵里取出来，瞥了一眼琳恩，她正拿着电话准备递给我。通常，这么早打来的电话只会带来坏消息，但这一次正相反。

“斯德哥尔摩打来的电话。”琳恩低声说。我从琳恩手中接过电话，揉了揉眼睛说道：“喂？”

“是莱夫科维茨教授吗？”一个带瑞典口音的女声说道，“我请斯塔凡·诺尔马克（Staffan Normark）教授与您通话，他是瑞典皇家科学院的常任秘书，有一些好消息要告诉您。”

“好，谢谢你。”我一边说，脑子一边飞速运转。那天是 2012 年 10 月 10 日，星期三。我一直认为，如果我有一天获得诺贝尔奖，将会获得生理学或医学奖。然而，2012 年的诺贝尔生理学或医学奖已在两天前宣布，山中伸弥和约翰·格登（John Gurdon）因他们将成熟细胞重新编码为干细胞的工作而获奖。当这个奖项宣布时，我想它已经终结了我获得诺贝尔奖的可能。但现在，我居然接到了瑞典皇家科学院的电话，这完全出乎我的意料。

“早上好，莱夫科维茨教授！”诺尔马克接通电话时问候道。他向我表示祝贺，并说我将获得诺贝尔化学奖。我向他表示感谢，并问道：“你能告诉我，我是否会与其他人分享这个奖项？”

“是的，您将与布莱恩·科比尔卡共享这份荣誉。”诺尔马克回答。“那真是太好了！”我说。我很难想象还有什么比与我的学生分享诺贝尔奖更好的事情了。“我可以给布莱恩打电话吗？”

“不，”诺尔马克迅速地说，“我们先给您打电话，所以请您至少等 15 分钟，让我们给科比尔卡教授打电话，告诉他这个好消息。除给科比尔卡教授打电话外，我们希望您在接下来的一小时内，不要再给其他人打电话。我们将在东部标准时间上午 6 点召开新闻发布会宣布这一消息。所以在那之前，请不要给任何朋友或亲戚打电话。”

我保证我将保持沉默。诺尔马克让我和时任诺贝尔化学委员会主席斯文·利丁（Sven Lidin）交谈，然后是委员会的其他几位成员，他们都向我表示了祝贺。然后，当我挂断电话时，一切都很平静。这是一种超现实的感觉，我坐在床上，刚刚收到这个爆炸性的消息，但除了琳恩，我不能告诉任何人。我想给我的孩子们打电话，我想给其他家人和朋友打电话，但在新闻发布会召开之前，我不能告诉任何人。

“好吧，既然不能和别人通话，那我就去煮点咖啡吧。”我一边对琳恩说，一边下床，走向厨房。我唯一能打电话的人是布莱恩，所以等了大约半小时，我给布莱恩打了电话，我们简单聊了几句。布莱恩告诉我，他最初没有理会来自斯德哥尔摩的电话，以为是谁打错了或是恶作剧。但电话不断响起，他最终还是接听了，并且仍然认为这可能是一个恶作剧，直到诺尔马克把电话递给诺贝尔委员会的其他成员。布莱恩才意识到，集合 5 个操着令人信服的瑞典口音的不同的人只为捉弄他的可能性不大，所以在听到诺贝尔委员会各成员的声音后，布莱恩终于相信了这个电话的真实性。

我被布莱恩的反应逗乐了，但也有一些严肃的事情想对他说。我觉得自己多年来一直处于获得诺贝尔奖的边缘，在我看来，布莱恩最近的晶体结构研究成果代表了这一趟旅程中关键的一步，将我们推向顶峰。

“我很确定，没有你我就不能获得诺贝尔奖。”我告诉布莱恩。“我想您把这句话说反了。”布莱恩以特有的谦逊回答道。

杜克大学的第一个诺贝尔奖

在结束了与布莱恩的通话后不久，我就接到了来自斯德哥尔摩的回电，允许我通过电话参加新闻发布会。我笼统地回答了记者们关于我们研究意义的几个问题后就挂断了。我的计划是立即开始给我的家人打电话。然而，我还没来得及打第一个电话，电话又响了。我接起电话，发现自己正在纽约市的一个早间广播节目中直播。他们在诺贝尔奖公告中看到我是土生土长的纽约人，所以除了我的研究，他们还想和我谈谈我在纽约的成长经历。当我挂断与早间节目的电话后，几秒钟内电话又响了，《纽约时报》、《华盛顿邮报》、《先驱太阳报》和其他 6 家新闻媒体接连不断地来电。

美国全国公共广播电台也打来电话，主持人问我，在接到斯德哥尔摩的电话之前，我那天本来打算做什么。

“好吧，我今天早上要去理发。”主持人笑了起来，我接着说，“如果你能看到我，你会发现这很有必要，但我担心理发可能要推迟了。不过没关系，我妻子告诉我，对于诺贝尔奖获得者来说，‘略显凌乱’是一个好的扮相。”

在媒体打来电话的间隙，拉尔夫·斯奈德曼成功地打进了一个电话，表达了简短的祝贺。瑞克·塞里昂也打了进来。我仍然试图给我的孩子们打电话，但每次我挂断电话，一两秒钟内电话就会再次响起。最后，我终于打通了我儿子大卫和乔希的电话，告诉了他们这个消息。当我联系上诺亚的时候，他已经在他的社交媒体账号上看到了这个消息，并给我在旧金山的女儿玛拉打了电话。

“爸爸获得了诺贝尔奖！”诺亚在电话里对着玛拉喊道。

“不，不可能，”玛拉回答道，略微有点恼火，“星期一就公布了，他今年没获奖。”在得知我获得了化学奖，而不是生理学或医学奖后，玛拉立即打电话给她的姐姐谢丽尔，告诉了她这个消息。因此，在我那天早上能联系到他们之前，我 5 个孩子中有 3 个已经知道了这个消息。

我上午 9 点开车去上班，还没停好车，就发现了一个惊喜：我的停车场入口处摆着一个巨大且五颜六色的标牌，上面写着“祝贺鲍勃！”。直到今天，我都不知道是谁把这个标牌放在那里的。当我走进办公室时，办公室已经挤满了祝贺的人：我实验室的人、实验楼的人，以及来自整个校园的朋友。这就像一场盛大的聚会，当我走进去的时候，房间里爆发出热烈的掌声和欢呼声。这绝对是一个很棒的工作日的开始，我完全进入了闲聊模式，开始在充满气球的房间里走来走去。上午 11 点，有同事引领我到会议室，我们一起吃蛋糕、喝香槟。我注意到蛋糕是匆忙制作的，因为我名字里的 Lefkowitz 被拼错了，不过这很有趣。

下午 1 点，我穿过杜克大学校园参加官方新闻发布会。在发布会上，我做了简短的发言，并接受了媒体的提问。一位记者注意到我是土生土长的纽约人，就问我是不是洋基队的球迷。我说当然，而且我一直是超级粉丝，现在都可以背出 20 世纪 50 年代洋基队首发阵容的制服号码和击球顺序。“好吧，请开始背吧！”这位记者说。于是我照做了：

汉克·鲍尔（Hank Bauer），右外野手，9 号
菲尔·里祖托（Phil Rizzuto），游击手，10 号
米奇·曼托（Mickey Mantle），中外野手，7 号
尤吉·贝拉（Yogi Berra），捕手，8 号
穆斯·斯科夫龙（Moose Skowron），一垒手，53 号
吉恩·伍德林（Gene Woodling），左外野手，14 号

吉尔·麦克杜格尔（Gil McDougald），二垒手，12 号
安迪·凯里（Andy Carey），三垒手，6 号
怀特·福特（Whitey Ford），投手，16 号

不知何故，我背诵洋基队阵容的能力成为一个全国性新闻。许多媒体，特别是纽约的报纸都提到了这一点。这只是新闻发布会上一个小小的即兴发挥，但由于某种原因，它成为当天诺贝尔奖报道的核心部分。

下午 4 点，在杜克大学校园马路对面的华盛顿杜克酒店举行了一场招待会，在此之前学校已经发出了电子邮件，邀请杜克大学的所有教职员工参加这一活动。

现场来了几百人。有机会与来自全校园的这么多朋友、同事叙旧真是太棒了，房间里的热情令人难以置信。对于在如此短的时间内聚齐的人们来讲，这是一个相当盛大的活动，令人印象深刻。我在招待会上与杜克大学通信办公室的人交谈，他们告诉我，能够如此迅速地采取行动，是因为他们多年来一直在接受为紧急情况做出快速反应的培训。具体来说，我获得诺贝尔奖是他们已经准备好的紧急情况之一。

事实证明，我是杜克大学有史以来第一位诺贝尔奖获得者，所以如果我获奖，整个杜克校园都准备好了庆祝。

当天晚些时候，我终于有机会查看电子邮件，发现在诺贝尔奖宣布之后已经收到了 700 多封邮件。最终，那一周我收到了 1 500 多封祝贺邮件。在随后的几周里，我和我实验室的成员一起，确保回复每一封邮件。第一封电子邮件正好是在早上 6 点发来的，是来自瑞典的传奇生物学学家托马斯·霍克弗尔特（Tomas Hökfelt）。作为瑞典皇家科学院的成员，他提前知晓了诺贝尔奖的获奖名单。他给我的消息是这样的："亲爱的鲍勃，我已经写好了这个消息，并准备好了发送，因为我想成为第一个祝贺你的人。"他一直在等待官方宣布，然后立即按下了发送按钮。我还收到了来自朋友、家人、同事、邻居，包括一些我从小学起就没见过的各个教育阶段的同学的电子邮件，甚至还有碰巧也叫莱夫科维茨的人。我收到的一封很打动我的邮件是来自旧金山一名叫加里·莱夫科维茨（Gary Lefkowitz）的人写的。他写道：

> 亲爱的罗伯特，由于你非凡的职业生涯和工作成就，我们所有姓莱夫科维茨的人今天都跟着沾了光。我的父母亚伯拉罕和范妮，在 1946 年乘坐美国海军陆战队的闪光号抵达埃利斯岛，我们也许是远房亲戚。如果你来旧金山，你就是我们的家人！我们衷心地祝贺你——加里。

除了电子邮件，在接下来的几天里，我还接到了无数的电话。这些电话由我的助手唐娜·艾迪生筛选，她决定哪些电话我需要马上接听，哪些电话留言就好。唐娜毫不犹豫接通的一个电话来自杜克大学的传奇篮球教练迈克·沙舍夫斯基（Mike Krzyzewski），人们一般叫他“K 教练”。在职业生涯的那个阶段，K 教练已经为杜克大学赢得了 4 个全国冠军，并在奥运会上执教美国队获得两枚金牌。我从 20 世纪 70 年代起就是杜克大学篮球队的季票持有者，但从未有机会与他交流。因此，当他在诺贝尔奖宣布后的几天里给我打电话时，我非常开心。

K 教练在我们半个小时的电话交谈中表现得非常亲切，他说他和我有一种特殊的联系：他是第一个为杜克大学带来全国篮球冠军的人，而我是第一个为杜克大学带来诺贝尔奖的人。鉴于这种联系，没什么比我在卡梅隆室内体育馆亮相更万众瞩目的了，因为这个体育馆是杜克大学篮球比赛的传奇场馆。在接下来的一周，将有一个特别的活动叫“疯狂倒计时”，这将标志着篮球赛季的正式开始。这个活动包括球员介绍和在体育馆座无虚席的情况下进行队内对抗赛。K 教练建议，我应该在这次活动中以某种方式出席。

“你有什么想法？”我问他。“你会看到的。”他含糊地回答。

K 教练让我带几位朋友来，所以我决定带着琳恩以及我实验室的佐恩科尔·安（Seungkirl Ahn）和杰夫·科瓦奇（Jeff

Kovacs）参加“疯狂倒计时”，他们都是杜克大学的铁杆篮球迷。科瓦奇更是一个疯狂的球迷，当他还是一名研究生时，他被称为“鲻鱼人”，因为他每次参加杜克大学的主场比赛都戴着一个巨大的假发，形状像一个超大号鲻鱼。我们在比赛开始前就坐在杜克大学替补席后面与 K 教练聊天，这对我们所有人来说都酷极了。

灯光熄灭，球员介绍开始了。每位球员被叫到名字后，都会随着一首充满活力的歌曲跳舞，全场上万名球迷为之疯狂。我有点紧张，我没有为这个场合准备任何舞蹈，我在想，如果我被介绍时没有在球场上扭起来，观众会不会感到失望。当球员介绍结束后，灯光亮起，K 教练拿着话筒走到球场中央：“现在我想请出一位特别嘉宾。我相信你们都在上周的新闻中看到了，罗伯特·莱夫科维茨博士是杜克大学历史上第一位诺贝尔奖获得者，我想邀请莱夫科维茨博士加入我们！”

就这样，我爬过栏杆，在人群的狂热欢呼中走到球场上。我接受了所有杜克大学球员的握手和击掌。当走在这群巨人中间时，我感到自己是有生以来最矮的。K 教练随后拿出一件杜克大学的 1 号球衣，背面印着拼写正确的 Lefkowitz。球员们帮我穿上球衣，人群中发出阵阵欢呼声。K 教练和球员们随后开始走下球场，我跟在他们后面，但 K 教练挥手让我回到球场中心，在欢呼声中多待一会儿。

参加杜克大学篮球比赛的学生被称为“卡梅隆疯子”，他们因在比赛中大声喊叫而闻名。当我站在球场中心，陶醉在雷鸣般的欢呼声中时，我听到学生们边喊着什么边指着我，但我听不清他们在喊什么。最后，我听出来了，他们是在有节奏地高呼：“他真聪明！他真聪明！他真聪明！”我笑得前仰后合，在空中举起了双臂，这个举动让学生们吼得更大声了。

在享受了几秒钟的欢呼后，我走下球场，坐在琳恩和其他人旁边，就在杜克大学横幅后面。

队内对抗赛开始了，我们在整场比赛中都能听到 K 教练的解说。“看这个动作，他整个休赛期都在练习，”K 教练说，“顺便说一下，我们正在招这个人的表弟，但我觉得我们得不到他。”作为一名杜克大学篮球迷，听到这些球队的内幕消息令人兴奋，尤其是从传奇篮球教练沙舍夫斯基的口中。

这是一个神奇的夜晚，为令人难以置信的一周画上了句号。当时我已经在杜克大学工作了近 40 年，多年来，杜克大学社区的许多不同的人都为我研究项目的成功做出了贡献。与杜克大学的每个人分享获得诺贝尔奖的喜悦，并感受到整个杜克大学校园因这个奖项的消息而产生的共鸣和兴奋，这感觉真是太棒了！这就是所谓的梦想照进了现实。

享受黑巧克力，赢得诺贝尔奖

2012 年 10 月 10 日，也就是我接到斯德哥尔摩电话的那一天，著名的《新英格兰医学杂志》发表了一篇文章，题为《巧克力消费、认知功能和诺贝尔奖获得者》[1]。这篇文章由哥伦比亚大学医学博士弗朗兹·梅瑟利（Franz Messerli）撰写，报道了各国人均巧克力消费量与这些国家人均获得的诺贝尔奖数量之间惊人的关联。例如，瑞士人巧克力消费量很高，对于这样一个小国来说，他们赢得了太多的诺贝尔奖。相比之下，中国的巧克力消费量相对非常低，尽管人口众多，但诺贝尔奖获得者却很少。美国处于中间位置，巧克力消费处于平均水平，诺贝尔奖获得者的人数也处于平均水平。

这篇关于巧克力消费和诺贝尔奖之间关系的文章引起了我的注意，因为正是在 2012 年，也就是我获奖的那一年，我大大增加了自己的巧克力消费。我一直都很喜欢黑巧克力，然而，鉴于有心脏病的遗传倾向，在成年后的大部分时间里，我一直严格控制自己的饮食，避免甜食。多年来，我都会购买黑巧克力，但我是吃巧克力自我克制的典范，只允许自己每周有两个晚上享用一小块。

2012 年夏天，我做了一次体检，一切看起来都很好。尽管胆固醇数字很高，但我的体重保持得非常不错，经过手术修复的心脏也表现良好。这份数据亮眼的体检报告让我向琳恩做出了一个大胆的提议。

“我一直在考虑这个问题，现在我决定，我要每天晚上吃一块黑巧克力，而不是每周只吃两次。”我对琳恩说。我的理由是：管他呢，我已经 69 岁了，我身体的数据看起来都很好，为什么不活潇洒一点呢？“你完全失控了！”琳恩假装惊慌地回答。

2012 年 7 月，我开始每晚享受黑巧克力。3 个月后，我获得了诺贝尔奖。巧合吗？我认为不是。这个插曲是又一个有力数据，供梅瑟利博士等研究人员在分析巧克力消费和诺贝尔奖之间的密切联系时纳入考虑。事实上，我的经历说明了关于这一现象的两个重要观点。

- 巧克力的效果与剂量密切相关。我一生都在吃巧克力，但直到我增加了每周的食用量之后，诺贝尔奖的诱导效应才开始发挥作用。
- 巧克力起效是迅速的。一旦我增加剂量，我在几个月内就获得了诺贝尔奖。这表明，即使是短暂地提高剂量，也足以获得全部益处。

在终于收到来自斯德哥尔摩的“巧克力效应”电话后，我意识到现在有很多事情要做。诺贝尔奖在每年 10 月初宣布，但真正的颁奖仪式是在阿尔弗雷德·诺贝尔的周年纪念日，即 12 月 10 日举行。这使得每位新的诺贝尔奖获得者有两个月的时间来准备即将到来的斯德哥尔摩之行。接下来，让我来告诉你有多少事情需要准备。

毫无疑问，从斯德哥尔摩打来电话到诺贝尔颁奖典礼之间的两个月，是我一生中最忙碌的两个月。首先，每位新获奖者都需要为诺贝尔网站写一份详细的传记。我当时正好没有自己详细的传记，所以花了不少时间和精力来制作这份文件。其次，所有获奖者都需要为诺贝尔网站拍摄视频，在视频中讨论他们获奖的工作，拍摄这些视频就要花很多时间。最后，所有获奖者都必须在诺贝尔颁奖典礼前几天就其获奖工作发表公开的诺贝尔演讲。这些演讲会被录制下来并发布在诺贝尔网站上，供所有人观看。毋庸置疑，这非常重要，需要花时间和精力认真练习，以确保万无一失。

除整理传记、拍摄视频和发表演讲所需的密集工作外，每个新当选的获奖者还有大量的其他事务：必须做出旅行安排，必须购买新衣服，必须回复祝贺信息。此外，还需要对各种诺贝尔活动的门票分配做出决定。例如，每位诺贝尔奖获得者都可以携带他们的配偶参加诺贝尔晚宴，并邀请另外 14 位客人。就我而言，我决定带我的 5 个孩子和他们的伴侣一起参加，这占了 10 张票。这意味着，在我知道很想参加诺贝尔晚宴的几十名亲密的家庭成员、朋友和同事中，我只能邀请其中的 4 人了。由于要做出一连串这样的困难决定，我的焦虑程度达到了顶点。对于准备领取诺贝尔奖的压力，我可以提供的最好的比喻是筹划一场大型婚礼的压力：这肯定是一个快乐的场合，但仍然非常紧张，因为有如此多的细节需要纠结，有如此多的事情可能出错。

日历在匆匆忙忙中翻到了 12 月，是时候出发了，随之而来的就是一场一生中最特别的超级旅行。

A Funny Thing Happened on the Way to Stockholm

第 22 章

终于来到斯德哥尔摩，迎接属于我们的诺贝尔周

布莱恩·科比尔卡看起来神采奕奕。我们在白宫椭圆形办公室外，静静等待与奥巴马总统会面。我正在欣赏布莱恩剪裁得体的新西装，他一直穿戴随意，所以对于我对他时尚新装的关注，布莱恩感到有些不好意思，说道："在我们接到来自斯德哥尔摩的电话后，孙彤雇了两个私人购物助手，一个服务她，一个照顾我。"

我钦佩孙彤的组织能力。当她在我的实验室工作时，作为一名科学家，她总是一丝不苟地组织事情，显然她的组织才能也延伸到了生活中。雇用私人购物助手为这次旅行做准备绝对是天才决定，我为什么没有想到这一点？琳恩一直试图从我们必须完成的数以百计的事情中挤出购物时间，对她来说，如果能在这匆忙的几个星期内得到私人购物助手的支持那可真是太省心了。

椭圆形办公室的门开了，我们被迎了进去。美国的诺贝尔奖获得者在前往斯德哥尔摩之前与总统会面是一个历史悠久的传统，而今年美国的获奖者特别多。我们几个人与各自的配偶一起进入办公室：除了布莱恩和我，还有分享物理学奖的大卫·温兰（David Wineland），以及分享经济学奖的阿尔文·罗斯（Alvin Roth）和劳埃德·沙普利（Lloyd Shapley）。奥巴马总统是几年前的诺贝尔奖获得者，他热情地迎接了我们，与我们聊了 20 分钟左右。我在上次访问白宫时没能见到奥巴马总统，所以这次能与他相处令人非常愉快，他是我非常敬佩的总统。当准备离开的时候，我们走向门口，我排在最后。在分别握手时，我抓住了奥巴马的胳膊："我得告诉您，总统先生，我是您妻子米歇尔的超级粉丝。"

"嘿，排队吧！"奥巴马笑着开玩笑说，他指的是最近他妻子的支持率高于他自己。在我们热烈交流时，白宫摄影师皮特·索萨（Pete Souza）拍下了我们俩笑容灿烂地握手的照片。这张照片成了我的最爱，后来被挂在我的办公室里。

在访问白宫后不久，我们登上了前往斯德哥尔摩的飞机。我们在一场呼啸的暴风雪中降落，从飞机着陆的那一刻起，我们就像进入了一个童话世界。

机长广播说："女士们、先生们，我很高兴地告诉大家，我们的航班上有今年的诺贝尔奖得主之一罗伯特·莱夫科维茨博士和他的妻子。"整个飞机上爆发出热烈的掌声，我站起身来挥了挥手。坐在我对面过道上的人再三地打量着我，好像不敢相信自己的眼睛。机长继续说："出于对莱夫科维茨博士和夫人的尊重，如果你们能让他们先下飞机，我将不胜感激。"

琳恩和我有些不好意思，但还是拿起行李，走下过道。瑞典皇家学院的工作人员在机舱门口迎接我们，我们出了飞机，沿着舷梯直接来到白雪覆盖的停机坪上，我们将要乘坐的豪华轿车正在那里等候。这辆豪华轿车是一辆定制的双涡轮增压宝马 750，外面有诺贝尔标志，内部有吧台、平板电视和奢华舒适的座椅。司机告诉我们，这辆车将是我们在整个诺贝尔周的座驾，而他将是我们的私人司机。

我们开车到了机场的贵宾厅，这里就像机场的一个豪华俱乐部，专门用来欢迎外国政要和国家元首。琳恩和我走进这个豪华的房间，除一些服务员为我们提供开胃菜和饮料外，没有其他人在那里。很快，诺贝尔委员会和瑞典皇家学院的几位成员也来了。在闲聊了一会儿后，我们被告知已经神奇地通过了海关，行李也已取回，所以现在可以径直前往酒店了。

我们乘着豪华轿车来到具有传奇色彩的格兰德酒店，自 1901 年诺贝尔奖开始颁奖以来，这里一直是诺贝尔奖获得者的下榻地。当我在酒店门口走出轿车时，立刻被人群包围了。闪光灯闪个不停，人们把笔记本塞给我，试图获得签名。我被这混乱的场面惊呆了。科学家们不习惯被当作明星对待，但在斯德哥尔摩的诺贝尔周期间，获奖者们将受到明星般的待遇。我签了几个名，拍了几张照片，然后走进酒店躲避疯狂的人群。

诺贝尔奖周最引人注目的是每件事情都运行得相当顺利。瑞典人颁发诺贝尔奖已经超过 110 年了，现在的整个运作早已像钟表一样井然有序。例如，在第一天，所有的男性获奖者都必须穿上白领带燕尾服。这些超正式的燕尾服与普通的黑礼服不同，有各种额外的层次、纽扣和其他装饰品。这样一来，参加仪式的所有男性都穿上了同样的华丽服装。在一家特殊的裁缝店试穿时，一大群裁缝都围着我转，他们在我身上精确地测量，将我的燕尾服调整到完美状态。

我们拿到了这一周的行程表，其中每一天的每一个小时都为我们安排得非常详细。在每个时间段，我们都被告知在哪里、穿什么衣服，以及谁应该陪同我们。详尽的行程表上的条目看起来都是这样的：

日程表	12 月 6 日 [星期四] 9:40—11:45 上午

获奖者在诺贝尔博物馆集合

来　　宾： 获奖者及其配偶、近亲属、随行人员

着装要求： 获奖者着商务西装 / 礼服或两件套

所有其他人： 可着商务休闲装

在参观诺贝尔博物馆期间，我们参与了与诺贝尔奖相关的最古怪的传统之一：椅子签名。我们被告知，所有获奖者都要去博物馆的咖啡馆，并在其中一张椅子的底部签名，这是一个长期以来的习俗。因此，如果有机会在斯德哥尔摩的诺贝尔博物馆喝杯咖啡，你不妨看一下椅子的底部，选择一张自己喜欢的获奖者签过名的椅子。

斯德哥尔摩的“摇滚明星”

在斯德哥尔摩，无论我走到哪里，都能立刻被认出，时不时有人拿出他们的手机要求合影。诺贝尔博物馆里的一群高中生看到我时发出尖叫，仿佛 20 世纪 70 年代在滚石乐队音乐会后台看到米克 · 贾格尔一般。说实话，这种瞬间的名人效应太让人沉迷了。由于记者和粉丝在酒店门口扎营，因此，我们进

出酒店颇具挑战。布莱恩和我对此很犯怵，对山中伸弥来说则更糟，因为他面对的是人数更多的日本记者的疯狂关注。事实上，布莱恩和我发现，溜出酒店的最佳时间是跟在山中伸弥之后，前面的他吸走了大量的媒体火力，掩护了其他人在不引起注意的情况下溜走。

2012 年 12 月 7 日星期五下午，我参加了一场长时间的录音采访，晚上参加瑞典皇家学院举办的晚宴。我坐在诺贝尔化学委员会的一位成员旁边，与他讨论我获得化学奖的原因。他开玩笑地说："我们和生理学或医学委员会之间曾相互拔河，以决定谁能有幸为你颁奖……我们赢了！"

现实情况是，布莱恩和我分享的该奖项更准确的描述应归为生物化学，然而，生物化学领域没有诺贝尔奖。在 21 世纪，到目前为止几乎一半的诺贝尔化学奖都颁给了像布莱恩和我这样的生物化学家，他们更倾向于生物学而不是化学。这一事实让许多纯粹的化学家不满，他们认为诺贝尔化学奖就应该颁给那些真正的化学家。而反驳这一观点的理由是，如今世界上许多最激动人心的研究都是在生物学和化学的交叉领域上进行的。因此，近年来，在诸如诺贝尔奖这样的重大奖项中，生物学和化学两个传统领域之间的界限变得模糊，这并不令人惊讶。

瑞典皇家学院晚宴快结束的时候，我和布莱恩聊了几分钟。我们的讲座是在第二天早上，所以我问布莱恩是否打算早点睡觉。“不，对我来说，这将是一个不眠夜，”他回答，“我还在做我的幻灯片。”我难以置信地盯着布莱恩。我们正要做生命中最重要的演讲，这些演讲将被记录下来供后人观看多年，而他却要在演讲的前一天晚上通宵达旦地赶工他的幻灯片？相比之下，我已经练习了几十次我的演讲，并将其磨炼得近乎完美，我可以保证在要求的 30 分钟时长的正负 10 秒内完成。但很显然，布莱恩仍在做最后一刻的修改。

第二天早上，演讲前我感觉很轻松。我唯一不放心的是布莱恩。作为内向的人，他在任何情况下都不是一名天生的演说家，更何况现在他睡眠不足，刚刚熬了一晚上调整他的幻灯片。当我们登上斯德哥尔摩大学校园内宏伟的全木质礼堂时，他显得很紧张。1 500 名观众在那里期待着，十几台摄像机对着舞台，捕捉我们说的每一个字以及每一个手势。

首先是我的演讲，我讲了所有准备好的内容。当我讲完时，人群中爆发出热烈的掌声，我兴高采烈地走下舞台。在我的演讲过程中，我很高兴看到人群中有几十张熟悉的面孔，因为我以前的学生中有一大批人跋山涉水来到斯德哥尔摩参加诺贝尔庆典。我的许多学生就坐在前面，我在演讲前还和他们聊了几句，所以感觉就像我在做实验室会议报告一样，尽管有一千多名客人坐在旁边。

现在轮到布莱恩了，他试探性地开始了演讲。就像任何一位导师看着自己的学生做重要演讲一样，我替他感到焦虑。不过，随着布莱恩演讲的展开，他开始变得热情。他具有突破性的 β2-肾上腺素能受体的晶体结构需要骆驼产生的特殊抗体，[1] 所以布莱恩展示了一张他在产生关键抗体的骆驼旁边摆姿势的可爱照片。这张照片引起了一阵大笑。布莱恩还展示了他与罗杰·砂原及其他合作者的一张自拍，那是他们在首次看到 β2 受体与其 G 蛋白复合体的晶体结构后的抓拍。照片中的每个人都笑得合不拢嘴，就像一支刚赢得冠军的球队，这张照片也引起了观众的笑声。总的来说，布莱恩的演讲很精彩，我为他感到骄傲。我在想，作为一名公众演讲者，他已经走过了漫长的道路。在 20 世纪 80 年代末的第一次全国性会议上，他在演讲中战胜了恐惧，离开舞台时已汗流浃背。

2012 年 12 月 10 日，大日子终于到了

在诺贝尔演讲结束后的那个晚上，我迎来了日程表上唯一自由的一段时间，我安排了与所有来斯德哥尔摩的家人共进晚餐。琳恩、我的 5 个孩子、他们的伴侣、我的两个孙子、我的表妹艾伦和朱迪，以及其他一些家庭成员和朋友都来了。这次晚餐在格兰德酒店举行，在一个有落地窗的豪华房间，从窗户

望出去可以看到波罗的海的壮丽景色。当时正下着小雪，气氛就像童话故事里一样。刚吃完饭，女儿玛拉的男朋友埃里克走过来问我，是否可以一起到外面的阳台上聊天。我们走到外面凛冽的夜空下，埃里克似乎一反常态地紧张。最后他开口了。

“我打算向玛拉求婚，但首先要得到您的祝福。”他说。我的脸上立刻露出笑容，我很高兴听到这个消息，原因有三：第一，我真的很喜欢埃里克；第二，他们已经在一起 5 年了；第三，我们都不年轻了。我把手放在埃里克的肩膀上，热情地回答：“嗯，我当然会祝福你们，我也一直很尊重你的决定。埃里克，说实话，如果你和玛拉结婚，我会很高兴的。”

埃里克感谢了我，然后说他计划第二天去买钻石。他认为这次斯德哥尔摩之旅是一次神奇的经历，他想在这里购买一颗钻石，作为订婚戒指送给玛拉。埃里克还说，他将以低调的方式向玛拉求婚。“我知道这一周是您的，鲍勃，”埃里克说，“我会找一个私人的、安静的时刻来求婚。”

第二天，也就是 2012 年 12 月 9 日星期天，是这次旅行的一个亮点，因为布莱恩和我为所有来到斯德哥尔摩的同事和合作者组织了一个午餐会。我们所有人聚集在格兰德酒店的一个豪华包间里，看着这么多熟悉的面孔，有机会在这个特殊场合与这么多老朋友谈笑风生，我们真是太高兴了。在我看来，我是代表我们实验室多年来的所有成员领取诺贝尔奖的，他们是真正做实验的人，而且在许多情况下，是他们的关键想法才推动了突破性发现的产生。因此，在我真正领奖的前一天，没什么比与同事们一起尽情分享快乐更重要的了。

大日子终于到了。12 月 10 日星期一，这是诺贝尔奖颁奖典礼和宴会的日子。[2] 早上，琳恩和我坐上诺贝尔豪华轿车，和其他豪华轿车一起驶向斯德哥尔摩音乐厅，参加诺贝尔奖颁奖典礼的排练。这个活动就像婚礼排练一样，只不过规模更大、更复杂。每个人都必须练习列队，以精确的队形进入大厅。我们被要求在舞台前排就座，坐在皇室成员座位的正对面。在相应的颁奖委员会成员宣读完我们的奖项后，我们被要求走过舞台并三鞠躬：一次向国王，一次向台上的贵宾，最后一次向观众。这次活动的排练非常充分，他们甚至让演员扮演皇室的不同成员，那个扮演国王的人，还真有点儿像国王。

排练结束后，我们回到了酒店，休息了几个小时。我给玛拉发了短信，她没有提到任何关于求婚的事情，我开始怀疑埃里克是否已经失去了勇气，或者有一些其他的原因。很快，我们就又回到豪华轿车里，准备参加真正的诺贝尔奖颁奖典礼了。我们的车队和之前一样，从 1 千米以外的距离驶向斯德哥尔摩音乐厅，但这次我们开得更慢，因为人行道上挤满了为我们祝福的人群。尽管天气寒冷，但一路走来，路边人群里三层外三层，热情高涨到令人难以置信。走到一半时，我的座位突然开始震动。我问司机是否打开了按摩功能，但他说没有。我想，也许是我产生了幻觉，因为我被热烈的气氛刺激到肾上腺素分泌过多。最后，我在车门上发现了一个开关，我想一定是我不小心碰到了，因为我一拨动开关，振动就停止了。

在美国，没什么能与瑞典的诺贝尔日活动相提并论。最好的类比可能是超级碗周末遇上奥斯卡之夜。12 月 10 日是瑞典的国庆节，电视上对诺贝尔庆典的报道一整天都不间断。此外，许多瑞典公民会在家里举行自己的宴会，并邀请亲朋好友一起用餐，观看诺贝尔奖颁奖典礼和宴会，有时还穿着正式服装。在为我们欢呼的庞大人群中，许多人在车队经过后就会立即前往他们自己的“诺贝尔晚宴”现场。

当我们到达音乐厅时，我被带到了舞台上。除本届诺贝尔奖获得者外，历届诺贝尔奖获得者如果在典礼期间恰好在城里，都会被邀请坐在台上。于是，我的好友兼“黄色贝雷帽”伙伴约瑟夫 · 戈尔茨坦和迈克尔 · 布朗（Michael Brown）因前一天在诺贝尔研讨会上发言，于是留在了诺贝尔奖颁奖典礼上。他们就坐在我身后，能与他们分享这一经历真是不可思议。40 年前，我们还在美国国家卫生研究院的小办公室里闲聊，而现在我们却穿着白领带燕尾服，一起坐在诺贝尔奖颁奖典礼的舞台上。当听到我的名字时，我大步走上前，从当时的瑞典国王卡尔十六世·古斯塔夫手中接过奖章，感觉自己就像在云中漫步。

接下来是诺贝尔晚宴，在斯德哥尔摩市政厅附近的“蓝厅”举行，所有参加诺贝尔奖颁奖典礼的人都必须乘坐大巴到“蓝厅”参加宴会。在车上，一位瑞典记者找到了我，她正在做一篇关于诺贝尔奖颁奖典礼和宴会准备工作的电视报道。她说：“我想为这篇报道采访您，莱夫科维茨博士，我打听了一圈，每个人都认为您是最开心的获奖者。”

当记者这样说时，琳恩笑了，在接下来的几天里，她不停地取笑我是“最开心的获奖者”。我不得不承认，这可能是真的。布莱恩天生内向，他只想在媒体目光的冲击下生存下来，迫不及待地想离开聚光灯，回到他的实验室。山中伸弥也不是非常快乐的获奖者，因为日本记者团的凶猛让他的生活很不方便。与此相反，我却玩得很开心。

我接受了记者的采访，然后进入“蓝厅”参加诺贝尔晚宴。这个宴会包括 1 200 多名客人，他们都坐在中央荣誉桌周围的桌子上，获奖者和他们的配偶、皇室成员以及政府部长们则都坐在荣誉桌。坐荣誉桌的每个人都是最后进来的，必须在管弦乐队演奏时从一个长长的螺旋形楼梯上下来。在这个盛大的入口处，每个坐在荣誉桌的人都要与另一名异性结对。

我和山中伸弥的妻子山中千香成为搭档，我发现她是一位令人愉快的女士。她是一名皮肤科医生，我们有共同的医学背景；在过去一周的共同经历中，我们又有很多话可以谈。千香穿着和服，这是日本的传统服装，但她的和服被她的助手系得太紧，以至于她的腿几乎不能动弹。此外，我们的身高差异太大，我每走一步，她就需要走好几步。在巨大的螺旋形楼梯的顶端，我们停下来认真讨论了一下我们到底该如何一起走楼梯。我必须承认：我很害怕，担心她会在楼梯上摔倒，也许会把我一并带下去。所以我决心尽我所能，避免这种情况的发生。当音乐响起，我们开始了两个人的旅程，我觉得自己就像一名夏尔巴人[①]，帮助一名受困的登山者从危险的山峰上撤下来。当我们到达楼梯底部时，我为避免了楼梯上的潜在灾难而大大松了一口气。

道路漫长，充满冒险，充满知识

诺贝尔晚宴与我一生中见过的任何一次宴会都不同。菜单和座位安排都是提前公布的，整个活动都有电视转播，其报道比美国电视台对奥斯卡的报道还要热烈。荣誉桌由 80 人组成，分别由 80 名服务员为大家提供服务。数以百计的其他服务员

① 夏尔巴人是主要居住在喜马拉雅山脉的一个部族，因生活在高山而擅长攀登，因此常做山中向导。——编者注

以训练有素的方式为其他桌子服务，这些桌子可容纳 1 000 多人。食物令人赞叹，在两道菜之间还有娱乐活动，包括音乐家和杂技演员的表演。晚餐后，按照传统，每个类别中资历最老的诺奖得主将发表简短的演讲。就我们的情况而言，这种安排很好，我很乐意发表演讲，而布莱恩也很乐意不发表演讲。

晚餐结束后，到了演讲时间，一位穿制服的官员把我从座位上领到楼梯上的一个讲台。我对我的晚餐伙伴们说了以下的话：

尊敬的国王陛下、王后陛下，尊敬的各位殿下，女士们和先生们。作为诺贝尔奖获得者站在这个大会面前，在如此盛大和喜庆的环境中，既令人生畏，又令人振奋，最重要的是令人谦卑。这是一个非凡的时刻，一个值得品味的时刻，也是一个令人满怀感激的时刻。我谨代表布莱恩·科比尔卡和我本人，向诺贝尔基金会表示衷心的感谢，感谢你们使这一切成为可能，感谢瑞典皇家科学院选择我们成为 2012 年诺贝尔化学奖得主。我们也向我们的合作者，以及在我们实验室工作的几十名学生和研究员表示感谢，他们的工作也得到了这个奖项的认可。我们还要感谢今天和我们在一起的家人，感谢他们对我们经常沉迷于工作的包容和支持，特别是布莱恩的妻子孙彤和我的妻子琳恩。孙彤不仅是布莱恩的妻子，而且还在实验室里与他一起工作，是他多年来最亲密的同事和战友，他们共同承担了最具挑战性和冒险性的项目。

毫无疑问，每个获奖者获得诺贝尔奖的经历都是独一无二的。对我来说，其中最令人欣慰的是与我实验室的一位前研究员共享这个奖项。我不知道导师和学生分享诺贝尔奖的频率有多高，但浏览一下最近的获奖者名单，就会发现这是一种相当普遍的现象。这突出了科学中对布莱恩和我都非常重要的一个方面，那就是对年轻学员的指导。在过去的 40 年里，我在我的实验室里培训了 200 多名学生和研究员，我和布莱恩的一些学生这次也来到斯德哥尔摩与我们分享这段经历。在一个非常真实的意义上，他们是我们坚实的后盾。我们的许多学员成为科学领域的领军人，这是我们两个人都感到无比自豪的原因。

当然，每年颁发诺贝尔奖的意义远远超过获奖者的个人经历。对于我们这些从事科学研究的人来说，我们高兴地看到，每年 10 月，全世界的目光都集中在化学、物理学、医学、生理学和经济学的发现上，即使只是短暂的停留，这些关注也会影响我们的生活。然而，作为一名美国科学家，以及今年的诺贝尔奖获得者，我从来没有像现在这样意识到或更欣赏奖项宣布所带来的影响。美国刚刚举行了一次总统选举，其中谈到了科学在影响公共政策决策中的作用。在总统提名的许多人中，明显存在着反科学的偏见，这表现在拒绝接受进化论和全球变暖的事实，更不用说人类在这一过程中的作用，以及疫苗或胚胎干细胞研究的价值。我们每一位获奖者都希望以自己的微薄之力，尽我们所能，扭转这些有害的反科学趋势。

布莱恩和我今天被认可的工作是阐明了最大一类细胞受体。它们与细胞上的激素、神经递质和其他生物活性分子相互作用，是治疗药物的最常见靶点，如阿片类药物、β 受体阻滞剂和抗组胺剂，这里仅仅罗列几例。

我们的工作处于化学和生物学不断融合的界面，这个领域通常被称为生物化学，也就是生物的化学。值得注意的是，布莱恩和我都是以医生的身份开始职业生涯的，最终我们走过了一条漫长的道路，进行了更多基础研究，这条道路现在已经使我们获得了诺贝尔化学奖。对我来说，这似乎很好地实现了希腊诗人康斯坦丁·卡瓦菲（Constantine Cavafy）题为“伊萨卡”的诗中所表达的愿望，这句话贴在我的桌子上已经很多很多年了。诗中写道："当你踏上前往伊萨卡的旅程时，祈祷道路漫长，充满冒险，充满知识。"我可以告诉你们，事实的确如此。布莱恩和我感谢你们所有人与我们一起庆祝这趟旅程。

演讲很受观众欢迎，当离开舞台时，我可以听到一位电视评论员兴奋地以半开玩笑的口吻评论道："那是诺贝尔化学奖得主罗伯特·莱夫科维茨博士，他给共和党惹了点麻烦……"当然，我在发言中没有说过"共和党"这个词，相关的内容也只是 800 多字的演讲中的一句话，尽管如此，这句话最终还是引起了媒体的广泛关注。

晚餐结束后，我们转移到隔壁的"金厅"喝鸡尾酒和跳舞，国王和王后在其中一个房间里与获奖者交流。我非常享受与国王和王后的简短交谈，然后大步走回我们的团队，其中包括我的孩子们和其他到斯德哥尔摩旅游的家庭成员。

突然，激动人心的时刻出现了，埃里克拉着玛拉的手，单膝跪地，向玛拉求婚，玛拉惊呆了。我 12 岁的孙子乔纳机灵地拿出他的智能手机，开始记录这一求婚过程，以留作纪念。我们周围的几百个人，刚才还在狂欢和交谈，瞬间变得鸦雀无声，都被那个单膝跪地向我女儿献上戒指的人吸引住了。国王和王后也被吸引住了，因为我看到国王伸长脖子，想更清楚地看到我们周围的骚动，而王室的所有其他成员也都饶有兴趣地看着这一切。

玛拉热泪盈眶，接受了埃里克的求婚。他们拥抱亲吻，周围的人群爆发出热烈的掌声。国王的一个助手急忙跑过来，问我发生了什么状况，我告诉他，埃里克向我的女儿玛拉求婚成功了。助手又跑过去向国王转达了这个好消息，国王面露喜色，他将双手举过头顶，来回摇晃，做出胜利的姿态，这促使人群第二次爆发出热烈的掌声，因为他们目睹了国王对埃里克和玛拉的结合表示祝福。

我无法停止微笑，首先是因为我太高兴了，其次是因为这种状况还挺好笑的。两天前，埃里克曾说要以一种低调的方式向玛拉求婚，以免引起人们的注意。但他最终在瑞典国王和王后面前向她求婚，以戏剧性的方式吸引了所有人的注意力，成了诺贝尔晚宴上大家热烈谈论的话题。不过，我对他的时间选择非常满意，获得诺贝尔奖这件事对于我来说就已经很特别了，而现在，我又有了一个新女婿，他让我女儿非常高兴，这是又一个神奇时刻。

国王和王后的招待会结束后，我们头顶凛冽的夜空，去参加学生们组织的一个派对。就像奥斯卡颁奖典礼后的派对一样，在诺贝尔晚宴之后也有许多余兴节目，我们大家还没有准备好结束这个夜晚。与学生们的余兴派对非常热闹，一直持续到凌晨 2:30 左右，琳恩和我才跳上我们的诺贝尔豪华轿车，回到了格兰德酒店。我们还可以睡几个小时，然后早起去诺贝尔基金会办公室签署一些文件，处理一些行政事务。[3]

第二天早上 8 点左右，我们醒来后前往餐厅吃早餐。当我们在一个靠近大窗户的餐桌旁坐下时，看到有两个人身着凌乱的燕尾服，穿过雪地跌跌撞撞地走来。我认出他们是罗杰・砂原和伊奥戈・斯基尼奥蒂斯，是布莱恩的两位合作者，陪同他参加诺贝尔奖的庆祝活动。在经历了一宿的狂欢后，他们才刚刚回来。我把他们叫到餐桌前，问了问昨晚的情况，然后让他们回房间继续睡觉。我很羡慕他们的体力，但并不羡慕他们此刻的身体状况，因为他们看起来已经为通宵狂欢付出了代价。

我们自己都快累惨了，但庆祝活动仍在全速开展。结束了诺贝尔基金会办公室的事务后，我下午在卡罗林斯卡学院和几位科学家一起开会，之后是皇家宴会，是由国王和王后在皇宫主持的另一场晚宴。这一活动比前一天晚上的诺贝尔晚宴要小得多，大约由 150 名客人组成，围坐在一张长桌旁。与之前类似，晚餐开始时有一个仪式，每个人有自己的搭档。这一次，我与瑞典王室的继承人维多利亚公主结成一对。公主挽着我的胳膊，我们一起走进餐厅，并挨着就座。

维多利亚是非常令人愉快的晚餐伙伴。我了解到她会说 4 种语言，曾在瑞典乌普萨拉大学和美国耶鲁大学学习，并完成了农业和林业的实习工作。她问起我前一天晚上在诺贝尔晚宴上的经历，我告诉了她玛拉的意外订婚，公主的眼里涌出了泪水。

她向我坦言，这个故事特别打动她，因为她自己的订婚也很不寻常：几年前，她爱上了她的私人教练丹尼尔，然后寻求她父亲的同意。然而，国王并没有给予祝福，因为丹尼尔不是王室血统。维多利亚花了好几个月说服她的父亲，并最终成功让父亲给予祝福，这样她才终于嫁给了她所爱的人。想到自己订婚的艰难，听到我对埃里克和玛拉的祝福，维多利亚不禁潸然泪下。

晚餐后有一个香槟酒会。我有机会和丹尼尔聊聊天，我觉得我在和他妻子聊天时已经认识他了。由于丹尼尔曾做过私人教练，因此我和他谈了我自己的训练方案，他提供了一些有用的指导。我还在酒会上与其他一些有趣的人聊天，但最终因前天晚上在外折腾了太久而感到困倦，打不起精神来。

我被告知，在国王离开之前，提前离场是违反礼节的，所以我找到一位瑞典同事，偷偷询问："这个酒会什么时候才能结束？"

“嗯……”我的瑞典朋友回答，“快了，在国王抽完他的雪茄之后吧。”

从那时起，我就目不转睛地盯着国王抽雪茄。当他终于把烟掐灭时，我感到一阵轻松，喝下了最后一口香槟酒。我正准备叫住琳恩，告诉她准备离开时，国王突然从一名助手递给他的华丽的雪茄盒中拿起另一支雪茄，并点燃了它。我叹了口气，又拿起一杯香槟酒，为接下来的派对做好准备。

第二天，我去了斯德哥尔摩郊区的一所高中。诺贝尔周最美妙的传统之一，是获奖者会受邀到许多当地学校与学生互动。当然，我们不可能接受所有的邀请，但接受其中的一些邀请还是很有趣的。在高中，我做了一个简短的演讲，然后为几百名学生签名，包括一位请求我在她额头上签名的年轻女士。

“你什么时候把它洗掉？”我问。

“短期内不会！”她热情地回答。

隔天，琳恩和我去了乌普萨拉大学，那是维多利亚公主的母校。我在那里做了一个讲座，签了更多的名，并与一些学生共进午餐。令人难忘的是，在从斯德哥尔摩到乌普萨拉的一小时车程中，开车送我们的学生告诉我们，他的父母是驯鹿养殖者。我问他在驯鹿场长大是什么感觉，他对饲养驯鹿的各种细节做了精彩的描述。

在这些学生访问中，我感到有趣极了，我很愿意在瑞典多待几个星期。整场旅行就像一个童话故事，我不希望看到它结束。然而，回程的时间还是如期而至，我不得不坐上回家的飞机。我在想，我回家后一切都会恢复正常。但是，我还没有意识到，我的生活会因为获得诺贝尔奖而发生多么大的变化。

A Funny Thing Happened on the Way to Stockholm

第 23 章

获得诺贝尔奖之后，
我最大的快乐依然来自科研

飞机在美国着陆，琳恩和我取完行李，离开机场，准备搭车回家。

“嘿，我们的豪华轿车哪儿去了？”我假装困惑地问道。拥有一辆私人轿车和专车司机的福利已经一去不复返了。是的，瑞典的童话故事已经结束，我不得不像平常一样打车。

事实上，在获得诺贝尔奖之后，我生活中的一些事情仍然完全正常：我与琳恩和孩子们的关系没有改变，我与实验室里成员的互动也一如平常。总体而言，日常的日程安排没有什么不同。然而，我生活中的有些事情却大不相同了，我迅速意识到，需要适应诺贝尔奖之后对“正常”的新定义。

我的电子邮件收件箱里充斥着各种奇怪信息。在以前的生活中，我也常受邀参加许多会议，但通常是和我研究领域相关的专业会议，如关于受体或心脏病学的会议。不过现在，作为诺贝尔奖得主，我收到了几十份邀请函，要求我就纳米技术、妇科学、世界和平和外星智能等我完全一无所知的话题发表演讲。难道获得诺贝尔奖就等同于在某种程度上被赋予了所有领域的无限知识吗？就我而言，我并没有因此拥有无所不知的能力，因此，我将收到的所有让我一头雾水的会议邀请直接删除。

有一些邀请还是吸引了我的注意，特别是许多当地学校的邀请。我喜欢向年轻人分享，传递我对研究和学习的热情，所以我尽可能多地接受此类邀请。当我还是个孩子时，如果能在学校见到诺贝尔奖获得者，尤其是身为医生的诺贝尔奖获得者，我一定会很兴奋，但我从来没有这样的机会。因此，在我获得诺贝尔奖后的头几年里，我在小学、初中和高中做了许多讲座，享受每一场活动。基于同样的思路，我还接受了美国成就学院的一个组织邀请。

这个组织由《生活》杂志的摄影师布里安·布莱恩·雷诺兹（Brian Blaine Reynolds）于 1961 年创立，旨在帮助年轻人与成功人士会面，听取成功人士鼓舞人心的故事。会议的目标是推动知识从一代传递给下一代，促进下一拨思想领袖的成长。我参加了 2014 年在旧金山的会议，在那里，我从当时的美国国家卫生研究院院长、人类基因组计划前领导人弗朗西斯·柯林斯（Francis Collins）手中接过象征我入院的金盘。当年入选学院的其他人包括戴安娜·罗斯（Diana Ross）、卡罗尔·博内特（Carol Burnett）、西德尼·波蒂埃（Sydney Poitier）、主厨托马斯·克勒（Thomas Keller）、海军上将和海豹突击队名将威廉·麦克雷文（William McRaven），以及同为诺贝尔奖得主的路易斯·伊格纳罗（Louis Ignarro）和弗朗西斯·阿诺德（Frances Arnold）。与这些巨人并肩作战很有趣，而在活动中与所有热情的学生互动则更有趣。

我还参加了 2017 年在伦敦举行的成就学院峰会，并度过了一段美好时光。作为学院的一员，我有幸在布莱恩加入学院时为他发了金盘。在入会仪式后的招待会上，彼特·加布埃尔（Peter Gabriel）和斯汀找到了我，他们因创作天赋和人道主义努力而入会。彼特有一个医学困惑，我快速解答了，然后我们继续聊了一会儿。我提到儿子大卫在音乐界担任经理，琳恩建议我们应该拍张照片，然后发给大卫。当琳恩准备好拍摄时，彼特对斯汀说："我们该单膝跪地向他儿子展示我们对他父亲的崇拜。"我还没来得及反应，彼特和斯汀就跪在我面前，琳恩拍下了这一刻。这一刻清楚地说明了获得诺贝尔奖是如何改变我的生活的：在获得诺贝尔奖之前，我在科学界得到了一定的认可，但在获得诺贝尔奖之后，我的名人地位发生了质的飞跃，导致了一些奇怪的情况，比如这两位伟大的作曲家与我的这张合影。

成为名人后的两面性

除了各种会议邀请，[1] 我还收到了一些荣誉学位的邀请。到目前为止，引起媒体最多关注的荣誉学位是我从贝勒医学院获得的。我开始用搜索引擎追踪我在媒体上的曝光。我以前曾遇到过媒体错误引用我说的话这类问题，所以深刻地认识到，如果媒体在某件事上或某句话上曲解了或误会了，我最好立即解决这个问题，而不是等待。无论如何，在我接受了贝勒医学院荣誉学位后，我的社交平台开始炸开了锅，大众媒体上大量提到我的名字。这让我很好奇：为什么我在贝勒医学院的荣誉学位会引起这样的关注呢？

事实证明，足球运动员瓦特“难辞其咎”。这位休斯敦德州人队的明星防守端锋也正在接受贝勒医学院的荣誉学位，并因他帮助休斯敦洪水灾民所做的慈善工作而引起了媒体的巨大反响。每一篇关于瓦特的文章都指出他将获得贝勒医学院的荣誉学位，文章的下一行是这样说的：“获得荣誉学位的还有杜克大学的诺贝尔奖获得者罗伯特·莱夫科维茨。”因此，所有有我名字的热搜文章都不是因为我，而是关于瓦特和他为帮助洪水灾民所做的努力。

当我们在贝勒医学院毕业典礼后一起吃饭，我把这个故事告诉了瓦特，然后我们一起笑了起来。瓦特可能是我见过的“最大块头”，是真正的现实世界里的保罗·班扬（Paul Bunyan）[①]：1.95米的身高，近140千克的体重。他在吃完饭后不得不立即离开，因为第二天要很早起床，开始他的得州人队夏季足球训练。我很高兴能与瓦特分享贝勒毕业典礼的荣誉，因为他既是全情投入自己职业的敬业者，同时又是一名愿意为他人付出的慈善家。

在此期间，我有幸与另一位体育偶像相处，他就是杜克大学篮球队的主教练迈克·沙舍夫斯基。如前所述，我第一次见到K教练是在诺贝尔奖宣布之后，他给我打电话表示祝贺，并安排我在卡梅隆室内体育馆接受表彰。随后，我们还一起参加了杜克大学校园内的一些活动，比如K教练举办的领导力研讨会和为我的同事保罗·莫德里奇（Paul Modrich）在2015年成为第二位来自杜克大学的诺贝尔奖得主的庆祝活动。

那年早些时候，K教练带领杜克大学获得了第5次全国男子篮球锦标赛冠军。球队受总统奥巴马的邀请访问白宫，在那里他们向奥巴马赠送了一件杜克大学1号球衣。当我在新闻上

① 美国民间传说中的人物，巨人樵夫，他力大无穷，伐木快如割草。——编者注

看到这一事件时，我立即拍了一张挂在我办公室里的杜克大学 1 号球衣的照片，并把它和一封电子邮件一起发给了 K 教练。

“亲爱的迈克，球队再次赢得全国冠军太让人兴奋了，恭喜你获得奥巴马总统的邀请去白宫。然而，你就不能给奥巴马一个不同的球衣号码吗？正如你在所附照片中看到的那样，你送给我的杜克大学 1 号球衣一直被我珍藏，这个号码应该已经退役了！”

一小时内，K 教练以他一贯的幽默和机智给我回了信：“鲍勃，你是对的！我们应该在给他之前征得你的同意！你才是真正的第一，而且永远都是。”

除将我的杜克大学球衣号码送给奥巴马外，我还因为新获得的名人地位而遭受了一些其他的侮辱。我注意到，在《大卫·莱特曼晚间秀》（*Late Show with David Letterman*）中，我被描绘成一个丑闻缠身的混蛋。

“今晚在我们的观众里，有一位 2012 年诺贝尔化学奖的获奖者，”大卫在某天晚上的节目中说，“让我们一起欢迎罗伯特·莱夫科维茨！”观众们欢呼，一个长得和我一点儿都不像的人从第 4 排站起来，挥手致意。他的脖子上挂着一枚金牌。

“先生，很高兴您能来这里，”大卫郑重其事地说道，“那么，获得诺贝尔奖之后，您有什么计划吗？”

“好吧，”那人说，“演出结束后，我要回到酒店，来一个芝士汉堡和一些可以令人振奋的药物。”

镜头回到大卫身上，他的脸上露出困惑的表情，然后他向观众提出了一个问题：“你们有多少人今晚也要这么做？”观众爆发出狂热的掌声，乐队成员也都高举双手，随即大卫喊道：“你们甚至没有住在旅馆里！”

等大家平息后，大卫又说：“我们 2012 年诺贝尔化学奖获得者罗伯特·莱夫科维茨博士还有话要说，是吗博士？”那个人又站了起来：“大卫，我忘了说，在吃完芝士汉堡之后，我还要享受一些不一样的欢愉。谁支持我？”自然，观众们又疯狂了。

“我想他不是真正的诺贝尔奖得主。”大卫在镜头回到他身上时说。最终，几分钟后，“莱夫科维茨博士”最后一次举手。他站了起来，露出了他脖子上的金牌。

“好的，博士，现在是什么情况？”大卫问。“诺贝尔委员会发现了我服用药物的事了，他们把我的奖项拿走了，混蛋！

非常感谢大家。”

这一集播出后不久，我与布莱恩通了电话。布莱恩提到他看到了这一集，并认为这段话非常不尊重人。我告诉布莱恩，事实上，我觉得这个段子很搞笑，唯一的遗憾是大卫没有让我去扮演我自己，因为我相信我的台词功底比扮演我的演员更好。

向本垒投出完美的好球

除受邀参加会议和获得荣誉学位外，我在获奖后的生活还出现了其他各种机会，这些机会是我之前从来没有得到过的。例如，2013 年，在我获奖后不久，我就受邀在两场不同的棒球赛上投出礼仪性的第一球，这两场比赛分别是在北卡罗来纳州达勒姆的达勒姆公牛队比赛和在纽约市的纽约洋基队比赛。洋基队的比赛特别有意义，因为我从小就是洋基队的球迷，童年时在老洋基体育场看了很多比赛。

我已经很多年没有投过棒球了，所以我决定在成千上万的球迷面前投球之前先练习一下。在洋基队比赛的前一个月，我和琳恩来到后院，测量了约 20 米的距离，也就是大联盟投手板到本垒板的距离。

“我的天啊！”我对琳恩说，她在起点处拿着卷尺协助测量。我用手遮住眼睛，抵挡着下午的斜阳。琳恩是如此遥远，以至于我看起来像是通过望远镜远视端来寻找她。“这看起来比我想象的要远多了。”

我接着投了几十个球，琳恩担任我的捕手。前几次投球都近得令人尴尬，我加大力量试图投得更远，却总是失控，搞得琳恩为了捡球在院子里到处跑。我意识到自己需要更多的练习，以避免在正式投球时丢脸。

我实验室里的学生和博士后们看到我对首投邀请的焦虑，都觉得很好笑，并在接下来的几个星期里拿我寻开心。我来到办公室，打开电子邮件，发现又有一个“有史以来最糟糕的10 个开球仪式”的视频汇编。我不得不承认，这些视频吓着我了。也许最糟糕的是，视频里明明是哈里森·福特，我看到的却是他扮演过的角色印第安纳·琼斯。他看起来是个相当优秀的运动员，但即使是从投手丘上投球，他的动作也很笨拙，把球弹到本垒前很远的地方。还有一个人在第一次投球时从投手丘上摔下来，头朝下翻滚，摔得鼻青脸肿。又有一个人用力过度，不知为何将球扔到本垒左侧 5 米左右的地方，打中了一名裁判员的头。

看完这些视频后，我决定寻求一些认真的指导。在去旧金山出差期间，我在行程中多加了一天，以便向我的孙女玛雅咨询，因为她是高中垒球队的明星投手。当我向她展示我的投球动作时，她摇了摇头并告诉我，我缺乏力量，因为采用了侧投。然后她耐心地重新纠正我的投球动作，使我改为上投，我的投球力量马上就有了很大的增强。几周后，在我的大部分孩子和孙子孙女们参加的家庭海滩度假期间，我花了很多时间与玛雅玩接球，接受她额外的指导。

回到杜克大学后，我开始与实验室成员们每天进行投掷练习。午餐时间，我们会戴着棒球手套到大楼旁边的一个院子里，玩 20 分钟的接球游戏。出乎意料的是，这些活动开始吸引来大量的观众，附近实验室的科学家们聚集在一起，观看这位诺贝尔奖获得者与实验室的成员们一起抛掷棒球。人们会坐在附近的野餐桌旁，吃着他们的三明治，看我们投球。他们可能认为我们这样做是为了进行团队建设，但事实上，我只专注于增强我的手臂力量。但我不得不承认，这些练习确实营造出了一种团结的感觉，实验室里的每个人都在帮助我做好准备，走上投手丘。也许他们也不希望我让他们难堪！

随着洋基队比赛日期的临近，我收到了一个坏消息：我失去了投出第一球的机会。那场比赛是波士顿马拉松爆炸案发生后，波士顿红袜队首次访问纽约，所以洋基队计划在赛前举行一些仪式，以纪念波士顿马拉松爆炸案的受害者。作为仪式的一部分，他们希望让与打击恐怖主义有关的人投出第一球，这使得他们重新邀请了前纽约市市长鲁迪·朱利安尼（Rudy Giuliani）代替了我。我理解这个理由，但还是对错过这个机会感到失望，尤其是洋基队没有采取后续安排，将我的第一球重新安排在以后的比赛中。

我仍然期待着在达勒姆公牛队比赛中投出第一球。比赛前一周，我开始准备工作的最后一步：在一个真正的投手丘上投球。我向杜克大学棒球队的投球教练安德鲁·西伊（Andrew See）解释了这个情况，他邀请我在一个下午到杜克大学的棒球场投球。陪同我的是我的博士后杰夫·科瓦奇，他担任我的捕手，还有杜克大学棒球队教练组的几位成员，他们给我提供了有益的指导，以避免我从投手丘上摔下来或把球扔到裁判的头上。在所有这些指导和练习完成之后，我觉得自己已经准备好了。

达勒姆公牛队的赛前庆祝活动场面颇为壮观。时任达勒姆市市长比尔·贝尔（Bill Bell）宣读了一份公告，宣布这是“罗伯特·莱夫科维茨周”，杜克大学健康系统主席兼首席执行官曹文凯（Victor Dzau）简短地介绍了我的研究，然后是我走上投手丘的时间。[2] 我大步走到投手板前，做了一个大幅度投球动作，向本垒投出一个完美的好球。包括我的实验室所有成员在内的观众都为之疯狂。捕手跑过来把球交还给我，边说边拍着我的背：“博士，棒极了，一个绝妙投掷！”

在棒球比赛和其他活动中获得荣誉尽管很有趣，但这一时期我的日程表中更常规的部分有我最大的快乐：花时间在实验室里讨论数据，参加介绍实验室近期研究的学术研讨会，越来越多地专注于将布莱恩和他的合作者开发的生物物理方法应用于受体如何与β-拘留蛋白相互作用的问题。[3]获得诺贝尔奖后，我受邀到各地演讲，由于精力时间有限，所以只能接受其中一小部分，但我从未拒绝过前学生的邀请。每当我实验室里的同伴想让我去演讲时，我总是想办法成行。随着时间的推移，我对自己科学家队伍的壮大感到越来越自豪，并花越来越多的时间来思考作为一名导师的意义。

A Funny Thing Happened on the Way to Stockholm

第 24 章

作为导师的艺术，和学生一起前行

我职业生涯中最有意义的部分，就是作为年轻科学家的导师，陪伴他们成长与发展。我已经指导了 200 多名学生，他们中的很大一部分，后来在学界或业界拥有非常成功的事业。许多人获得了重要的研究奖项，其中一人获得了诺贝尔奖。我经常被问道：你是如何做到的？你培养出一代又一代杰出科学家的秘诀是什么？

许多年来，我一直被类似的问题弄得不知所措。我并没有什么秘诀，事实上，在我管理自己实验室的头 20 年里，我几乎没有想过当导师。洋基队的传奇捕手尤吉 · 贝拉曾被问及他击球时在想什么，他的回答是："你怎么能同时思考和击球呢？"这正是我对指导工作的感受。我只是在做研究，并带着我实验室的学生一起踏上旅程。

不过，这些年来，我对自己的指导方法更加用心了。我从指导的成功和失败中学到了很多东西，并在这方面积累了一定的经验。我并不自以为是，认为自己已经发现了当导师的真谛，但我知道什么对我有用。经过半个世纪对数百名学员的指导，以下是我成为一名好导师的 10 条黄金准则：

- 因材施教
- 专注，专注，还是专注
- 点燃热情的火焰
- 围绕问题而不是技术来构建事业
- 鼓励冒险
- 成为坚忍毅力的典范
- 提高学生的自主能力
- 重视讲故事的能力
- 创造幽默且开心的环境
- 尊重你的导师

因材施教

每一名学生都不一样：有些人需要每天拍拍肩膀，有些人则需要踢踢屁股。出于这个原因，我会根据加入实验室的每个人定制不同的指导风格。有时，这意味着我的方法会有一段时间的变化，直到找到适合每个人的方法。显然，这种量体裁衣的指导风格，需要很好地了解我的实验室成员，这就是为什么我不把每天的闲聊看作简单的寒暄，而是了解初来乍到的同事个人故事的关键机会，了解什么会激励他们，让他们兴奋。

每个人都有优点和缺点。作为导师，我的目标是在强调优点的同时弱化缺点。如果我和一名非常有创造力但不太注意细节的年轻科学家一起工作，那我不断催促他们更加注重细节可能不会有什么帮助，那只会使我们双方都痛苦。根据我的经验，面对这样的学员，赞扬和鼓励创造力，强调他们的优势，同时努力避免强调他们的弱项，或者让他们与天生更注重细节但缺乏创造力的合作者配对，将会更有成效。我则是在工作场合偶尔做温和的提示，但重要的是，要认识到你无法改变一个人的本性。

导师工作不仅需要考虑每位学生的个性，还需要符合导师的个性。作为一名导师，对我有效的具体策略可能并不适用于其他人。例如，我是非常善于社交且热情好客的人。我喜欢面对面的会议，渴望与我的团队成员保持联系。然而，我认识一些科学家，他们更为内敛，但仍然是了不起的导师。他们可能更喜欢通过电子邮件或其他书面形式与学员们做定期交流，而不是大量的面对面会议。每位导师都需要找到适合自己的具体方法，这也是为什么我把接下来的 9 条建议作为一般准则，而非必然法则。

专注，专注，还是专注

每当有新成员加入我的团队，我都会在第一天与他们见面，给他们两条建议。第一条是这样的：

> 你在本实验室的成功将由 4 个因素决定：第一是专注，第二是专注，第三是专注，第四……还是专注。

和任何具有创造性的工作一样，一个有抱负的年轻人在研究领域可以有无数个方向。**我认为我的主要工作是帮助我的学生专注于有成效和有趣的方向，其他的都是次要的，只有专注最重要。**

当我还是一名医学生时，我有一台旧显微镜，是我从一位不再需要它的学长那里花了很少的钱买来的。我在课堂上使用这台显微镜，也在寝室里用它来备考。这台老旧的显微镜台面总是打滑，这导致它的焦点每隔几秒钟就偏离。随着时间的推移，我学会了熟练地把手指放在微调旋钮上，施加恰到好处的压力，使显微镜保持聚焦。许多年后，我意识到，作为导师，我最重要的工作，是以操作旧显微镜的方式来管理我的学员：通过不断施加适量的压力来保持他们的专注力。

有时我出差一周，回来后会发现实验室某些项目已经偏离了初衷。也许因为一个令人惊讶的发现把学生引向了一条岔路，导致了一系列计划外的实验。有时，意外可以带来新的发现，但更常见的是，它们只会通向死胡同。这时，我会与在死胡同里打转的学生谈话，我会说："让我们来回忆一下这个项目的原始目标。你现在所做的事，如何帮助实现这一目标？"通过这样的讨论，学生通常会意识到自己已经偏离了初衷，被一些无关紧要的细节分散了注意力。在这样的对话中，我做的就是在微调旋钮上轻轻地施加适量的压力，目的是保持学生的专注力，就像以前对我的旧显微镜所做的那样。

点燃热情的火焰

我给实验室新成员入职第一天的第二条建议是：

> 你可以从事任何你想从事的项目，只要满足两个条件：第一，你的项目让你感到非常兴奋；第二，我对你的项目也感到非常兴奋。

这两个条件对于某个项目的成功并不充分，但它们是必要的。90% 的研究是失败的，所以当学生的项目进展不顺利时，他们很容易沮丧。**导师的一个关键作用就是让学生振作起来，帮助他们度过困难时期并保持专注力。**

在我的博士后瑞克·塞里昂前往康奈尔大学指导他自己的研究团队的许多年后，他向我坦言，在我的实验室工作期间，他觉得自己从事的是实验室中最重要的项目。然而，当他与实验室里的其他人交谈时，他意识到他们每个人都这么认为。在瑞克的讲述中，我在某种程度上能够说服实验室里的每一个人相信，他们正在从事科学史上最重要的项目。事实上，当我在早期与实验室成员谈论他们的实验时，我可能确实相信每个项目都是最重要的。我不是装出来的，我是真的很兴奋，并把这种激情传达给了我的学生，将他们的热情点燃。导师和学生之间的这种共同的宏伟愿景，对年轻科学家来说是非常强大的激励，有可能推动他们取得超出他们想象的成就。

热情是所有优秀导师共有的关键特质，但必须指出，有一个词叫过犹不及。在担任教职的初期，我听到过加州大学旧金山分校一位著名科学家的故事。他以在实验室四处漫游，对任何事情都表达兴奋而闻名。一名学生即便只在执行一项普通的任务，比如调整缓冲液的 pH 值，这位科学家也会夸赞："哇！看看这个！你把 pH 值调到了 7.0，干得真好！"在我看来，这种不断的赞美会起到反作用。它降低了导师热情的价值，导师的热情应该保留给真正有价值的工作。学生能感觉到导师是在假装热情，而不是真正感到兴奋，他们只会对后者做出反应。

热情需要与严谨相平衡。我的两位前导师杰西·罗斯和艾拉·帕斯坦，正是热情与严谨的代表。正如前边说的，杰西是一位热情先生。他不一定会像加州大学旧金山分校那位科学家那样对调整缓冲液的 pH 值感到兴奋，但他对我给他看的任何数据都会赞不绝口。相比之下，艾拉几乎从未兴奋过。当我给他看数据时，他只会质问我是否考虑到了适当的控制条件，他可以说出 10 个不同的可能因人为操作而导致结果与预想大相径庭的原因。多年以后，当我成为一名导师时，我尽我所能地结合杰西的热情和艾拉的严谨，学生需要这两种养分才能茁壮成长。

围绕问题而不是技术来构建事业

有时学生学会了一种新的技术，然后在接下来的几个月或几年里，或者在某些情况下，他们的整个职业生涯都在寻找问题，以便能够反复应用新学的技术。这完全是从事科学事业的错误方法，或者说是从事任何创造性领域的错误方法。技术总是在不断更新迭代。因此，导师应该建议学生就重要问题提出具有大局观的解决思路，尝试用任何必要的技术来回答这些问题。

我的“黄色贝雷帽”朋友约瑟夫 · 戈尔茨坦，多年前就这个话题写了一篇文章。[1] 约瑟夫创造了 PAIDS 这个词，它是“瘫痪的学术研究综合征”（Paralyzed Academic Investigator’s Disease Syndrome）的简写，说的是当一名科学家学会了一套技术，然后被限制在只关注可用这些技术解决的问题时，就会出现这种症状。约瑟夫还创造了另一个我喜欢的术语，即技术勇气（technical courage），这是科学家所表现出的无畏精神，他们选择研究一个重要的问题，并致力于学习解决该问题所需的任何技术。导师可以做的最关键的事情之一是树立技术勇气的榜样，推动学生大胆学习并采用新技术。

布莱恩在他科研生涯中一直是技术勇气的典范。当布莱恩第一次加入我的实验室时，他是一名心脏病学研究员，对研究技术知之甚少。然而，当他意识到编码包括 β- 肾上腺素能受体在内的受体基因序列是该领域要采取的下一个重要步骤时，他立刻致力于学习当时刚刚出现的新分子生物学技术。多年以后，布莱恩指导自己在斯坦福大学的实验室时，他又觉察到下一个重大问题是揭示受体的三维结构，此后他花了 10 年时间学习 X 射线晶体学的技术，并鼓励他的学生同样无畏，掌握结构生物学领域的新兴技术。布莱恩是学生们的杰出导师，因为他不仅仅宣扬技术勇气，而且每天都躬身力行，为大家树立了技术勇气的榜样。

鼓励冒险

学生在学校上实验课时，通常按实验手册做结果已知的实验。在这种预先设计好的实验中，你应该得到某种结果，如果你得到不同的结果，那意味着你搞砸了。然而，真正的科学研究恰恰相反：如果你得到一个意料之外的结果，那么这往往是一个信号，表明你正进入一段有趣的历程。不过，对许多学生来说，追求与现有范式相悖的想法似乎是有风险的，这就是为什么当项目开始进入未知领域时，导师必须鼓励学生大胆尝试。我教给我所有学生的一个意第绪语术语是 chutzpah，它的意思是**“无所畏惧的勇气”**。每位研究人员都需要拥有某种程度的无所畏惧。

害怕承担风险的研究者将永远无法发挥自己的全部潜力。有一次，我和一位视觉信号领域的研究员共进晚餐，他说他在几年前对视觉受体激素有了重大发现。这一发现是如此出人意料，以至于他产生了怀疑，并且不敢发表，因为担心其他人也会怀疑。他磨磨蹭蹭地做着外围的无关紧要的研究，不确定该如何继续。最终，其他两个实验室在他之前抢先发表了那个新发现，而他失去了本可以属于他的荣誉。这是一个典型的科学家案例，如果当时他的导师能鼓励他，结果将大不相同。

鼓励冒险并不意味着鼓励学生做徒劳无功的事。导师应鼓励年轻人保持相关项目的平衡，其中包括一些平稳的项目，而另一些是风险较大但有可能获得更大回报的项目。每年假期前后，我都会对实验室的研究项目做年终分析，完成后我会将笔记与往年的笔记进行比较。有一年，我正在做年终分析，一位同事走进我的办公室。当我解释完我在做什么时，他兴致勃勃地谈论他的实验室刚刚完成的了不起的一年。“我实验室今年的项目大约有 90% 成功了。”他满意地笑着说，“你呢？”

“好吧，据我分析，我的实验室今年约有 20% 的研究取得了成果，”我回答，“其他 80% 的研究大概熄火了。”我的同事大吃一惊。

“其实这个数字让我很兴奋，”我继续说，“如果我实验室中成功的项目接近 50%，那么意味着我们没有去冒险。”

成为坚忍毅力的典范

任何竞争领域的成功都需要大量努力。前沿研究实验的成功率相当低，因此，获得成功的最好方法就是做大量的实验。最终，有些东西会成功，并带来令人兴奋的新方向。然而，告诉学生他们需要努力工作才能取得成功是不够的。行动比语言更有说服力，因此，导师成为坚忍毅力的榜样至关重要。

1976年，我成为霍华德·休斯医学研究所的研究员。此后每隔5年，我必须通过一个严格的流程来续签，包括写下我实验室所做的工作，然后在霍华德·休斯评审小组面前做汇报演讲。我总是提前几个月就开始为这些演讲做准备，我会请我团队中的不同学生帮助准备幻灯片，并对每张幻灯片进行多次修改，直到它们恰到好处。幻灯片准备好后，我会进行各种练习，有时是自己一个人，有时面向我实验室的成员。这些努力是我为续约做的充分准备。当然，这些努力也有另一个目的，那就是向我的学生展示我的坚持，将演讲打磨到尽善尽美。不言而喻，我也希望学生们努力工作，努力准备演讲，无论他们是为实验室会议、研究工作做演讲，还是为全国会议上的主题演讲做准备。

有很多方法塑造良好的职业道德。每当我的学生给我寄来要提交出版的手稿初稿，我都会尽一切努力在最快的时间内把编辑好的手稿寄回给他们。如果我的学生需要一封推荐信，那么，我也会以最快的速度完成它。快速响应是向我的学生表明我对他们的高度重视，同时也传达了这样一个信息：我希望他们也能有同样快的响应速度。我听说过一些导师通过追踪工作时间或其他类似手段来推动他们的学生。对我来说，这种方法是无效的，只会导致学生压力过大。**导师鼓励坚持和努力工作的最好方法是以身作则。**

提高学生的自主能力

当感到自己是工作的主人时，人们就会有最大的动力。出于这个原因，我希望实验室里的每一个人都能感觉到，他们是在追求将自己的想法变为现实，而不是在为我或其他人的项目工作。

当我每周与学生开会时，我不会对他们说："嗯，根据这些数据，你接下来要做这个，然后做那个。"相反，我会问他们是否发现哪些新的方向值得跟进。当听到一个令我兴奋的方向时，我会说："哇，是的，这是个有趣的探索，不是吗？"这样一来，我的学生就在推动他们自己的项目，而我的角色则是充当向导和啦啦队长。

我知道有些科学导师为他们实验室的成员制定了每日待办事项清单。我承认，我对那些有能力每天为实验室成员安排详细时间表的人印象深刻，但对我来说，这仍然是一个无效指导的例子。当学生接受了这种过度管理的方式时，他们对自己的项目就会缺乏主人翁意识，他们的积极性会下降，这同时也阻碍了他们独立思考。不可避免的是，以清单管理的方式培养出来的学生难以独当一面，因为这些学生在培训期间从未被允许展开智慧之翼，没有学会如何自主开发项目。此外，即使这些学生在导师的密切指导下取得了良好的进展，他们也不会有自信，因为自信只能产生于对自己的成功负责的人。

重视讲故事的能力

在讲故事的重要性方面，我很早就从临床导师莫蒂默·巴德那里学到了一课。之前我介绍过，巴德是西奈山医院的一名主治医师，他常常挑战医学生提出的符合特定临床病例的事实，并因此闻名。“许多人认为数据会讲故事，但事实并非如此。”巴德会说，“数据仅仅是数据，而故事是你强加到数据上的东西。”

巴德的洞察力对我成为一名临床医生至关重要，对我最终成为一名科学家更为关键。当我与我的学生会面时，我不希望他们只向我展示数据，我更希望听到的是一个解释数据的故事。理想情况下，我希望我的学生能提出多个可能解释数据的故事，然后开展未来的研究，以帮助辨别哪个故事更接近事实。

除了在日常实验中发挥作用，在几年到几十年的跨度里，讲故事对一位导师也有重要意义。我希望我的学生感觉他们是一个正在进行的故事中的关键人物，这个故事很早以前就开始了，并持续了许多年，经历了许多曲折。你是某个比你自己更伟大的事物的一部分，这种感觉是人类最强大的情感之一，特别是当你觉得你正在为一个可以追溯到很久之前的故事添砖加瓦时。出于这个原因，我喜欢给我的学生讲实验室早先几代人的故事，以及当年的某些研究是如何与目前正在进行的实验相联系的。这种历经岁月的连贯性叙事，对学生来说非常励志，他们会对此感到兴奋，因为他们知道了自己目前的实验是如何融入该领域研究的历史洪流中的。

创造幽默且开心的环境

幽默是创造力的一个重要推动力。据我的经验，**人们笑得越多，就越有创造力**，这可能是由于幽默需要看到事物之间不寻常的关联。讲一个笑话就像获得一个小小的发现：你灵光一闪，突然看到以前没有看到的事物之间的有趣联系。幽默所需的创造力可以为其他类型的创造力打下基础。出于这个原因，我在与我的学生开会时经常开玩笑，希望用幽默奠定灵感产生的基础。

几年前，我与一家制药公司就潜在的合作进行了一次电话会议。我和我在杜克大学实验室的 4 位年轻博士后研究员一起参加，与该公司的几位科学家交谈。该公司科学团队的领导人开始了电话会议："好的，莱夫科维茨教授，让我介绍一下我的团队。我们这里有卡洛斯，他是我们的化学部主任，还有尼娜，她是我们的分子筛选部主任……"

当听到这些介绍时，我当场决定我们也不能落后。我实验室的 4 位年轻人没有任何头衔，他们只是博士后。然而，电话那头制药公司的人并不知道这一点。当轮到我发言时，我即兴做了一系列的介绍："很好，谢谢你，现在我来介绍我的团队。我这里有艾琳，她是我们的蛋白质提纯主任，还有斯科特，我们的质谱分析主任……"

学生们在我给他们冠以花哨的头衔时开始捂嘴偷笑。幸好，这只是一场普通的电话会议，不是什么特别重要的视频会议，所以电话那头的人看不到在场的博士后都在努力压制他们忍不住上扬的嘴角。这是一个有趣的时刻，它开启了一个富有成效的电话会议，团队成员们提出了很多极具创造性的想法。

幽默还可以创造一个愉快的工作环境。如果你觉得你的工作像无休止的苦差事，那么你就很难长时间地做下去。如果你感觉工作就像玩耍，那么就更容易为它投入时间。我一直试图在我的实验室里营造幽默开心的氛围，包括与学生打赌实验的结果如何，并在完成某些重要阶段时提供有趣的奖品。例如，当我的实验室成功地完成了 β2-肾上腺素能受体基因测序时，我为我的团队提供了一辆豪华轿车，让他们在自己选择的餐厅吃午餐。该团队包括布莱恩、孙彤、汤姆·弗列勒、亨里克·多尔曼，以及其他学生。在吃完午餐回来的路上，他们在麦当劳停了下来，把豪华轿车开到免下车外卖窗口点了一杯奶昔，只是觉得开心。这是我们实验室团队的一个开心时刻，也有助于实验室成员在长时间工作中保持快乐。

尊重你的导师

每个人都需要指导，即使是经验丰富的导师，所以与过去的导师保持良好的关系很重要。这些年来，我曾在全国性会议上找过我的导师杰西·罗斯，或者有时只是突然打电话给他，讨论各种问题并听取他的观点。反过来，我的许多学生现在也事业有成，他们也经常给我打电话，讨论与他们研究团队有关的各种问题。在我看来，指导不是你在与某人共事的几年里所做的事情，导师是一个终身任命，就像作为父母一样。我总是很高兴能与我过去的学生叙旧，并提供我所能提供的任何见解，在他们职业生涯的不同阶段帮到他们。

我现在已经很老了，有几百名科学后辈，再算上学生的学生，那可能有几千人。我喜欢和我的科学家族成员打交道。看到我的学生正在从事令人振奋的工作，以及他们将火炬传给下一代科学家，我感到很欣慰。我参加所在领域的许多学术会议，很多时候感觉就像参加与以前学生的家庭聚会，这让我想起了我从与我真正的家人相处中获得的快乐。我一直是有家庭观念的人，而最近的几件事使我与我的家族有了更深刻的联系。

A Funny Thing Happened on the Way to Stockholm

第 25 章

寻根之旅，我的心仍旧跳动

我们正在波兰琴斯托霍瓦附近的森林深处徒步旅行，并开始担心我们的向导也迷路了。同行的有琳恩、我的表妹艾伦和朱迪，以及朱迪的丈夫伊万。这是我们家族的一次寻根之旅，但我怀疑我们能否在如此隐秘的森林里找到祖先。

2017 年，我与家人一起去了波兰，因为我正好受邀在波兰科学院演讲。那是我第一次去波兰，我决定在行程中多加几天，花更多的时间了解我的祖籍。我的祖父母于 1904 年从波兰移民到美国，我的父亲于 1905 年在纽约市出生，这意味着祖父母移民时，祖母已经怀孕了。

这个时期欧洲犹太人的苦难与我息息相关。在我与家人去波兰旅行期间，我们参观了与犹太人大屠杀有关的各种遗址，包括在奥斯威辛和比克瑙的集中营。坦率地说，那里发生的恐怖事件是无法想象的，这次参观之旅令人情绪低落。我们还参观了奥斯卡·辛德勒的工厂，那里现在是一个博物馆。当年，就在这家工厂里，辛德勒通过雇用波兰犹太人并贿赂纳粹官员，使他们睁一只眼闭一只眼，从而保护了 1 200 名犹太人免遭杀害，这个故事是电影《辛德勒的名单》(*Schindler's List*)的原型。位于克拉科夫的辛德勒博物馆有一面墙，列出了辛德勒保护的所有人员，其中有八九个人的姓氏是 Lefkowitz 的波兰语拼法，这些人中很有可能有我的亲戚。同样，位于华盛顿的美国大屠杀纪念馆里，有许多厚厚的书，按字母顺序列出所有在大屠杀中丧生的人，这些书中有许多页是关于 Lefkowitz 这个姓氏的各种拼法。毫无疑问，这些人中也可能有我的亲戚。

在波兰之行前，我们雇用了一队当地的侦探来寻找与我的家族有关的信息。他们发现了大量的出生证、结婚证和其他与我的家族相关的文件，并且找到了我祖父母在琴斯托霍瓦的老房子，位于离克拉科夫大约 2 千米的小镇上。此外，他们还为我们安排了一个向导，这个向导现在正带领我们进入森林深处，开展更深入的探寻。

在森林中艰难跋涉了很长时间后，我们突然来到了一片小空地，那里到处都是墓碑。这个古老的墓地长满了灌木，许多墓碑已经倒了，但仍然清晰可辨。在四处找寻后，我们找到了一些刻有我们祖先名字的石头。我的注意力被一块刻有克雷姆斯多夫姓氏的石头吸引住了，上面有日期和其他细节，我可以确定就是我高曾祖父的。艾伦、朱迪和我站在我们高曾祖父的墓碑前表达了我们的敬意。尽管我们之前都没有来过波兰，但这次旅行让我们感觉真正找到了我们的根。

回到纽约的日子

在纽约市，我的家族根基深厚。我在布朗克斯区出生和长大，每当我回到这里，童年的记忆就会涌上心头。在获得诺贝尔奖之后，我应邀回到纽约参加了几次活动，这些活动是我生命中最感人的经历之一。

其中一项活动是将我的名字镌刻在诺贝尔纪念碑上。2013年9月，在我获得诺贝尔奖一年后，我和家人应邀参加在西奥多·罗斯福国家公园举行的盛大仪式。诺贝尔纪念碑就在这个公园里，它是一个巨大的青铜方尖碑，碑上刻着所有美国诺贝尔奖获得者的名字。这个地点对我来说尤其重要，因为公园毗邻美国自然历史博物馆，后者是我小时候最喜欢去的地方之一。我和父亲在自然历史博物馆度过了许多个下午，这个经历激发了我对科学的热情。

诺贝尔纪念碑是纽约市唯一一座包含在世人姓名的纪念碑。纽约有一项城市条例规定，只有已故个人的名字才能出现在纪念碑上，但诺贝尔纪念碑拥有特殊地位，成为这一条例的唯一例外。在活动仪式上，当方尖碑上的巨大布幔被移开时，我起了一身鸡皮疙瘩。看到我的名字与西奥多·罗斯福、阿尔伯特·爱因斯坦、约翰·斯坦贝克以及其他许多传奇人物一起出现在这里，我既感到兴奋，备受鼓舞，又深感自己的渺小。

这次经历尤其特别，因为我的大家族中有几十名成员加入其中。当我确定将要参加这个活动后，琳恩和我向仍住在纽约市内和附近的几个表亲提及此事，他们又告诉了其他的家庭成员。很快，这个活动就变成了一次盛大的家族聚会，有几十名家族成员宣布他们将会参加。仪式之后琳恩和我安排大家在公园附近的一家意大利餐馆聚餐，这些亲戚包括一些我以前从没见过的年轻表亲。我的几位表亲把多年来的家族照片摆在一起，非常壮观。克雷姆斯多夫后裔家族的代表人数很多，这太棒了，因为自我童年时参加的定期聚会以来，我已经很久没见过他们了，我母亲那边的家族也有代表参加。

晚上的某个时候，我思考着这样一个事实：房间里的我们大多是逃离苦难岁月的祖先的后代，还有更多的人没有来，因为他们的家族分支没有离开欧洲。家族的这段悲惨历史，在某种程度上使我们这一代人的生活看起来更加甜蜜。我的表亲们现在都过着富足的生活，家庭幸福，充满着爱情的甜蜜和成就。我不是精神病学家，但这种令人难以置信的生活热情，可以理解为试图救赎我们祖先的痛苦，以表明没有浪费我们所得到的机会。诺贝尔纪念碑仪式后的闲聊和庆祝活动持续了好几个小时，我离开聚会时真的很高兴能与这么多优秀的亲戚重新联系在一起。

一年后，我应邀回纽约参加另一个特别的仪式，这次是在我的母校布朗克斯科学高中。在我获得诺贝尔奖之前，我从未受邀回到布朗克斯科学高中，这显然是学校邀请校友的成就要求。布朗克斯科学高中确实比世界上任何其他高中培养了更多的诺贝尔奖获得者。当我在 2012 年获得诺贝尔奖时，我是布朗克斯科学高中第 8 位获得该奖项的毕业生。如果将布朗克斯科学高中培养的诺贝尔奖获得者人数放在国家级别的诺贝尔奖获得者人数中排名，它将位于世界第 23 位，与西班牙并列，超过爱尔兰、芬兰和其他 150 多个国家。大多数高中都有展示其体育奖杯的陈列柜，而布朗克斯科学高中则有一个展示学校诺贝尔奖获得者的陈列柜。

学校为我举行了一次特别仪式，场面颇为壮观。我和学生们拍了很多照片，还签了一大堆签名。令人惊讶的是，在我发言之前，乔治·扬科普洛斯（George Yancopoulos）在现场为我做了介绍。乔治是再生元制药公司的首席科学家，因所在公司开发的药物而成为亿万富翁。和我一样，他也是布朗克斯科学高中和哥伦比亚大学的校友，我很荣幸他能来做我的开场介绍。

仪式结束后，我会见了时任校长琼·多纳休（Jean Donahue）。她和她的工作人员找出了我 60 年前的一些旧文件，其中一份显示我连续 3 年在纽约注册考试的数学成绩为 100 分，这个成绩至今仍是我的骄傲。他们还有一份包含我所有成绩的完整成绩单，甚至还有我的申请书，那是我在 12 岁时写的。其中一个问题是"你什么时候睡觉？"我回答说："晚上 10：30。"这让我很吃惊，因为 60 年后，晚上 10：30 仍然是我的入睡时间。我想，有些事情永远不会改变。

稍后，当我在学校里散步时，一位带着狡黠笑容的枯瘦老妇人向我走来，问道："你知道我是谁吗？"我承认我想不起来，所以她继续说："我是恩格尔，是你十年级的数学老师。""哇，你教得太棒了，"我努力克制住自己的心情与表情，"校长刚刚给我看了我纽约注册考试的数学成绩，连续 3 年都得了 100 分！"恩格尔女士告诉我，她早就退休了，但很高兴能回到学校参加我的仪式。我们分享了很多欢笑，和她叙旧是此行的一个亮点。

我此行的另一个亮点是有机会与几位老同学叙旧，包括迈克、芭芭拉·贝伯廷（Barbara Bertin）、鲍勃·库尔茨（Bob Kurtz）、琼·戈尔登（June Golden）和哈丽雅特·科恩·盖勒（Harriet Cohen Geller）。所有这些朋友多年来都与我合作，帮助组织吉恩·弗兰克尔科学论文竞赛。

我最好的朋友吉恩·弗兰克尔在高中时就对科学史表现出了不同寻常的热情，他最终实现了自己的梦想，成为一名备受尊敬的科学史学家。不幸的是，他在40岁出头时死于癌症。在他去世后，我和一群同学合作，以吉恩的名义建立了一个奖学金，奖励那些为已故的重要科学家撰写杰出论文的布朗克斯科学高中学生。我和这些同学多年来一直在审查弗兰克尔奖学金论文的委员会任职，每年审查这些论文都会让我想起吉恩，并感到无比满足，因为这件事使我与这些来自60年前的朋友依然保持联系。然而，在每年组织这个征文比赛的过程中，我和同学们主要是通过电子邮件进行交流，所以在回到布朗克斯科学高中期间，能有一整天时间与他们面对面交流，缅怀像吉恩这样离去的朋友，回忆过去的日子，这真是太好了。

当我想到目前探索的方向，我的心跳加速了

在我访问布朗克斯期间，我想起了我的父母。鉴于我的家族史，这种念想往往会演变成我对死亡的忧思。我的父亲在50岁时第一次心脏病发作，然后在他去世前又有一连串的心

脏病发作，而我的母亲在 50 多岁时也第一次心脏病发作。我祖父母中有两位在相当年轻的时候就去世了。因此，我早就知道，遗传对我不利。

当我写下这些文字时，我已经七十几岁了。心脏病困扰了我一生，但我一直设法生存，甚至活力满满。如果我明天死了，没有人会说我英年早逝。我已经活了足够长的时间，看到我所有的孩子长大、结婚，过上美好的生活。我有幸认识了我的 6 个孙子孙女，他们目前的年龄从 4 岁到 24 岁不等。我也活得足够长，现在是我职业和个人生活中最满足的时刻。是的，我喜欢自己年轻时的能干，但现在，我成了富有经验的某个领域的老者，这也很好。

当我参观布朗克斯科学高中后回到杜克大学时，我思考着北卡罗来纳州是如何真正成为我的家的。我现在在那里已经待了 40 多年了。波兰是我的祖国，纽约市是我成长的地方，但北卡罗来纳州是我现在的根。旅行结束后，我很兴奋地回到家里，向我的朋友们讲述我在老家的经历。我也觉得很有必要回到实验室，与我的学生和博士后们讨论他们最新的发现。毕竟，总是有新的东西需要发现。**当我想到我们目前正在探索的一些方向时，我的心跳加速了**。当我离开时，一连串令人兴奋的研究正在进行中，我渴望看到最新的数据，并与我的学生们谈论他们最新的故事。

致谢

A Funny Thing Happened on the Way to Stockholm

兰迪·霍尔和我首先要向我们敬爱的妻子表达最诚挚的感谢。兰迪的妻子利伯蒂提供了宝贵的反馈，并对这本书中大部分章节的早期文稿提出修改建议。同样，我的妻子琳恩也为本书提供了建设性意见。我们都非常感谢妻子对这本书的帮助，也感谢她们一直以来的爱和支持。

我们要感谢许多朋友和同事，他们阅读了这本书某些章节的早期文稿，并提供了极具价值的建议：阿莉莎·沃尔·克莱因亨茨（Alissa Wall Kleinhenz）、布伦丹·巴林特（Brendan Balint）、阮清金（Trang Kimberly Nguyen，音译）、D. 斯科特·坎贝尔（D. Scott Campbell）和崔西·巴兰坦（Trish Ballantyne）。

感谢阿纳·布兰德（Arna Brande）、马克·卡伦、布莱恩·科比尔卡、杰夫·贝诺维奇、亨里克·多尔曼、杰里·奥莱夫斯基、约瑟夫·戈尔茨坦、斯文·利丁、弗兰克·谢伊（Frank Shea）、本·斯皮勒和拉尔夫·斯奈德曼对某些故事进行了核实。

感谢唐娜·艾迪生、乔安妮·比森（Joanne Bisson）、维多利亚·布伦南德（Victoria Brennand）、伊丽莎白·霍尔（Elizabeth Hall）、马里·奥尔布（Mary Holbe）、基维塔·列侬（Quivetta Lennon）、艾斯·李（Icee Li）、达比·乔·波科克（Darby Jo Pocock）、黛安娜·索耶（Diane Sawyer）、珍妮特·泰勒（Janet Taylor）和朱莉·特恩博（Julie Turnbough）在过去和现在提供的行政管理上的出色支持。

感谢杰出的经纪人吉姆·莱文（Jim Levine）、他的助手考特尼·帕加内利（Courtney Paganelli），以及莱文·格林伯格·罗斯坦文学机构（Levine Greenberg Rostan Literary Agency）的其他成员。感谢杰出的编辑杰茜卡·凯斯（Jessica Case）、目光敏锐的编辑彼得·克拉尼茨（Peter Kranitz），以及 Pegasus Books 出版社的每一个人。

最重要的是，我们要向我实验室里过去和现在的所有成员表示衷心的感谢和赞扬，他们不仅深度参与了本书讲述的诺贝尔奖获奖之旅，更是这趟旅程不可或缺的一部分。这群令人难以置信的科学家包括：佐恩科尔·安、谢哈布·阿赫塔尔（Shahab Akhter）、韦恩·亚历山大、李·艾伦（Lee Allen）、杰夫·阿里萨（Jeff Arriza）、阿瓦尔·阿特拉马达尔（Håvard Attramadal）、尼克·巴登（Nick Barden）、威廉·巴恩斯（William Barnes）、杰夫·贝诺维奇、纳内特·比肖普里克（Nanette Bishopric）、阿迪·布兰克（Adi Blanc）、杰里米·布利策（Jeremy Blitzer）、马克·博拉诺夫斯基（Mark Bolanowski）、米歇尔·布维耶、特里·布伦尼曼（Terri Brenneman）、埃琳·布雷斯勒（Erin Bressler）、玛格丽特·布里格斯（Margaret Briggs）、查德·布朗（Chad Brown）、恩斯特·比吉赛尔（Ernst Bürgisser）、蔡胜（Sheng Cai，音译）、汤姆·卡希尔（Tom Cahill）、保罗·坎贝尔（Paul Campbell）、达雷尔·卡佩尔（Darrell Capel）、凯瑟琳·卡隆（Kathleen Caron）、马克·卡伦、里克·切廖内（Rick Cerione）、阿纳博·查特吉（Arnab Chatterjee）、陈敏勇（Minyong Chen，音译）、陈静（Jing "Ruth" Chen，音译）、陈伟（Wei Chen，音译）、成一山（Yishan Cheng，音译）、崔民中（Minjung Choi，音译）、奥德丽·克莱恩（Audrey Claing）、威廉·克拉克（William Clarke）、希拉·柯林斯（Sheila Collins）、梅贡（Mei Cong，音译）、苏珊娜·科泰基亚、叶海亚·达卡（Yehia Daaka）、基弗·丹尼尔（Kiefer Daniel）、劳拉·戴维森（Laura Davidson）、艾伯特·戴维斯（Albert Davies）、马迪·德拉亨蒂（Mardee Delahunty）、安德烈·德莱安（André de Léan）、格雷格·德拉·罗卡（Greg Della Rocca）、斯科特·德万尔（Scott DeWire）、肯·迪金森（Ken Dickinson）、亨里克·多尔曼、马修·德雷克（Matthew Drake）、马克·德拉兹内（Mark Drazner）、萨布里纳·埃克萨姆（Sabrina Exum）、安妮克·法金、戴维·费尔德曼（David Feldman）、马克·费雷什特（Mark Fereshteh）、迈克尔·菲尔德（Michael Field）、佐伊·弗雷德里克斯（Zoey Fredericks）、尼尔·弗里德曼（Neil Freedman）、珍妮弗·弗里曼（Jennifer Freeman）、汤姆·弗列勒、阿迪蒂·加里基帕蒂（Aditi Garikipati）、蒂法尼·加里森（Tiffany Garrison）、黛安娜·格蒂·帕尔默（Diane Gesty Palmer）、拉里·戈尔茨坦（Larry Goldstein）、汤姆·戈尔（Tom Gore）、兰迪·霍尔、乔希·哈默（Josh Hammer）、阿特·汉考克（Art Hancock）、真原（Makoto Hara，音译）、凯瑟琳·哈莉（Kathryn Harley）、艾米丽·哈里斯（Emily Harris）、比尔·豪斯多夫（Bill Hausdorff）、布莱恩·哈威（Brian Hawes）、吉姆·海因西默（Jim Heinsimer）、格雷格·海因茨（Greg Heintz）、马克·赫纳托维奇（Mark Hnatowich）、布赖恩·霍夫曼（Brian Hoffman）、丹·霍茨（Dan Houtz）、胡燎原（Liaoyuan Hu，音译）、达恰·亨顿（Dacia Hunton）、黄丽茵（Liyin Huang，音译）、黄腾伊（Teng-Yi “Roy” Huang，音译）、圭多·亚卡里诺（Guido Iaccarino）、克里斯·英格索尔（Chris Ingersoll）、吉姆·英格勒泽（Jim Inglese）、格雷斯·艾恩斯（Grace Irons）、姜欣荣（Xinrong Jiang，音译）、

阿莱姆·卡赫赛（Alem Kahsai）、汉弗莱·肯德尔（Humphrey Kendall）、理查德·肯特（Richard Kent）、胡达·达德汗（Khuda Dad Khan）、布赖恩·基尔帕特里克（Brian Kilpatrick）、金志锡（Jihee Kim，音译）、克利姆·金（Klim King）、米凯尔·谢尔斯贝里（Michael Kjelsberg）、阿莉莎·沃尔·克莱亨茨（Alissa Wall Kleinhenz）、安德鲁·克莱斯特（Andrew Kleist）、比约恩·克林克（Bjoern Klink）、布莱恩·科比尔卡、孙彤、沃利·科克、特鲁迪·科胡特（Trudy Kohout）、杰夫·科瓦奇、凯西·克鲁格（Kathy Krueger）、黑濑仁（Hitoshi Kurose，音译）、马丹·夸特拉（Madan Kwatra）、克里斯·拉姆（Chris Lam）、露西·郎之万（Lucie Langevin）、汤姆·拉文（Tom Lavin）、里基·莱博维茨（Ricky Lebovitz）、容民·米纳·李（Jungmin Mina Lee）、弗雷德里克·莱布·伦德贝格（Frederik Leeb Lundberg）、安格斯·李（Angus Li）、史蒂夫·利格特（Steve Liggett）、李·林伯德、范妮·林（Fannie Lin）、林媛（Yuan Lin，音译）、马修·洛（Mathew Lo）、马丁·洛泽（Martin Lohse）、乔恩·洛马斯尼（Jon Lomasney）、维尔芬·洛伦茨（Wulfing Lorenz）、卢·勒特雷尔（Lou Luttrell）、桑迪·麦克雷（Sandy Macrae）、涅金·马丁（Negin Martin）、斯蒂芬妮·马丁（Stephanie Martin）、阿里·马苏迪（Ali Masoudi）、松井广（Hiro Matsui，音译）、斯图尔特·莫兹利（Stuart Maudsley）、费德里科·梅厄（Federico Mayor）、帕齐·麦克唐纳（Patsy McDonald）、汤姆·米歇尔（Tom Michel）、约翰·米

基（John Mickey）、卡梅洛・米拉诺（Carmelo Milano）、比尔・米勒（Bill Miller）、查比拉尼・乔比・慕克吉、德布拉・马利金・基尔帕特里克（Debra Mullikin-Kilpatrick）、中田弘（Hiro Nakata，音译）、庞纳尔・南比、贾南・内比伊尔（Canan Nebigil）、克里斯・纳尔逊（Chris Nelson）、库尔特・纽曼、安东尼・阮（Anthony Nguyen）、凯利・诺布尔斯（Kelly Nobles）、莉娜・奥贝德（Lina Obeid）、布赖恩・奥多德（Brian O' Dowd）、吉姆・奥诺拉托（Jim Onorato）、马丁・奥珀曼（Martin Opperman）、亚采克・奥斯特洛夫斯基（Jacek Ostrowski）、纳塔莉亚・帕哈鲁科瓦（Natalia Pakharukova）、比斯瓦兰詹・比莱・帕尼（Biswaranjan "Bullet" Pani）、艾伦・佩恩（Alan Payne）、斯特吉斯・佩恩（Sturgis Payne）、裴钢、卡斯滕・佩佩尔（Karsten Peppel）、史蒂夫・佩里（Steve Perry）、克里斯滕・皮尔斯（Kristen Pierce）、琳达・皮克（Linda Pike）、朱莉・皮彻（Julie Pitcher）、史蒂夫・普朗克（Steve Plonk）、汤姆・波维奇（Tom Povsic）、里夏尔・普雷蒙（Richard Premont）、戴维・普赖斯（David Price）、约翰・钱（John Qian）、凯沙瓦・拉贾戈帕尔（Keshava Rajagopal）、苏达尔・拉贾戈帕尔（Sudar Rajagopal）、纳迪姆・拉赫曼（Nadeem Rahman）、米夏埃尔・赖斯（Michael Raisch）、理查德・兰德尔（Richard Randall）、约翰・雷蒙德、约翰・里根、林赛・赖因（Lindsay Rein）、罗萨娜・雷斯（Rosana Reis）、埃里克・赖特（Eric Reiter）、任秀荣（Xiu-Rong Ren，音译）、克里斯・里

贝（Kris Riebe）、米凯尔·罗克曼（Michael Rockman）、尼尔·罗斯（Neil Roth）、格雷格·扎博（Greg Sabo）、菲利普·萨马马（Philippe Samama）、米卡·谢宁（Mika Scheinin）、道格·朔肯（Doug Schocken）、德布·施温（Deb Schwinn）、坤纳尔·沙阿（Kunal Shah）、苏达·谢诺伊（Sudha Shenoy）、罗布·绍尔（Rob Shorr）、阿伦·舒克拉（Arun Shukla）、戴夫·西布利（Dave Sibley）、施特拉·西贝尔（Stella Sieber）、鲍勃·斯珀尼（Bob Spurney）、杰夫·施塔德尔、德安·施陶斯（Dean Staus）、加里·斯泰尔斯（Gary Stiles）、鲍勃·斯托费尔（Bob Stoffel）、卡尔·斯通（Carl Stone）、瑞安·斯特罗恩（Ryan Strachan）、凯茜·斯特拉德、露丝·斯特拉瑟（Ruth Strasser）、沃伦·斯特里特马特（Warren Strittmatter）、马克·斯特罗萨克（Mark Strohsacker）、达恩·斯特罗伊克（Dan Stroik）、贝尔塔·斯特鲁洛维奇（Berta Strulovici）、孙金鹏、唐玉婷（Yuting Tang，音译）、罗布·泰特（Rob Tate）、迈克尔·撒普（Michael Tharp）、阿莱士·汤姆森（Alex Thomsen）、阿基拉·托赫戈（Akira Tohgo）、东原和志重（Kazushige Touhara，音译）、普拉奇·特里帕克·舒克拉（Prachi Tripathi-Shukla）、蔡别崇（Bie Shung Tsai，音译）、布洛瑟姆·特韦尔（Blossom Tewelde）、罗恩·乌英（Ron Uhing）、维韦卡·乌帕德亚（Vivek Upadhyay）、布鲁诺·瓦兰（Bruno Valan）、罗恩·韦尔（Ron Vale）、蒂姆·范比森（Tim van Biesen）、乔恩·维奥林（Jon Violin）、弗拉基米尔·沃

耶科夫（Vladimir Voiekov）、罗布·沃尔特斯（Rob Walters）、王梅（Mei Wang-Casey，音译）、魏辉津（Huijin “Jack” Wei，音译）、迈克尔·韦塞尔斯（Michael Wessels）、埃琳·惠伦（Erin Whalen）、亚尔·维克贝里（Jarl Wikberg）、鲁斯蒂·威廉斯、桑迪·威廉斯（Sandy Williams）、劳拉·温勒（Laura Wingler）、吉姆·威斯勒（Jim Wisler）、斯科特·威瑟罗（Scott Witherow）、肖坤宏、埃伦·姚（Helen Yao）、苏珊·严（Susan Yim）、良正拓（Taka Yoshimasa，音译）、史蒂文·余（Steven Yu）、穆萨·扎玛（Musa Zamah）、戴维·藏（David Zang）、张兴东、朱晓（Xiao Zhu，音译）和戴夫·齐达尔（Dave Zidar）。

我们还要感谢那些曾经在实验室短暂驻足，却因篇幅所限不能在此一一列举的本科生、医科生和技术人员们。同时，对于多年来为实验室的研究成果和学术发表做出卓越贡献的众多合作伙伴，我们致以最深切的感激和崇高的敬意。最后，我们要向杜克大学的每一个人表达谢意，正是因为你们，杜克大学才成为如此令人向往的美好家园。

注释

A Funny Thing Happened on the Way to Stockholm

考虑到环保的因素，也为了节省纸张、降低图书定价，本书编辑制作了电子版的注释。请扫描下方二维码，直达图书详情页，点击“阅读资料包”获取。

未来，属于终身学习者

我们正在亲历前所未有的变革——互联网改变了信息传递的方式，指数级技术快速发展并颠覆商业世界，人工智能正在侵占越来越多的人类领地。

面对这些变化，我们需要问自己：未来需要什么样的人才？

答案是，成为终身学习者。终身学习意味着永不停歇地追求全面的知识结构、强大的逻辑思考能力和敏锐的感知力。这是一种能够在不断变化中随时重建、更新认知体系的能力。阅读，无疑是帮助我们提高这种能力的最佳途径。

在充满不确定性的时代，答案并不总是简单地出现在书本之中。“读万卷书”不仅要亲自阅读、广泛阅读，也需要我们深入探索好书的内部世界，让知识不再局限于书本之中。

湛庐阅读 App：与最聪明的人共同进化

我们现在推出全新的湛庐阅读App，它将成为您在书本之外，践行终身学习的场所。

- 不用考虑“读什么”。这里汇集了湛庐所有纸质书、电子书、有声书和各种阅读服务。
- 可以学习“怎么读”。我们提供包括课程、精读班和讲书在内的全方位阅读解决方案。
- 谁来领读？您能最先了解到作者、译者、专家等大咖的前沿洞见，他们是高质量思想的源泉。
- 与谁共读？您将加入优秀的读者和终身学习者的行列，他们对阅读和学习具有持久的热情和源源不断的动力。

在湛庐阅读App首页，编辑为您精选了经典书目和优质音视频内容，每天早、中、晚更新，满足您不间断的阅读需求。

【特别专题】【主题书单】【人物特写】等原创专栏，提供专业、深度的解读和选书参考，回应社会议题，是您了解湛庐近千位重要作者思想的独家渠道。

在每本图书的详情页，您将通过深度导读栏目【专家视点】【深度访谈】和【书评】读懂、读透一本好书。

通过这个不设限的学习平台，您在任何时间、任何地点都能获得有价值的思想，并通过阅读实现终身学习。我们邀您共建一个与最聪明的人共同进化的社区，使其成为先进思想交汇的聚集地，这正是我们的使命和价值所在。

图书在版编目（CIP）数据

去往斯德哥尔摩的路上 /（美）罗伯特·莱夫科维茨，（美）兰迪·霍尔著；何万青，何佳茗译．— 杭州：浙江科学技术出版社，2024. 12. — ISBN 978-7-5739-1592-4

Ⅰ. K837.126.15

中国国家版本馆 CIP 数据核字第 2024487M3K 号

书　名	**去往斯德哥尔摩的路上**
著　者	[美] 罗伯特·莱夫科维茨　[美] 兰迪·霍尔
译　者	何万青　何佳茗

出版发行	**浙江科学技术出版社**
	地址：杭州市环城北路 177 号　邮政编码：310006
	办公室电话：0571－85176593
	销售部电话：0571－85062597
	E-mail:zkpress@zkpress.com
印　刷	唐山富达印务有限公司

开　本	880mm×1230mm　1/32	**印　张**	13.125
字　数	260 千字	**插　页**	9
版　次	2024 年 12 月第 1 版	**印　次**	2024 年 12 月第 1 次印刷
书　号	ISBN 978-7-5739-1592-4	**定　价**	119.90 元

责任编辑	柳丽敏	**责任美编**	金　晖
责任校对	张　宁	**责任印务**	吕　琰